John McDowell

心と世界

MIND & WORLD

With a New Introduction

ジョン・マクダウェル

神崎繁・河田健太郎・荒畑靖宏・村井忠康──訳

keiso shobo

MIND AND WORLD
: With a New Introduction
by *John McDowell*

序　文

本書の本文は、一九九一年のトリニティ・ターム〔第三学期〕にオックスフォードでおこなったジョン・ロック講義の記録である。講義でじっさいに話したかたちからいくつかの点で変更が施してある。それはひとつには、明快で理解しやすいものとなるよう改善に努めた結果である。また「次週」や「先週」といった語句は削除してあるが、これは、読み物になったにもかかわらず、しかもできれば――少なくとも講義本文については――一息に読んでもらいたいものになったにもかかわらず、そうした語句をそのままにしておくのは不自然だと思われたからである。だが、最終講義の最後で本筋には関係しない誤りをひとつ訂正したことを除けば、「第一講義」から「第六講義」までの名前をつけてここに上梓した本文は、私がオックスフォードで述べたことをそのまま伝えることを目指している。

本文はさらに、私が話したままを再現できるような構成と調子で講義内容を伝えることも目指している。これについては少なくとも三点あげられる。

第一に、言い回しや文章のレベルで修正をおこなった場合でも、段落や節のレベルでは各講義の組み立ては話したときのままにしてある。とくに繰り返しについては、あえて削除しなかったし減らしもしなかった。要約のための繰り返しがたびたびなされ、それが長くなることもときにはあったが、これは聴衆の役に立てばと思ってのことであったので、今度はそれが読者にとっても助けになればと思う。

第二に、短期間の講義では、可能なかぎり寄り道は控えて一直線に思考を進めることに努めるのが賢明だと思われたが、改訂に際して本文の内容を充実させようとはしなかった。単なる文献情報にとどまらない注や、後記などは、本文の争点をより包括的に扱うとどのようになるかをある程度示すことを意図したものである。だがそれらは、ほぼ私がおこなったとおりの講義の記録に対する補足以上のものではない。

第三に、守りを固めすぎないことが講義という形式にはふさわしいと思われたのだが、その姿勢はここでもあえて変えなかった。

私が実質的に影響を受けた多くの人々に謝意を述べておきたい。

以下の講義を表面的に読むひとは、ドナルド・デイヴィドソンがほぼ最初のページから敵対者という役回りを与えられていると考えるかもしれない。だが、注意深い読者にとっては、私が批判の対象としてデイヴィドソンの仕事を選んだのは尊敬の証だということが、講義本文からだけでも明らかであってほしいと思う。私は彼への反対姿勢をある相違点を通じて明らかにしているが、この違いはより広い文脈のなかでは周縁に追いやることが容易なものであり、むしろその中心部では多大な一致がある。講義ではそれなりの目的があってこの違いを強調したが、後記ではいくつかの修正を試みている。じっさいデイヴィドソンの著作は、最初に「真理と意味」か、あるいはたぶん「そう言うことについて」をデイヴィド・ウィギンズの勧めで読んで以来（どちらが先だったかは定かではない）私にとって着想の源であり続けている。(1)

P・F・ストローソン、とりわけカントの第一批判に関する彼の比類なき著作(2)から私が受けてきた影響は、注から読みとれる以上に強いものである。ストローソンのカントが本当のカントかどうかは分からないが、彼のカントはカント本人が成し遂げたかったことをもう少しで達成できるところまで来ているということには確信がある。以下の講義では、一人称を考察する文脈でカントに訴えるにあたって、ストローソンにそのまま従っている（第五講義）。そればかりでなく、経験をどのように捉えるべきかを述べる――これが本書で私の目指す第一のことである――にあたって私がカントを用いるその仕方は、精神において、また多くの場合細部においてもストローソン的である。

私がストローソンから受けた影響には直接的なものだけでなく、ガレス・エヴァンズを通じた間接的なものもある。エヴァンズは彼の独創的な著作『指示の諸相』(3)の序文を書く前にこの世を去ったが、もし彼にそれが書けていたら、彼の思考のもっとも中心的な部分を形成するのに彼の師がどれほど寄与したかを、きっと伝えようとしたであろう。エヴァンズは私にとって直接的にも重要であり、その影響は測り知れない。彼を同僚としてほぼ一〇年間を過ごしたことは、私の知的生活においてもっとも重要なことであった。彼を知っているひとなら、これがどういうことか分かるだろう。そう、あの止むことのない集中砲火のごとき知的刺激の連続のことだ。彼が私に与えた影響を分けて取り出そうとしても、そもそもどうやってそれに手をつけたらいいか見当もつかない。それどころか、もし彼がいなかったとしたら、いま私が（哲学者になっていたとして）どんな哲学者となっていたのか想像もできない。私には、本書についてぜひとも議論したかったがもういまでは叶わぬひとがふたりいる。そのうちのひとりがエヴァンズである。

もうひとりはウィルフリッド・セラーズである。彼の古典的論文「経験主義と心の哲学」(4)は、ピッツバーグ大学に来ることを考えるずっと前から私にとって中心的なものになり始めていた。だから、私が彼の同僚になったとき彼に残された時間はもうわずかで、彼の読者であったことから受けたのと同じくらいの恩恵を彼との会話からは受けられなかったことは、いまでも残念でならない。

ロバート・ブランダムの著作や彼との会話も私の思考形成にとって大変重要であったが、それはたいてい、われわれのあいだの違いを私がはっきりさせざるをえなかったことによる。というのも、その違い自体は小さなものではあったが、われわれのあいだには大きな一致があるという印象を私にとってはすっかり変えてしまうようなものであったからである。本書での私の語り口は、ブランダムの影響の跡をいくつもとどめている。特筆したいのは、一九九〇年に私も出席した、ヘーゲルの『精神現象学』に関する彼の啓発的なゼミである。そのときブランダムが私から引き出してくれた考えが以下の講義でははっきりと顔を出しているのは二ヶ所だが、しかしこのゼミの影響は全体に浸透している。こう言ってもよいほどである。私が本書に望む位置づけのひとつは、『精神現象学』読解への序説であり、それは、ブランダムの近刊書『明示的にする――理由づけること・表象すること・論証的コミットメント』[5]が、言ってみれば、この難しいテクストについての彼の読解への序説でもあるのと同じである、と。また、本講義を準備しているあいだの細やかな支援の面でもブランダムには深く感謝している。

本書では他にも多くのひとに助けられた。個々の助力については注で言及するよう努めたが、それでも、いまのようなかたちで述べたほうがいいと最初に教えてくれたのが誰だったのかもう思い出せない箇所が数多くあるのも確かである。それについてはお詫びしておきたい。また、ジェイムズ・コナント、ジョン・ホーグランド、ダニエル・マクベスからはひとかたならぬ助けと励ましをいただいた。ここに感謝の意を表しておきたい。

最終的に以下のようなものになった論述を私が最初に素描したのは、一九八五年から八六年にかけての冬、リチャード・ローティの『哲学と自然の鏡』[6]を――たしか三度目か四度目かに――読んだあと、私にはよくある興奮気味の反応を抑えようとしていたときのことだった。私がセラーズに引き合わされたのは、それよりも前にローティを読んだときであったと思う。また以下で明らかとなるだろうが、いずれにせよローティの仕事は、ここで私が自分の態度をどうやって明確にするかに関して中心的な役割を果たしている。

その最初の素描を私は、オックスフォードでの私の最後の年となった一九八五年度の講義と、一九八六年春のハーバードでのホワイトヘッド講義とで用いた。この初期の仕事は、私がラドクリフ哲学特別研究員であったあいだになされたものなので、この研究助成の成果としてはずいぶん時間がかかったとはいえ、本書がラドクリフ財団の寛大な計らいに非常に多くを負っていることを謹んでここに記したいと思う。また、私に特別研究助成を受けることを許可して下さったオックスフォード大学ユニバーシティカレッジ評議会にも感謝を申し上げる。

最後に、ジョン・ロック講義への招聘という栄誉を私に与えてくれたオックスフォード大学哲学科、また滞在中あたたかく迎えてくれた英国の多くの友人たちに、深く感謝申し上げたい。

心と世界　目次

目次

凡例

・本書は John Henry McDowell, *Mind and World: With a New Introduction*, Harvard University Press, 1996 の全訳である。

・原注は（1）、訳注は〔1〕のように表記し、それぞれ章ごとの通し番号で示した。注はいずれも巻末にまとめてある。

・（ ）と［ ］は原著者による括弧である。訳者による補足は〔 〕によって示した。

・原文のイタリック体については、強調のための表記である場合には傍点を付けて示した。これに該当しない表記は区別して、適宜「 」、〈 〉によって示してある。

・引用文については、邦訳のあるものはそれを参照しつつ、独自に訳出した。

・原書における明らかな誤植については、それと明記せずに修正して訳出した。

序　論

1

本書ははじめ序論なしで出版された。しかしながらそれ以来、本書を理解するのは思った以上に難しいということを実感させられるようになった。細かい点を省略して中心的主題だけに絞ったこの概説が助けとなる読者がいてくれるなら幸いである。

私の目的は、近代哲学に特徴的な不安——表題が示すように、心と世界の関係をめぐる不安——を診断的な精神で説明することである。医学的な隠喩で続けると、満足のいく診断は治療を目指すべきであると言ってもいいだろう。私が目的としているのは、よく知られた種類の哲学的責務にわれわれが直面しているように思われてしまうのはなぜなのかを説明することである。と同時に、この説明によってわれわれがそのような外見を錯覚として暴くことができるようになると期待している。

この錯覚がわれわれを捕らえうるということは大事なことである。私はこの錯覚の源泉がもつ力を無視したくはない。その力を認められるなら、差し迫った知的課題に直面しているという外見をどうすればわれわれは拒否できるかが明らかになったとしても、その責務は本物であるという確信を軽んじないでいられるのである。

2

私が提案する描像へいたるよい方法は、最小限の経験主義がなぜ正しいと思われるか考えることである。

心的状態や心的エピソードが――たとえば信念や判断に見られるような仕方で――世界に向けられているという考えを理解するためには、それらを規範的文脈に置く必要がある。物事がしかじかであるという主旨の信念や判断――物事がしかじかであるという（いわゆる）内容をもつ信念や判断――は、物事がじっさいにしかじかであるかどうかに応じて、採用することが正しいか正しくないかであるような態度ないしは姿勢でなければならない。（もしわれわれが判断や信念を、そのような仕方で世界に向けられているものとして理解できるのであれば、内容を帯びた他の態度や姿勢についても容易に適切な理解が得られるはずである。）すると、心と世界の関係は次のような意味で規範的であることになる。すなわち、判断を下したり信念を固定したりすることを目指してなされる思考には、それが正しく実行されるかどうかに関して、世界——物事のあり方——に応じる責任がある（answerable to）という意味で、両者の関係は規範的なのである。

では、われわれの思考にはこうした意味で世界に応じる責任があるという考えをどう彫琢すればよいだろうか。この問いに取り組もうとすると、少なくとも暗黙のうちにわれわれの注意は、経験的世界に応じる責任がある思考に、すなわち、物事のあり方が経験的に接近可能であるかぎりにおいてそのあり方に応じる責任がある思考に限定されるだろう。たとえ、物事のあり方に応じる責任のうちには、経験的世界に応じる責任よりも多くのものが含まれていると考えるとしても、やはり次のように述べることは正しいように思われるのである。つまりわれわれは、（カント的用語で言うと）感性的直観によって世界と直面するという認知的状況に置かれているので、思考が物事のあり方に向けられているという考えそのものについてのわれわれの反省は、経験的世界に応じる責任があるということから出発しなければならない、と。だが、われわれの思考には経験に応じる責任があるという考えを介さないとすれば、思考には経験的世界に応じる責任があるという考えをいったいどうして理解できるだろうか。（クワインが言うように）「経験の法廷」[1]からの判決を介さないとすれば、経験的世界——そもそも経験的思考が思考でありうるのなら、経験的思考にはこの世界に応じる責任があるはずだ——からの判決が下されるというのはいかにして可能だというのか。

「最小限の経験主義」によって私が意味しているのは、このようなことである。つまりそれは、われわれの思考が物事のあり方に応じる責任を負う——われわれの思考がそもそも思考として理解できるのならそうでなければならない――のを法廷としての経験が媒介しなければならない、という考えなのである。これはもっともな確信であるが、これがもうひとつのもっともな確信と結びつくと、すでに述べた哲学的不安が生じることになる。このもうひとつの確信とは、経験が法廷として機能しわれわれの思考に対して判決を下すことがいかにして可能なのかを理解しがたくするような考え方である。それについてはあとで述べるつもりである（第4節）。

もちろんこの組み合わせを十分に展開させるならば、最終的にはアンチノミーにいたることだろう。つまり経験は、物事のあり方について心を決めようとする試みを裁くのでなければならない（最小限の経験主義）と同時に、それができない（これからとりあげる考え方）ことになるのである。しかし、この二つの圧力を受けている反省が、そのことにさほど自覚的でないためにそれらがアンチノミーにいたることが分かっていない、といった段階があるとしよう。ひとは、この二つの傾向のあいだの緊張が自分の思考のうちにあることに漠然と気づくことで、よく知られた哲学的な不安に簡単に陥る可能性がある。それは、心が世界に向けられていること――これは、物事のあり方に応じる責任があるということによって説明できなくてはならないと思われる――についての不安である。このような状況にあるひとは、「物事のあり方に向けられた思考があるということはいかにして可能か」と問うことになるであろう。この「いかにして可能か」という問いは、哲学ではおなじみのものであろう。この問いがそれ特有の哲学的切実さを獲得するのは、ある特定の考え方の材料となるものを背景としてそれが問われるときである。というのもその考え方は、いったんそれが明確なかたちとなれば、この問いの主題がじつはまったく不可能であることを暴いたと言い立てるからである。

3 私が経験主義を思考（*thought*）の可能性についての哲学的不安と結びつけていることに驚くひともいるかもしれない。たしかにこう反論されるかもしれない。すなわち、経験主義とは認識論上の立場なのだから、先の問いはむしろ「経験的知識があるということはいかにして可能か」となるべきだ、と。この問いは、クワインの法廷のイメージを使って言えば次のようなものとなる。すなわち、「たとえばある信念を裁く経験が、その信念を知識の事例と認めるに十分な判決を下すというのはいかにして可能か」といったものである。

しかし、われわれの思考はどうしても先の二つの確信のうち二番目のもの（いまのところ私が考慮に入れているのはその影響だけである）によって方向づけられがちである、と考えてみよう。これは、経験がわれわれの信念を裁く法廷として機能するなどということがどうすれば可能なのか理解しがたい、と考えることにほかならない。これはつまり、どんな判決であれ、そもそも経験がわれわれの思考に判決を下すということに困難があるということであろう。それゆえたしかにこの困難は、経験がある特別な種類の判決を、すなわち、ある信念を知識と認めるに足るほどの水準の判決を下すということに見られる困難よりも根本的なものである。

近代哲学の全体を覆っている諸問題が、とくに知識をめぐるものであるように見えるのは確かである。しかし私が思うにこうした問題は、より深い不安がいささか不適切に表現されたもの——われわれの陥っている考え方では、心が自分以外の実在のことを知ることができるということに問題が残るというだけではなく、そもそも心が自分以外の実在に触れられないままになる、という脅威が漠然と感じられた結果――であると考えるほうがよい。われわれが知識をもっていると言ってよいかどうかという問題は、この不安の感じられ方のひとつにすぎず、そのもっとも根源的な感じられ方ではないのである。

4

われわれの思考に圧力をかけ、どうすれば経験が法廷として機能するのかを理解しがたくしているものの正体は何なのか。「所与の神話（the Myth of the Given)」に対するウィルフリッド・セラーズの攻撃の中心的な要素を説明することで、それを明らかにできるだろう。

セラーズは、知識の概念は規範的文脈に属していると主張する。彼は次のように述べている。「あるエピソードないし状態を知ることとして特徴づける場合、われわれはそのエピソードないし状態についての経験的記述をおこなっているわけではない。むしろそれらを理由の論理空間（the logical space of reasons）のうちに、すなわち自分が言っていることの正当化および正当化可能性からなる論理空間のうちに位置づけているのである[2]」。すると、たったいま（第3節で）おこなった主張をこう言い換えることができる。すなわち、ここでセラーズがとくに知識だけを話題にしているとしても、それは、知識となりうるかどうかは別として、そもそも世界に触れているという考えには規範的文脈が必要だという考えの一適用例を強調しているにすぎないのだと。

セラーズの意図を表現するひとつの方法は、認識論は自然主義的誤謬に陥る傾向があると述べることである。(3) 私が主張してきたもっと一般的なかたちでこの考えを表すなら、知識になりうるかどうかは別としてそもそも世界に向けられていることそのものについて反省しようとすると、そこには自然主義的誤謬の危険がつきまとう、というものになろう。セラーズの論点をこのように表現するとき、われわれは自然的なものを——じっさいセラーズがときおりしているように——「経験的記述」の主題とみなしていることになる。つまり、理由の論理空間によって構成された規範的枠組のうちに物事を位置づけることと対比されるような言説の主題となるものとみなしていることになるのである。セラーズは、知識の概念がその一例であるような概念、すなわち、理由の論理空間のうちに物事を位置づける際にそれが果たす役割からしか理解できないような概念を、「経験的記述」において使用できる概念から区別する。それゆえ、セラーズの叙述を自然主義的誤謬に対する警告として読むとすると、われわれは「経験的記述」を——少なくとも精神においてはセラーズ的な表現をつくるなら——自然の論理空間（the logical space of nature）のうちに何かを位置づけるものとして理解することになるのである。

自然の論理空間とはどういうものであろうか。われわれがいま考えているような自然科学が手にできるようになったのは、しっかりと歴史に記されているとおり、近代的思考がそれ自体としては称賛すべき発展を遂げたことによる。この自然科学が機能する論理空間が自然の論理空間であるとするならば、セラーズの考えの本質を把握したことになると私は思う。ここで考えられているような自然のうちに何かを位置づけることは、それを理由の論理空間のうちに位置づけることとは対照的に法則の領界（the realm of law）のうちに位置づけることである、と言ってもよいだろう。しかしセラーズの論点にとって重要なのは、そうした積極的な特徴づけでも他の積極的な特徴づけでもなく、自然の論理空間を構成するような関係は、なんであれ理由の論理空間を構成する規範的関係とは本質的に異なるという消極的な主張である。ここで考えられているような自然の論理空間を構成する関係のうちには、ある物事に照らして別の物事が保証されたり――一般的に言えば――正しくなったりするような関係は含まれていない。これが、「経験的記述」は理由の論理空間のうちに何かを位置づけることたりえないという主張でセラーズが言わんとしていることなのである。

さて、論理空間のこの二分法を受け入れるとした場合、どちらの論理空間が経験の概念の住処なのだろうか。もちろんそれは、「経験」によって何を意味するかで決まる。だがここでは、主体の経験の過程は感覚能力の所有者への世界からの干渉という意味での印象からなるのだと考えることにしよう。世界からの干渉というこうした言説はもちろん「経験的記述」であり、私が導入した別の用語で表現すれば、印象を受容するということで考えられているのは自然のなかでのやり取りである。そうすると、セラーズの依拠する原理によれば、何かを印象とみなすことは、知識についての言説――あるいは一般的な場合を視野に入れるならば、世界に向けられていることについての言説――が属するのとは別の論理空間のうちにそれを位置づけることになる。その原理によれば、印象についての言説が属する論理空間は、ある物事に照らして別の物事が保証されたり正しくなったりする、そういった関係によって物事が連関する論理空間ではない。それゆえ、経験を印象からなるものと考えるならば、その原理によると経験は法廷の役割を、つまり経験的思考が応じる責任を負っているものという役割を果たすことができないのである。それが可能であるとすることは、セラーズがわれわれに警告する自然主義的誤謬の一例——すなわち、「経験的記述」が理由の論理空間のうちに物事を位置づけることになりうるという考えの一例——にほかならないであろう。

私はここで、最小限の経験主義と少なくとも潜在的な緊張関係にある考え方を、セラーズから引き出してきた。（緊張が現実のものであるかどうかは、経験主義が「経験の法廷」は印象からなると考えるべきかどうかに依存している。この問題にはあとで戻るつもりである（第6節）。）以下の講義では、私がここでセラーズに与えてきた役割を、すなわち、経験が法廷となるなどというのは理解不可能であると考える者の役割を演じるのは、おもにドナルド・デイヴィドソンである。この目的のためならばセラーズとデイヴィドソンは交換可能である。所与に対するセラーズの攻撃は、私が第一講義でおこなっているやり方からすれば、デイヴィドソン言うところの「経験主義の第三のドグマ」——概念枠と経験的「内容」の二元論——への彼の攻撃に対応している。そしてデイヴィドソンがはっきりと言っているのは、この考えによって最小限の経験主義すら駆逐されるということである。「これを放棄してもなおはっきりと経験主義と呼べるものが残るか明らかではない」という理由から、彼はこの第三のドグマを「おそらく最後のもの」と呼んでいるのである。(4)

5

近代哲学特有の種々の不安はその源泉を二つの力のあいだの緊張に求められるということ、にもかかわらず、経験的思考ひいては世界に向けられていること一般についての反省がこのいずれの力からも影響を受けがちであるのは理解できるということ、これが私の言おうとしてきたことであった。ひとつは最小限の経験主義の魅力である。それは、思考が経験的世界に向けられているという考えそのものは、経験――世界が知覚主体に印象づけられるという意味での経験――の法廷に応じる責任があるという考えによらなければ理解できない、と主張する。もうひとつは、経験は法廷にはなりえないという気にさせる考え方である。法廷として考えられているものは、それによって判決を下されるものとともに、セラーズが「理由の論理空間」と呼ぶもの――あるものが別のものに照らして保証されたり正しくなったりすることで、その構造が成り立っているような論理空間――に属している。しかし、経験ということで考えられているものは、少なくともそれを印象として考えるかぎり、明らかに自然的連関の論理空間に属している。こうなるとすぐに、もしも経験を法廷と考えようとするなら、認識論者を気どる者の落とし穴だとセラーズが指摘した自然主義的誤謬にわれわれは陥らざるをえない、という気になってもおかしくはない。ここで、自分たちの思考がこの二つの力の影響を受けていることにわれわれが暗に気づいているのだとしよう。そう考えれば、思考が経験的世界についてのものであるということにわれわれが哲学的な問題を感じてしまうことも理解できるのである。

すでに述べたように（第1節）、私の目的は治療を目指す診断である。世界に触れている可能性そのものについての哲学的不安の源泉が二つの力のあいだの緊張にあるのならば、治療のためにはその緊張を解くことが必要となるであろう。もちろん、私が述べてきたことからすれば、そのために取れる選択肢はひとつとはかぎらない。この緊張を解く方法として私が本書で勧めるのは、そのうちのひとつである。ここでは、いくつかの別の方法から区別することで、私の方法を簡単に画定することにしよう。

6

ひとつの選択肢は経験主義を放棄すること、少なくとも印象とみなされる経験に依拠するそれを放棄することであろう。すでに述べたように（第4節）、デイヴィドソンは経験主義の運命をはっきりと枠組－内容の二元論の運命と結びつけている。彼はこの二元論を、所与の神話に対するセラーズの攻撃と同様のやり方で効果的に破壊している。またセラーズ自身は、認識論の外に位置づけられるべき印象概念を画定する仕事に取り組んでいる。

こうした方針をとる立場が本当の意味で満足のゆくものになるとは私には思えない。これを私は本書の本文をなす講義部分のはじめのほうで、とくにデイヴィドソンを引き合いに出して論じている。デイヴィドソンが経験主義を放棄する根拠になっているのは、基本的には次のような主張である。すなわち、経験に認識論的意義を認めようとすれば所与の神話に陥らざるをえないのであり、この神話では、法廷とはなりえないような仕方で考えられているはずの経験が経験的思考を裁くとされる、というものである。それはたしかに、経験主義を放棄しなければならないという議論としては正しい。問題は、どうしたら経験主義を放棄できるのかをそれが示していないということである。それは、経験主義の描像がもつ説得力を奪うような説明をまったくおこなっていないのである。この描像によれば、経験的思考が世界に向けられていることは、思考にはその正しさに関して経験的世界に応じる責任があると考えなければ理解できないし、またさらに、経験的世界に応じる責任は、経験――知覚能力の所有者に対する世界からの直接的干渉としての経験――の法廷に応じる責任によって媒介されるものとしてしか理解できない。もしデイヴィドソンの考える立場しか残されていないならば、経験主義の魅力は所与の神話の不整合に通じるものでしかない。しかし経験主義の魅力を奪うような説明がなされないかぎり、この事実は、あいかわらず消えない哲学的違和感の源でしかなく、デイヴィドソンのとった選択肢が経験主義の放棄をどれほど強要しているように思われるとしても、安心してそれを捨て去るための根拠とはならないのである。

たしかに、デイヴィドソンとセラーズに経験主義を拒絶させることになった原理に基づいても、物事がしかじかであることが主体に知覚的に現れること(perceptually *appearing*)によって経験的思考が合理的に制約される、と考えることはできる。経験主義の魅力への譲歩として、こう考えることが提案されるかもしれない。しかし、こんな譲歩をしても私が指摘しているギャップは埋まらない。というのもそれは、印象という概念に訴える経験主義の魅力を奪うような説明をしていないからである。物事がしかじかであることが主体に知覚的に現れるとき、物事がしかじかであるということはそれ自体経験的内容の一例である。経験的内容一般は印象に応じる責任という点からしか理解できないという考えから説得力を奪うための処置がなされないかぎり、経験的内容は、判断や信念の文脈とまったく変わらずこの文脈でも問題があるように見えるだろう。

7

ここで言う経験主義を放棄するようわれわれは強いられているとセラーズとデイヴィドソンが考えるのは、ひとつには、セラーズによれば「経験的記述」が機能する論理空間、すなわち私が彼の意を酌んで自然の論理空間と同一視した論理空間との対比において、理由の論理空間は「それ独自」(*sui generis*) であると彼らが考えるからである。経験主義を放棄すべき理由のこうした表現はセラーズのものであるが、デイヴィドソンにもそれに相当するものがある。デイヴィドソンの言う「合理性の構成的理想(5)」がもつ「それ独自」という特徴は、セラーズの場合に理由の論理空間がもつ「それ独自」という特徴と同じ役割を果たしているからである。

このことから、緊張を解く第二の方法が見えてくる。それは論理空間の二分法を拒絶することである。もしこの道をとるならば、経験の概念が自然の論理空間に属していることを認めながらも、このことが経験主義にとってなんら問題にはならないと主張することができる。理由の論理空間——もし経験主義を手放さないのであれば、経験はこの論理空間のうちで経験的思考と関係しなければならない——は自然の論理空間の一部にすぎないというのが、この第二の方法の考え方なのである。つまり、理由の論理空間を構成する規範的関係は、自然の論理空間を住処とする概念的素材から再構築できるのであり、したがってこの考え方からすれば、セラーズのように二つの論理空間を対比させることが間違いなのである。こうした見解は、本書では「露骨な自然主義（bald naturalism）」という名で登場する。露骨な自然主義は、理由の論理空間を構成する関係が自然的でないことを認めようとしない。ここで言う「自然的」は、セラーズにおいて（用語は違えどデイヴィドソンにおいても）理由の論理空間の対極に置かれるような論理空間と結びついたものとして考えられている。この自然主義によれば、セラーズが自然主義的誤謬を犯していると汚名を着せた種類の考え方は、じっさい自然主義的なのであるが、だからといってそれが誤謬であることにはならない。それゆえ、経験の概念が自然の論理空間に属することを認めたとしても、このように考えられた経験が法廷として理解できなくなるわけではない。したがって、経験主義の魅力を奪うような説明をする必要はないのである。

露骨な自然主義についてはもう少し述べるつもりであるが（以下の第9節）、その前に、緊張を解く第三の方法を概観したい。それが私の勧める方法である。

8

私の代案では、露骨な自然主義によって拒絶された考え方、つまり、理由の論理空間の構造は「それ独自」であり、自然科学的記述が物事を位置づける論理空間の構造と対比されるという考え方が守られている。にもかかわらず、経験ということで考えられているのは自然的なものにほかならないということと、経験的思考には経験に応じる責任があるということ、この両方を想定する余地を私の代案は残しているのである。デイヴィドソンとセラーズはこの想定は不可能だとした。するとこの想定のためには、自然主義的誤謬の危険を彼らとは別の方法で避けることが必要となる。

われわれは自然科学のおかげで、ある独特の種類の理解可能性を物事のうちに見いだすことができる。この理解可能性がどういうものであるのかを明確に捉えられるようにしたのは近代科学革命であるが、その明確さはそれまでにないものだった。この新たな明確さはおもに、私の見るところでは、自然主義的誤謬に対するセラーズの警告の根拠になっているものとほぼ同じものが正しく見てとられたことにある。自然科学的理解可能性は、理由の論理空間のうちに何かを位置づけるときにそれが獲得するような理解可能性とは峻別しなければならない。これは、露骨な自然主義が拒絶した論理空間の二分法を肯定するひとつのやり方である。にもかかわらず、経験ということで考えられているものが自然的なものであると認めながらも、理由の論理空間から経験という考えを追い出さずにすますことができるのである。これが可能なのは、論理空間の二分法を、自然的なものと規範的なものの二分法と同一視する必要がないからである。自然科学的理解可能性が明るみに出される論理空間——これはたしかにいまの考えでは理由の論理空間とは別ものだが——に属する概念の事例ということで考えられるものが、自然ということで考えられるものとぴったりと重なるとする必要はないのである。

こうした考えからすれば、自然科学的探究がその独特の理解を獲得する場となる論理空間は理由の論理空間とは異質であるとした点で、セラーズは正しい。理由の論理空間という枠組のうちでは、根本的に異なる種類の理解可能性が視野に入ってくるのである。また、(同じことを別の用語で言うなら）「合理性の構成的理想」によって統御される概念は、そうしたものであるからこそ法則定立的科学の概念装置とはまったく異なるとした点で、デイヴィドソンも正しい。だが、これを認めること――セラーズ的用語で言うならば、理由の論理空間と対比されるべき論理空間を取り出すこと――は、セラーズが少なくとも暗にしているように、その取り出された論理空間を自然の論理空間とすることとは別のことである。後者のように考えるからこそ、世界が知覚主体に印象を与えることが自然のなかでの出来事でなければならないという考えを経験主義と結びつけるのが不可能に見えてくるのである。ここにある間違いは、自然には第二の自然が含まれるということを忘れていることである。人間は、理由の論理空間のうちで相互に関係しているさまざまな概念能力の手ほどきを受けることが一因となって、第二の自然を獲得するのである。

ひとたび第二の自然のことを思い出すならば、たしかに理由の論理空間は「それ独自」のものだが、しかしそのうちに位置づけられるものとして記述される状況は自然の働きの一部である、ということが理解できるようになる。これによって、経験主義を脅かさずに印象を自然のうちに収めることが可能になるのである。印象を受容することは自然のなかでのやり取りであるというテーゼから、デイヴィドソンとセラーズが下した結論へと、すなわち、印象を受容するという考えは、応じる責任といった概念が機能する論理空間とは異質でなければならないという結論へといたるまともな推論はもはや存在しない。「それ独自」である理由の論理空間のうちで相互に関係しているさまざまな概念能力は、判断――主体が何かについて能動的に心を決めた結果――のなかだけで働いているのではない。適切な主体すなわち然るべき概念の所有者の受容能力に対する世界からの干渉であるような、自然のなかでのやり取りにおいても、概念能力はすでに働いているのである。印象はそのまま、物事がしかじかであるということが主体に知覚的に現れること――そうであるのが主体の目に明らかであること――でありうる。印象を受容するとき、物事の明白なあり方に対して主体は開かれうるのだ。これによって、経験に応じる責任を負うことを通じて世界に応じる責任を負っているというイメージに満足のゆく解釈を与えることができるのである。

9

私が「露骨な自然主義」と呼ぶ立場に本書が与える役割は、哲学的不安を祓うという企てにおいて、いま素描した立場の対抗馬となるということに尽きる。両者に共通の目的は、それらの不安の表れである問いに答えることは義務だと思う必要などないのはどうしてなのかを理解することである。すでに指摘したように、答えねばならないとされる数々の問題は「経験的内容はいかにして可能か」という問いにまとめることができる。印象ということで考えられているのは自然のなかでの出来事であるという事実、これと経験主義とのあいだに緊張があるのではないかと漠然と感じるようになると、経験的内容というものが疑わしく思えてくるのだが、この経緯を論じることが私の目的である。そこに緊張などそもそも存在しないのだという見方に到達できるならば、哲学的困惑の表れである「経験的内容はいかにして可能か」という問いは消えてなくなるはずである。これは、その問いに答えが与えられたように見えるというのとはまったく別のことである。私が露骨な自然主義に関心をもつのは、

そうした見方に到達したいという望みを共有しているかぎりにおいてなのである。(6)

ここである混同が生じるかもしれないが、それはぜひとも避けなければならない。現代の多くの研究は、経験的内容だとか心のあり方(mindedness)の他の側面だとかについて、「いかにして可能か」というかたちをとる問いに、自然主義的精神で(それを祓うのではなく)答えようとする。こうした研究は、たとえば知覚者の物質的構成を見通しのきく仕方で記述して、単なる物質からなるものが知覚のための複合的な能力をもちうるのはどういうわけかを理解することを目的としている。このような研究で答えるのがふさわしい問いは、私の関心であるような「いかにして可能か」という問いではない。すでに述べたように(第2節)、私の関心であるような「いかにして可能か」という問いはある独特の困惑の表れであって、それが独特なのは、自分の反省の背景がいったん明確なかたちをとったならこの問いの主題がまったく不可能であるという論証をもたらすのではないか、ということに暗に気づくことから生まれるためである。知覚者であるために必要な物質的構成を見通しのきく仕方で記述することによって、いわば工学的用語でこの手の「いかにして可能か」という問いに答えたとしても役に立たないのは明らかであろう。それは、部屋の端まで歩いてみせることでゼノンに答えるようなものである。だからといって、「工学的」な探求が他の目的にとっては有益であることが否定されるわけではない。本書で露骨な自然主義が考慮の対象となるのは、いかにも哲学的な困惑の表れとなっている問いを祓う方法のひとつとしてだけである。その困惑の出所である考え方は、それが十分に明確なかたちをとると、当の問いの主題が不可能であることを暴いたと言い立てることになるので、この問いは(それに答えるのではなく)祓われねばならない。ただ私に言わせれば、そのための方法としては、本書に登場する露骨な自然主義には私の代案ほどの説得力はない。いずれにせよ、心のあり方のメカニズムを研究するなかで現れる別種の問いと答えには私の関心はないのである。

私の祓おうとしている不安が、理由の論理空間の構造は「それ独自」であって、自然科学的理解が獲得される論理的枠組とはまったく異なるという考え――これがしばしば漠たるものでしかないのは確かだが――から生じるとすることには十分説得力がある、ということを私は示そうとしてきた。対処すべき困難としてそうした不安を引き受けることが哲学のもっとも主要な責務であると考えられるようになった時期が、近代科学の勃興の時期とちょうど一致するのは、こうした見方からすれば驚くにあたらない。まさにこの時期に、今日のわれわれが考えられるようになっているとおりの自然科学的理解が、理解一般についてのそれまでは未分化だった考え方から分離されたのだからである。私の描像に従えば、自然科学固有の目標がこのように明確になった重要な理由のひとつは、何かを理由の論理空間のうちに位置づけることで獲得されるような理解から自然科学的理解は峻別されねばならないという認識が次第に確立されていったことにある。そしてこれは、理由の論理空間の構造が――私の解釈ではセラーズが、また別の用語でデイヴィドソンも主張したように――「それ独自」のものであるという認識にほかならないのである。

さて露骨な自然主義は、理解には二種類あると漠然とであれ考えることがそもそも間違っていたのだと主張する。自然科学的理解の論理空間に属する用語を使って理由の論理空間の構造を再構築できれば、この誤りは明らかになるというわけである。この主張はまだ机上のものにすぎないが、しかしそれが、露骨な自然主義に私が満足できない理由ではない。重要なのはむしろ、私がこの序論のはじめ（第1節）で述べたことのほうである。私が祓おうとしているような哲学にわれわれはたやすく絡めとられてしまうが、それは単にわれわれが愚かだからなのではない。それゆえ、この手の哲学を祓うために提案されたある方法が他の方法よりも十分なものであるかどうかは、おなじみの哲学的不安によって課された知的責務は本物だと感じる者を駆り立てている考え（そうした不安に襲われるときにわれわれを駆り立てている考え）を——責務と思われていたものがじつは錯覚であることが暴かれたときですら——ひとつの洞察としてどれだけ尊重できるかで決まるのである。この点にこそ私の描像と露骨な自然主義の違いがある。印象は自然のなかでの出来事であるというほとんど問題のない考えと結びつくと不安を生み出す例の基本的確信を、私はひとつの洞察であると認める。私の描像からすると、心はいかにして世界に触れることができるのかという問いに哲学は（それを祓うのではなくて、むしろ）答えねばならないと考える人々には正しいところがある。それは、理由の論理空間が——理由への応答性（responsiveness to reasons）はいかにして自然世界のなかに収まるのかという問題が生まれるような仕方で——「それ独自」のものであると考えている点である。（じっさいそれこそが、われわれの祖先が近代科学の勃興の時期に学んだもっとも重要な教訓であったと私は考えている。）近代哲学に特徴的な問いに答えるという責務を放棄するからといって、露骨な自然主義のように、その責務に直面しているという考えのうちには本物の洞察が働いているということまで否定する必要はないのである。

ここでの私の論点からすれば、露骨な自然主義の企図——自然科学的理解の論理空間に属する用語を使って理由の論理空間の構造を再構築すること——は実行でき、な、い、という議論をあえてする必要はない。重要なのは、哲学的不安を祓うためのより十分な方法として私が提示する代案が利用できるなら、この企図が実行可能でなければならないと考える哲学的な動機は力を失うということである。つまり、本書での私の関心に関係する唯一の動機が力を失うということである。露骨な自然主義が唯一認める「自然的」の意味では理由は自然的ではない、という考えには洞察が含まれていると認めるとしても、それは哲学的脅威を与えるものではないのである。

10

知覚経験についての反省が、本論と同様この序論でも、あるタイプの反省の単なる一例として使われてきたことは明らかであろう。われわれが理由への応答性について語ろうとするところではどこでも、知覚経験の場合と同じような困惑がしばしば生じるのである。「理由への応答性」は、自由についてのひとつの見方をうまく表現している。したがってその困惑は、この意味での自由がいかにして自然世界のなかに収まるのかということについてのものである、と一般化できる。これが理解しがたいと思われるのは、セラーズが理由の論理空間と対比した論理空間を住処とする概念の事例だけを自然的なものとしたいという思いに駆られるからなのである。第五講義では、この種の困惑の別の例を手短に論じている。

　好意的な読者のなかには、私が「構築的哲学」と呼んだものに対して本書が示した否定的態度（たとえば一六〇頁を見よ）を問題としたひともいた。こうした表現を用いて私が示そうとしている論点を、この序論で使ってきた言い回しと結びつけてみよう。「構築的哲学に従事すること」とは、私がここでとりあげた「いかにして可能か」という哲学的問いに答える試みである。この問いは執拗に迫ってくるように感じられるのだが、この感覚の源泉となっている考え方が明確に考え抜かれれば、その問いの主題が不可能であるという議論の素材が用意されることになる。すると、このような問いに答えるという計画に着手するのが賢明であると考えるのは、その動機づけになると思われている窮境をよく理解していない者だけであることは明らかである。もし源泉にある考え方がそのままにされるならば、何が問われているにせよそれがいかにして可能かを示すことはできない。他方、もしこの考え方が取り除かれるならば、「いかにして可能か」という問いは、それがもっていると思われた重要性をもはやもたなくなる。いずれにせよ、意図されていたような問いに答えが与えられる見込みはない。それゆえ、もし私が取り組もうとしている哲学的不安の特徴について私が正しいのであれば、この意味での「構築的哲学」に従事することはその不安に対処する方法にはならないということには、疑いの余地がない。これまで述べてきたように、そうした問いに答えようとするよりも、むしろそれを祓う必要がある。たしかにそれは困難な作業であり、そう呼びたいのであれば、別の意味での構築的哲学をおこなうことでもある。そしてもちろんそれが、私が本書でやってみせていることなのである。

講義

第一講義

概念と直観

1

私がこれから講義全体をかけて考察する主題は、概念が心と世界との関係をどのように媒介するのかということである。私は、ドナルド・デイヴィドソンが枠組と内容の二元論として記述して以来なじみとなっている哲学的態度に注目することによって、議論の方向を定めることにしたい(1)。その結果として、われわれはただちにカントへと導かれることになろう。私の主要な目的のひとつは、思考が実在とどう関わるかを論じる際に依然としてカントが中心的な位置を占めているのを示すことである。

デイヴィドソンが枠組と内容の二元論について語る場合、「枠組」とは「概念枠」のことである。

内容が概念的なものに二元論的に対置されるものであるとすれば、「内容」が意味しているのは、現代哲学において内容ということでしばしば意味されているもの、たとえば信念を帰属させる場合に that 節〔「信じる」という動詞の目的節〕によって与えられるものではありえない。呼び名が必要であれば、この現代的な意味での内容は「表象内容（representational content）」と呼べよう。表象内容は、概念的なものに二元論的に対置されるようなものではない。非概念的な表象内容もあるという考えがどれほど受け入れられていようとも、この点に変わりがないのは明らかである。（この問題は第三講義でとりあげる。）

では、デイヴィドソンが批判する二元論において、概念に対立するのが内容であるとされているのはどうしてなのだろうか。「内容なき思考（thoughts）は空虚である」[2]というカントの言明のうちでこの用語法がどういう役割を演じているかを見れば、それが理解できるようになる。思考が空虚であるとは、それを考えたときに何も考えられていないということ、すなわち、私が「表象内容」と呼ぶものがその思考には欠けているということであろう。この場合、その思考はじっさいにはそもそも思考ではないということになるが、これがカントの論点であるのは疑いない。彼は、空虚な思考という特殊な思考にわれわれの注意を向けるという馬鹿げたことをしているわけではない。また、内容なき思考は空虚であると言うことで、彼は単にトートロジーを主張しているわけでもない。「内容」が単に「表象内容」を意味するとしたら、「内容なき」は「空虚な」の単なる言い換えということになろうが、じっさいにはそうではない。「内容なき」という表現は、カントの思い描いているような空虚さが何によって説明されるのかを指し示している。そしてその説明は、「概念なき直観は盲目である」

というカントのもう半分の言明から引き出すことができる。内容なき思考はじっさいにはそもそも思考ではないだろうが、かりにそうしたものがあるとすれば、それは直観すなわち経験的取り込み（experiential intake）との連関をもたない概念の戯れであろう。その実質という意味での内容が概念に与えられるのは、概念が経験的取り込みと連関することによってであり、もしこの連関を欠けば思考もその意味での内容を欠くことになるのである。

したがってここでの描像は次のようになる。思考が空虚ではないという事実、すなわち思考が表象内容をもっているという事実は、概念と直観との相互作用によって成立するという描像である。デイヴィドソンの言う二元論における「内容」は、二元論的に見られたこの相互作用の一方の項となるような経験的取り込みとしての直観に相当するのである。

2

デイヴィドソンが考慮している二元論において、概念的なものに対立するものがしばしば所与として記述されるのはどうしてなのかは、このカント的背景によって説明される。じっさい「枠組と所与の二元論」のほうが、呼び名としては「枠組と内容の二元論」よりも適切である。というのは、この呼び名であれば表象内容という考えと重ねられて混同をまねくことがないからである。またそれによって、どうしてひとが二元論に惹きつけられるのかも理解できるようになる。

直観と概念に関する先の言明をカントがおこなっているのは、経験的知識を受容性と自発性との、感性と悟性とのあいだの協働の結果として描く過程においてである。(3)ここで問うべきなのは、概念を統御するという仕方でこの協働に寄与している悟性を自発性という観点から記述するのがどうして適切であると思われるのかである。図式的ではあるが示唆に富む解答は、概念領域の地形は合理的関係によって構成されている、というものである。(4)概念空間は、ウィルフリッド・セラーズが「理由の空間」と呼ぶものの少なくとも一部をなしている。カントが悟性を自発性の能力として記述する場合、それは理性と自由とのあいだの関係についての彼の見解を反映している。すなわち、理由による必然化〔1〕(rational necessitation)は、単に自由と両立可能であるばかりではなく自由を構成するものであるという見解である。スローガン風に言えば、理由の空間は自由の領界(the realm of freedom)なのである。(5)

しかし、かりに経験的思考におけるわれわれの自由が完全であり、とくにそれが概念領域の外部から制約を受けないのだとすると、経験判断は思考にとって外的な実在と関係することによって根拠づけられるという可能性そのものが脅かされるように思われてもおかしくはない。そして、経験が知識の源泉であるためには、あるいはもっと一般的に言って、経験的判断は実在に関わるものであるということがわれわれの描像においてそもそも理解可能であるためには、そうした根拠づけがなければならないのは明らかである。理性と自由との連関が強調されればされるほど、概念の行使が世界についての保証された判断となりうるのはどうしてなのか理解できなくなる危険がそれだけ増すのである。われわれが概念の行使として考えようとしていたものが、自己充足したゲームのうちでの運動へと堕するおそれがあるのだ。そうなると、それを概念の行使として考えること自体ができなくなってしまう。経験的信念をその理由に適合させることは、自己充足したゲームではないのである。

この懸念に対するひとつの対処法が、概念枠と「経験的内容」の、枠組と所与の二元論なのである。この二元論によって、経験的概念を用いる際のわれわれの自由に対して外的制約を認めることができるというわけである。経験的正当化は、合理的関係、すなわち理由の空間内部の関係に依存している。また、経験的正当化の究極的基礎は外部から概念の領界への干渉であるとすれば安心できるとそこでは考えられている。したがって理由の空間は概念空間よりも広いことになる。すると、ある信念ないし判断の根拠を、すなわちその正当化をたどるとした場合、以下のようになる。つまり、概念空間の内部で可能な移行、すなわち概念的に組織化されたある事項から別の事項への可能な移行を余すところなくしつくした場合でも、まだひとつステップが残されており、経験において単純に受容されるものを指差すことができるのである。それは指差し以外のものではありえない。なぜなら、仮定により、正当化におけるこの最後の移行は、概念的に組織化された——またそれに応じて言語的に分節化できる——ある事項から別の事項へと根拠をたどる可能性が尽きたあとになされるものだからである。

私が出発点としたのは、カントの言明において表明されている考えであった。それはすなわち、十分に正当化されている判断ばかりでなく、そもそも表象内容を考える場合にも、経験的取り込みとしての直観と概念との相互作用を考える必要があるというものである。もしそう考えないとすれば、概念の行使を描いたつもりでも、空虚な形式の戯れを描いたことにしかならないだろう。続いて私は語り口を変えて、知識としての資格を経験的判断に与える根拠づけをめぐるある考え方をとりあげ、そのなかで所与という考えがどのような役割を果たしているのかを述べた。所与についてのこうした考えは明らかに認識論的なものだが、しかしそれが私の出発点であった一般的な考えと結びついているのを理解するのは難しいことではない。たとえ（まったく根拠のない推測の場合のように）当面のところ経験的正当化が見いだせないとしても、経験的判断一般は——それが知識を反映しているかどうかを問わず、それどころか、知識に必要な程度ではないにせよそもそも正当化されているのかどうかを問わなくても——経験的正当化の余地があるような内容をもっていると考えるべきなのである。所与を指差すことがどのようにして判断における概念の使用を正当化できるのか——うまくいけば、その判断に知識としての資格をどのようにして与えることができるのか——は了解済みだと考えようとしても、次のように考えるのでなければそれは不可能だ。すなわち、このように概念使用が保証されうるということが、概念が概念たりうることを成り立たせているのであり、それゆえ、自らがそのうちに現れる思考可能な内容——知識とみなされる判断の内容であろうとも、あるいは正当化がそこまでにいたっていない判断の内容であろうとも、あるいはその他どのような判断の内容であろうとも——に対して概念の果たす寄与を成り立たせているのだ、と考えねばならないのである。

ここで想定されているような要件がもっとも関わってくるのは、観察概念、すなわち経験に直接応答する判断のうちに現れるのに適した概念であろう。こうした概念の形成に関するおなじみの描像のうちにはこの要件が反映されており、したがってその描像に所与という考えが見いだされるのは自然である。その描像によると、ある概念の成り立ちに、それを含む判断が所与のうちに根拠をもつという事実が部分的にであれ関与しているのだとすれば、その概念のための概念能力は、適切な所与との対面から、すなわち、究極的保証を指差すことにもなりえたような機会から獲得されねばならない。

しかし、通常われわれの感性が干渉を受ける場合には、所与はつねに多様なものとしてわれわれに現前するはずであろう。したがって、観察概念を形成するためには、主体は現前している多様のなかから適切な要素を抽象しなければならないということになろう。

概念の形成において所与が果たす役割についてのこうした抽象説は、ウィトゲンシュタイン的な精神からP・T・ギーチによって痛烈に批判されている。(6) この種の問題に関するウィトゲンシュタインの考えにはあとで立ち戻るつもりである(第一講義第7節)。

いかにして経験的実質が基底レベルで、すなわち観察概念のレベルで概念のうちに浸透するのかということに関するこうした描像をひとたび手にするならば、その描像をそこから拡張するのは簡単だと思われるであろう。つまり、経験的実質は基底レベルから発して、直接経験からより遠い位置にある経験的概念へと、諸概念をひとつの体系にまとめる推論関係を経路として伝達されると考えるのである。

3

これまで私は、なぜ所与という考えがひとを惹きつけるのかを説明しようとしてきた。しかしじっさいのところ、所与という考えはその目的を果たすことができない。

この所与という考えに含意されているのは、理由の空間すなわち正当化ないし保証の空間は概念領域よりも広いという考えである。理由の空間のほうが広いぶんだけ、そこに思考の領界の外部からの非概念的干渉を組み入れることが可能になると考えられている。しかし本当は、判断の保証を可能にする関係は、概念空間内部での関係、すなわち概念能力の行使のさまざまな可能性のあいだで成り立つ、含意するとか確率を高めるといった関係としてしか理解できない。正当化の関係の及ぶ範囲を概念領域の外部にまで拡張しようとしてもそれは不可能なのであって、期待された結果は得られないのである。

われわれが求めていたのは、概念を判断において使用する場合、われわれの自由――悟性を行使するにあたってのわれわれの自発性――は思考の外部から制約を受けており、しかもこの制約は、判断を正当化されたものとして示す際に訴えることのできるものである、ということを安心して認められることであった。しかし、理由の空間は概念領域より広いぶんだけそこに世界からの概念外的干渉を組み入れられるというのだとすると、次のような描像が生まれることになる。すなわち、外部からの制約はこの拡張された理由の空間を囲む境界線をまたいで課されるのであり、それは外部からの粗暴な干渉とされなければならないという描像である。さてこうした描像に従うかぎり、その境界線において何が起ころうともわれわれがそれについて責任を問われることはありえず、それゆえ、そこで生じたことが内側にもたらす影響についても責任を問われることはありえないことになろう。そこで生じることは、異質な力の結果、すなわち世界からの因果的干渉であり、これはわれわれの自発性の制御外で起こることである。しかし、われわれのいま置かれている立場は究極的には粗暴な力にまでたどることができるということを根拠にして責任を免れることは、正当化を得ることとはまったく別である。要するに、所与という考えは、われわれが正当化を求めていた場面で免責（exculpation）を与

えるだけなのである。(7)

所与の神話が神話であることを受け入れるのは難しいかもしれない。所与を拒絶してしまえば、所与という考えが対処しようとしていた脅威にふたたび晒されるだけだと、すなわち、経験的思考および判断におけるわれわれの活動に対する外的制約がわれわれの描像では考慮されていないのではないか、というおそれに囚われるだけだと思われてもおかしくはない。自発性には役割が認められているのに、受容性にはいかなる役割も認められていないように思われるだろう。これは容認しがたいことである。経験的思考および判断におけるわれわれの活動がそもそも実在との関わりを認められるものであるためには、外的制約がなければならない。自発性と同様受容性にも、悟性と同様感性にも、役割がなければならないのである。これを理解すると、反動からふたたびわれわれは所与に訴えるしかなくなるが、結局はそれが無益であることをそっくりもう一度確認することになる。こうして、いつ果てるともない揺れ動きに陥る危険性が生まれるのだ。

しかし、このシーソーから降りる方法を見いだすことはできる。

4

カントの元来の思想は、経験的知識は受容性と自発性との協働の結果であるというものであった。(ここでの「自発性」は、単純に、概念能力が関与しているということの呼び名と受けとってかまわない。) この協働への受容性の寄与は観念上でさえ切り離すことができない、というこの思想をしっかりとつかむことができれば、シーソーから降りることができるのである。

その協働に関与する概念能力は、受容性のうちで（*in*）引き出されている。（重要なのは、これがその概念能力の働く唯一の状況ではないということである。このことには第5節で立ち戻る。）こうした概念能力は、受容性が引き渡す概念外的なものに対して（*on*）行使されるのではない。カントが「直観」と呼ぶもの――経験的取り込み――は、概念外的な所与をそのまま獲得することとしてではなく、すでに概念的内容をもっているような出来事ないし状態として理解されるべきなのである。ひとは経験において、物事がしかじかであること（*that things are thus and so*）を取り込む――たとえば見る――のである。それは、ひとがたとえば判断することもできるようなものである。

もちろん、物事がしかじかではないのに、物事がしかじかであることを取り込んでいると誤って思い込んでしまうこともありうる。しかし誤っていない場合には、物事のあり方を取り込んでいることになる。誤る可能性があるということは大して重要ではない。これについては最終講義まで語るつもりはないが、そこでも多くを語るつもりはない。

私の勧めている見解からすれば、感性に対する外的実在からの干渉にもっとも近い位置にある概念的内容は、それが概念的であるというだけで、その干渉からいくらかでも離れたところにあるということにはならない。理由の空間内部の最初のステップ、すなわち、正当化をさかのぼってゆく場合には最後にたどり直されるステップが、枠組と所与の二元論のもとで解された活動であるかぎり、その概念的内容はそうしたステップから生じるものではない。そうした最初のステップがあるとすれば、所与をそのまま受容するという意味での印象から、この印象によって正当化される判断へと移行することがそれに当たるだろう。しかし実情はそうではない。いま問題となっているもっとも基礎的な概念的内容を、すでに印象それ自体が、つまりわれわれの感性に対する世界からの干渉がもっているのである。

こうして、所与性について別の見方ができるようになる。それは正当化と免責を混同することのない見方である。もはや理由の空間が概念空間よりも広いということを示す必要はなくなる。経験的判断の根拠をたどってゆくと、最後のステップで経験へといたる。経験はすでに概念的内容をもっているのであるから、この最後のステップがわれわれを概念空間の外へと連れ出すことはない。しかも、そのステップによってわれわれが到達するもののうちでは感性――受容性――が働いているのだから、概念能力は自発性の能力に属するという考えに含意される自由というものに怖じ気づく必要はもはやない。概念能力の行使がそもそも世界との関わりを認められるものであるためには外的制約がなければならないのに、われわれの描像ではそれが排除されているのではないか、と懸念する必要はないのである。

5

すでに述べたように（第4節）、われわれが経験をもつ場合には、概念能力は受容性のうちで引き出されるのであって、受容性が前もって引き渡すとされるものに対して行使されるのではない。だが私は、概念能力が行使されるのは他のものに対してであると言いたいわけでもない。そもそも概念能力を行使するという言い方が、この脈絡では調子外れに響くのである。能動的なものであればそうした言い方はふさわしいであろう。ところが経験とは受動的なものである[8]。経験においてひとは内容を負わされる。その内容が当人に利用できるものになっているときには、その内容に関するいかなる選択よりも前に概念能力はすでに働いているのである。その内容は、あることについて何を言うべきかを決定する場合と違って、自分で組み立てるものではない。じっさい、私の勧める経験の捉え方が、所与の神話の基礎にある要求、すなわち自由は制限されねばならないという要求を満たすことができるのは、経験が受動的であり、受容性の働きであるからにほかならない。

　経験は受動的なものなので、経験の内部にまで概念能力が関与しているということだけをとってみれば、それは自発性の能力という考えとしっくりいかない。このことから、私は所与の神話の武装解除に成功しておらず、その神話が対処しようとしている見かけ上の問題の起因となる言葉遣いをただ拒んでいるだけのように思われるかもしれない。所与に訴えたいという誘惑の引き金となるのは、次のような考えである。すなわち、自発性は概念の能力たる悟性の行使一般を特徴づけるものであり、したがってそれは、われわれの感性への世界からの干渉のもっとも近くに位置する概念的内容にまで及んでいる、という考えである。このように広範囲に及ぶ自発性は、思考の外部からの制御を受けるものとみなされる必要がある。さもなければ、自発性の働きを摩擦なき空転とすることになってしまうからである。所与は、外部からのそうした制御を提供してくれるように思われる。そうすると、たとえ私が概念能力は経験のうちで働いていると主張しても、他方で経験が受動的であることを強調するならば、自発性が経験の内容にまで及んでいるのをただ否定するだけで私が例の誘惑を解消したつもりになっていると思われるかもしれない。

しかしそうではない。われわれは自発性とともに外的摩擦をも描かねばならないという要求は、そのような仕方で、つまり単純に自発性の及ぶ範囲を制限し、それを概念的なものの領域よりも狭いものとすることによって満たすことができるものではない。

かりに経験において働いている能力が、受容性の働きである経験のうちにしか現れないものだとすれば、その能力を概念能力と考えることはできないであろう。能動的思考においても行使されうるのでないとすれば、すなわち、自発性という考えと本当にしっくりいくようなかたちで行使されうるのでないとすれば、その能力を概念能力と認めることはまったくできないであろう。最低限のところで言うと、物事が経験の表象するとおりであると判断するかどうかは決定できることでなければならない。あるひとの経験が物事をどのように表象するかは、そのひとの統御下にはないが、その現われを受け入れるか拒絶するかはそのひとに委ねられているのである。[9] さらに、そうした最低限の意味ですでに能動的であるような判断、すなわち経験をそのまま記録するような判断だけに考察を限ったとしても、この種の判断において概念を使用する能力が自立的であると考えてはならない。というのもこの能力は、同じ概念をその脈絡以外の場面で使用する能力から独立したものではありえないからである。このことは、経験そのものの主観的性格ともっとも密接に連関する概念、すなわち第二性質の概念に関してさえも言える。ごく一般的に言って、経験のうちで引き出される能力が概念的であると認められるのは、この能力をもつひとが、経験判断の内容を他の判断可能な内容と連関させる合理的関係に応答できるという事実が背景にある場合だけである。こうした連関によって、第二性質の概念もまた可能な世界観の要素としての身分を獲得するのである。

たとえば、色についての判断を考えてみよう。この種の判断に含まれる一連の概念能力は、他の概念能力に比べ、世界についての理解のうちに統合される度合いがきわめて弱い。にもかかわらず、色を事物の属性でありうるものとして理解していると保証できるだけの背景がなければ、観察に直接基づく色判断すらおこなっているとは言えないだろう。視覚系への入力に反応して「正しい」色彩語を発する能力（おそらくオウムでももてるような能力）があるというだけでは、適切な色概念をもっていることにはならない。そのためにはさらに、この反応が、世界のなかのある種の事態、すなわち自分の意識の流れに生じるこの変化とは独立に成り立ちうる事態に対する感応性を反映している、といった考えを理解していることが必要である。こうした背景理解に含まれるのは、たとえば、対象の可視的表面という概念とか、見ることによってあるものが何色であるかが分かるための適切な条件という概念である。(10)

もちろん、経験の内容のうちに現れることのできる概念は、第二性質の概念だけではない。ひとたびこのことを考慮に入れれば、感性における概念能力の受動的な働きは、判断において、かつ判断を生み出す思考においてそうした概念を能動的に行使することから独立には理解できない、ということはさらに明瞭になるのである。

経験において受動的に引き出される概念能力は能動的思考の能力のネットワークに属しており、このネットワークは、包括的理解を追求するためには世界から感性への干渉にどう応答すべきかを合理的に律している。そして、悟性が自発性の能力である――概念能力は責任ある自由の領域のうちで行使される能力である――という考えの眼目のひとつは、そのネットワークが自分の思考を律していることが思考者本人に分かるかぎり、それは不可侵ではないということである。能動的な経験的思考は、それを律する連関が合理的連関として信頼に足るものであるかどうかを反省する義務からけっして逃れられない。反省によって推奨されるのであれば、概念と概念理解[2]をいつでも刷新する用意ができているのでなければならない。概念体系の周縁部のもっとも外側に位置する概念を、つまり観察にもっとも密着した概念を、体系内部からの圧力に応じて再形成する必要があるというのは、たしかに現実にはありそうもない。しかしそうした明らかに非現実的な可能性は、私の目下の目的にとって重要な点を明らかにしてくれる。つまり、経験それ自体は自発性という考えとしっくりいかないものであるとしても、観察にもっとも密着した概念ですら、それが成り立つためには、まさに自発性の働きとして考えるのがふさわしいもののうちで役割を果たせることが必要なのである。[11]

したがって、概念能力が経験の内部にまで受動的に関与していると考えておきながら、自発性という考えに含意される自由というものに潜在的につきまとう例の懸念を度外視することなどできない。経験の受動性を活かすためには自発性が経験の内容にまで及んでいるのを否定するだけでよいと考えるならば、その姿に騙されて気づかぬままふたたび所与の神話の一種に陥っているだけなのである。自発性を描像の外に置いたままにしながらも、経験のうちで働いている概念能力について語ろうとするならば、概念能力について語っているつもりがただの言葉遊びになってしまう。所与の神話の難点とは、われわれが正当化を求めていた場面でせいぜい免責しか与えてくれないということである。それと同じ困難がここでは、感性が引き渡す「概念的」なるものが自発性に与える干渉に関連して現れている。そうした干渉が自発性の及ぶ範囲外のもの、責任ある自由の領域外のものだと考えられるならば、この干渉に訴えても結局は何も変わらない。つまり、その干渉に導かれて何を信じるようになったとしてもわれわれがその責任を問われることはありえない、ということにしかならないのであって、それを信じることについてわれわれが正当化されていることにはならないのである。

それゆえ私は、経験は受動的であるという事実を活かして経験を自発性の及ぶ範囲外にとどめておけば所与と完全に手を切ることができる、という安直な主張をしているわけではない。私の勧めている見解は、たとえ経験が受動的であったとしても、経験のうちで引き出されて働いているのは本当の意味で自発性に属する能力であるというものなのである。

6

この可能性を見てとることができないとしても、すなわち、自発性に属する能力が単なる受容性の働きのうちに解きがたく織り込まれているということがいかにして可能なのかを理解できないとしても、それは単なる迂闊な見落としであるとはかぎらない。ここからの出口を見いだすのは困難であろうし、しかもその困難の根は深いのである。

私はこのことの例証として、最初にデイヴィドソンを挙げたいと思う。斉合性から真理と知識にアプローチすることを推奨している著名な論文で、(12) デイヴィドソンは、私の描いた出口にまったく気づいていないことを示してしまっている。彼はそれに反論しているわけではない。それは単に、彼が検討している可能性のなかにはないのである。

　概念空間の外部で生じる感性への干渉として経験を捉えるならば、判断ないし信念を正当化するために経験に訴えることができると考えてはならないという点については、デイヴィドソンははっきり理解している。そう考えたりすれば、所与の神話に陥って正当化と免責を混同することになるだろう。理由の空間が概念空間よりも先に広がっていて、そこで所与がそのまま受容されるわけではない。ここまでは、私が主張してきたこととまったく同じである。

　しかしデイヴィドソンは、経験とは感性に対する概念外的干渉以外の何ものでもありえないと考える。それゆえ彼は、経験は理由の空間の外部になければならないと結論するのである。デイヴィドソンに従えば、経験は主体の信念や判断に対して因果的に関係するが、その信念や判断が正当化ないしは保証されたものとしての地位をもつということには関係しない。デイヴィドソンは「ある信念を抱く理由とみなされるものは他の信念以外にはありえない」（p. 310〔邦訳二二四頁〕）と述べているが、そこで彼がとくに言いたいのは、経験は信念を抱く理由とはみなされえないということなのである。

　もちろん私は、この一連の思考の出発点には同意する。しかしその結論にはまったく満足できない。所与の神話に対する反動からデイヴィドソンは、経験に正当化の役割をまったく認めないところまでいくのだが、この斉合主義的結論は、自発性は摩擦をもたないとする考え方の一種であり、これこそ所与という考えに魅力を与えてしまう元凶なのである。これは私が語ってきた揺れ動きの一局面にすぎない。そうなると、今度はそれが周知の反動を引き起こすのは避けられない。デイヴィドソンの描像では、われわれが経験的思考に従事するとき、そこには外部からの合理的制約はまったくなく因果的影響だけがあるとされる。これこそが、実在との関わりという意味での経験的内容のための余地が彼の描像のなかにあるのかどうかという懸念を引き起こすのだが、これがまさに、所与に訴える必要があると感じさせる懸念なのである。だがデイヴィドソンはこの懸念を晴らすための方策を何も講じていない。感官への世界からの干渉は正当化とはなんの関係もないと慎重に約定したとしても、経験的内容はわれわれの描像のうちで理解できる、と確信して彼は平然としているが、私が思うにこうした確信は疑ってかかるべきである。

もちろんデイヴィドソンは、自分の立場は思考が落ち着く場所であって、いつ果てるともない揺れ動きの一局面ではないと思っている。しかし私に言わせれば、所与の神話の動機に十分深く入り込んでいないからこそ、彼はそう思うことができるのである。

経験についての基礎づけ主義的な考え方は「懐疑論につながる」(p. 314〔邦訳二三一頁〕)と彼は述べている。もちろん、所与に訴えたからといって認識論においてどうにもならないのは確かである。しかし、懐疑論にまつわる哲学的懸念が所与という考えの失敗から生じるというのは間違っている。また所与という考えは、平穏な反省のうちで、まるでどこからともなく、経験的知識についての認識論の基礎たりうるものとしてわれわれのもとにやってきて、それがうまく機能しないことが分かればあっさりと捨てることができる、というようなものではない。むしろ所与という考えは、経験的知識に関する周知の哲学的不安の根底にある考え方に応じようとしたものなのであり、この考え方はデイヴィドソンの認めているものと寸分違わないのである。

所与という考えに訴えざるをえないと思われることがあるのは、やはり否定できない。そう思われてしまうのは、概念能力が自発性の能力に属するという考えを一方でしっかりと受けとめながらも、他方で、思考の領域外からの合理的制約を認める余地がわれわれの描像にはない以上、われわれの描いているものはそもそも概念の行使ではありえないのではないかという懸念に囚われるからである。こうした懸念のひとつの現われは、われわれはたしかに経験的知識を所有していると言えるための説得力ある方法がないかもしれないという危惧である。一般的なかたちであれ（自発性の行使が思考の領域外の実在とそもそも関わるのはいかにして可能なのか）とくに認識論的なかたちであれ（自発性の行使が知識となるのはいかにして可能なのか）、この種の懸念が引き金となって所与のほうへと揺れるわけだが、これは、まさにデイヴィドソンが推奨しているたぐいの「真理と知識の斉合説」に対する自然な反応である。そうした説には、不安を煽るあの考え、つまり、概念的思考の自発性は外部からの合理的制約を受けないという考えがそのまま現れている。斉合主義のレトリックは、外部と接触しているというのとは反対の意味で、思考の領域内に閉じこもっているというイメージを連想させる。こうしたイメージはじっさい斉合主義にふさわしいし、だからこそ懸念すべきものだと思うひとにとっては、所与という考えが思考と実在との関わりを回復してくれるように見えてもおかしくはない。だが弁証法のこの段階で、そう見えるのは錯覚であり、所与という考えはその約束を果たさないのだと指摘しても、その考えを不可避と思わせる懸念があいかわらず切迫していたり、それどころか悪化している場合には、その指摘は無駄である。結局のところ、われわれが選ぶように求められている二つの立場はどちらも満足がいかないことが明らかになるだけなのである。

デイヴィドソンは、斉合主義のレトリックが閉じこもりのイメージとして受けとられるのを防ぐための方策を何も講じていない。それどころか、彼は積極的にそれを勧めている。ある箇所で彼は、「もちろんわれわれは、自分が気づいている内的出来事の原因が何かを知るために、皮膚の外に出ることはできない」（p. 312〔邦訳二二八頁〕）と言っている。これは、そのままではきわめて不十分な但し書きだ。外的対象について知るためには皮膚の外に出ざるをえないとどうして想定しなければならないのだろうか。（もちろんそんなことはできない。）また、われわれは自分の気づいている内的出来事の原因が何かを知ることに関心があるのであって、単純に環境の布置に関心があるのではない、と想定しなければならないのはどうしてなのだろうか。もちろん、皮膚の外に出ることは思考の外に出ることと同じではない。しかし次のように考えれば、デイヴィドソンにとって、どうしてそんなにも無頓着な但し書きができるのか理解できるかもしれない。すなわち、デイヴィドソンにとって、われわれが文字通り皮膚の内側に閉じこめられていることと、彼が自身の斉合主義に喜んで認める含意、つまり信念の内部に比喩的な意味で閉じこめられていることとのあいだには似たところがあるらしいと考えてみるのだ。われわれは信念の外部に出ることはできないというのがデイヴィドソンの描像なのである。

そうした閉じこもりのイメージが、かえって所与という考えへと、すなわち、真理と知識は概念領域の外部のものとの合理的関係に依存しているという考えへと向かわせかねないことは、もちろんデイヴィドソンにも分かっている。だが彼は、閉じこもりのイメージをそのままにしておいても、この反動を先手を打って回避できる、つまり、「信念はその本性からして真実を語るものである」（p. 314〔邦訳二三三頁〕）という見るからに安心できるテーゼのための議論を彼の斉合主義の枠組のうちでおこなうことでそれを回避できる、と考えている。その議論においてデイヴィドソンは信念と解釈を関連づけたうえで、被解釈者たちが世界と因果的に交渉し合っているのが解釈者に観察できるのなら、解釈というものの本性からして、その世界についていて彼らがたいていの場合正しいということが解釈者に分かるのでなければならない、と論じるのである。

私はこの議論に異議を唱えたいわけではない。しかし、デイヴィドソンの斉合主義的描像は思考と実在との関わりを組み込むことができるのかどうかにわれわれが懸念を抱いている場合、その議論にわれわれを安心させる効果がどれだけあるのか、という問いは提起しておきたい。この懸念を次のようなよく知られた仕方で抱いているひとのことを考えてみよう。すなわち、こうした描像に従うかぎり自分がマッドサイエンティストの水槽のなかの脳であってもよいのではないか、と懸念しているひとのことである。デイヴィドソン的な答えは、水槽のなかの脳であるようなひとの信念はその脳の電子的環境についてのものでありその大部分が真であると解釈するのが正しいであろう、というものになると思われる。[13]しかしこれは、われわれが所与の誘惑に動じないでいられるために必要な安心を与えてくれるのだろうか。先の議論の出発点とされていたのは、われわれは一群の信念に閉じこめられており、そのなかから正当化してくれるものを得て、それに合わせて自分たちの思考を能動的に調整してゆくという想定である。その議論は、そうした信念の大部分が真であるとわれわれを安心させることで、閉じこもりのイメージを無害にするとされていた。しかし、水槽のなかの脳ではないかという懸念に対してこんなふうに答えても逆効果である。われわれの描像では思考が外部世界と接触しないままになるかもしれないという危惧が、この答えでやわらぐことなどない。それはただ、われわれは自分たちの信念の対象が何であるのかを思っていたほどしっかりとはつかめていないのだという、目もくらむような感覚をわれわれに覚えさせるだけでしかない(14)。

正しい結論はこうであると思われる。すなわち、信念がたいていの場合真であることは確かだというデイヴィドソンの議論にわれわれがどれほど信頼を寄せるとしても、彼の立場が問題の揺れ動きから本当に抜け出せると請け合うには、その議論は始まるのがあまりに遅すぎるのである。

デイヴィドソンが所与の神話を扱うときその動機とされているのは、われわれが一群の信念をもっていることは当然としながらもその信頼性に懸念を抱いているという浅い懐疑論だけである。だが所与の神話にはもっと深い動機がある。すなわち、デイヴィドソンの斉合主義的立場が主張しているように自発性が外部からの合理的制約を受けないのだとすれば、自発性の行使がそもそもどのようにして世界を表象できるのかが理解できない、という考えがそれである。直観なき思考は空虚なのであり、しかもこの論点は、直観が思考への因果的干渉たりうると考えることによっては満たされない。直観が思考と合理的に連関しているのを認めることができてはじめて、経験的内容をわれわれの描像のうちに収めることができるのである。この連関を認めていないためにデイヴィドソンは、安心を与えると称する彼の議論の出発点となる考え、すなわち一群の信念という考えを手にする権利を損なってしまっている。その場合、閉じこもりのイメージを無害なものにしようという彼の試みはうまくいかず、彼の立場が問題の揺れ動きの一局面であることに変わりはないのが暴かれるのである。そこから本当に抜けだそうとするのであれば、経験は思考への合理的制約であるという主張を断念せずに所与の神話を避けることが求められるであろう。

これが可能となるのは、世界が感官に与える印象がすでに概念的内容を帯びていることが認められる場合である、と私は主張してきた。しかしある障碍のためにデイヴィドソンは、この方向にいかなる可能性も見いだすことができない。これはまたのちの講義で論じることにしよう。

7

所与の神話が表現しているのは、思考と判断の領界の外からの合理的制約がなければならないという要求である。この要求がもっともよく見られるのは、われわれを取りまく世界についての経験的知識、つまりカントの言う「外感」[15]によってもたらされる知識との連関においてである。しかし、私がたったいま使った「思考と判断の領域の外」という空間的な言い回しが単なる比喩にすぎないことを理解しておくのは有益である。まさに同じ誘惑が、カントの言う「内感」[16]との関連でも生じる。思考と判断の領界には、思考者自身がもつ知覚、思考、感覚などについての判断も含まれる。そうした判断において働いている概念能力は、他の概念能力とまったく同様に、自発性に属するのでなければならず、それゆえ、摩擦なき空転という亡霊がこの領域でも現れる可能性がある。そこで、本当の意味での内容を得るためには摩擦を確保することが必要となる。そうすると、いまではもうおなじみだが、この領域での概念の行使も、概念外的なものを、すなわち判断の究極的根拠である剝き出しの存在を合理的根拠とするとみなさざるをえないと思われてもおかしくはない。

一見したところ避けがたいと思われる考え方のこうした記述は、ウィトゲンシュタインがいわゆる私的言語論で標的としたものにそのまま当てはまる。この議論は所与を総じて否認するという方針を適用したものだと理解するならば、その議論の説得力をしっかりと評価することができる。またおそらく、ウィトゲンシュタインのよく知られた諸節にその一般的方針がどのように登場しているかを見てみることで、この方針をもっと深くまで理解することもできるであろう。(17)

「いわゆる私的言語論」と言ったのはなぜかというと、私の読み方に従えば、ウィトゲンシュタインが攻撃している考え方の主眼は、剥き出しの存在を言葉にする方法を考案することではなく、むしろ「内感判断」は究極的には剥き出しの存在に根拠をもつと主張することだからである。この考え方に囚われているひとが、君の固執する剥き出しの存在は言語によっては捉えられないという議論に説得されるとしても、それこそが自分の本当の論点であると答えるかもしれない。言語がそうした存在を捉えることができるのであれば、それは概念領域の内部にあることになるだろうが、そうした存在を認めることに意義があるとすればそれは、概念領域の内部で働く自発性を外部から制約するものを認めることである。したがって、言語がそうした存在を捉えることができないのは当然だが、それでもなお、「内感」判断の究極的正当化として指差せるものがそこにあると主張することが必要だと思われる可能性がある。ウィトゲンシュタインの攻撃の主眼は、私的言語という考えを排除することにあるのではない。私的言語を排除しただけでは、彼の反対する考え方を、言語は剥き出しの存在を捉えられないという地点までしか追いつめることはできない。だがウィトゲンシュタインの攻撃は、すでに私的言語という考えを放棄している立場さえも、剥き出しの存在はいかなるものの根拠にもなりえないという一般的な教訓を適用することで掘り崩すのである。

しかしながら、経験判断の究極的根拠は所与でなければならないと確信するにいたったひとであれば、自然の成り行きとして、そうした究極的根拠に可能なかぎり近い概念の可能性を自分は認めなければならないと考えることになるはずだ。ここで、ある概念が究極的根拠に可能なかぎり近いとは、その概念を含む判断が適切な種類の剝き出しの存在によって保証されるという事実が当の概念の内容を完全に規定するということである。私的言語の語彙で表現できるとされているのは、こうした概念のことであろう。個別的存在としての所与が与えられる主体でありうるのは、ただひとりの人物だけである。したがってそのかぎりでは、剝き出しの存在に正当化されることによって成り立つ概念はどれも私的概念でなければならないことになろう。私が先に言及した概念形成の筋書きにおいてそうであったように、これらの私的概念が多様としての所与からの抽象によって獲得されると想定するのは自然だろう。ウィトゲンシュタインの議論に登場する私的な直示的定義とは、この抽象の作業のことなのである。

したがって、所与を総じて否認するという文脈のうちに私的言語論を据えるからといって、私的言語に、あるいは少なくとも私的概念に反対する議論をそれ自体として考察しないですむわけではない。それでもやはり、はっきりと私的言語を主題としているウィトゲンシュタインの言明を、この一般的方針が言語に対してもつ帰結を強調しようとする努力として見るならば、それらの言明に正しい光を当てることになると私は思う。この方針の眼目とは、概念と自発性を切り離せないがゆえに渇望されるようになったものを、すなわち、手持ちの諸概念への外部からの入力としての正当化を、剝き出しの存在は供給することができないというものである。ある概念が私的概念であるとすれば、それは剝き出しの存在との正当化による結びつきによって成り立っていることになろう。そうだとすると、自発性はその概念にまで及んでいないことになる。じっさい、こうした概念の行使は自発性に伴う責任を免除されているというのが、私的概念という考えの本当の眼目である。ここで扱われているものは、経験は受動的であるという事実についての誤解に関して先に（第5節）私が言及したものと同じ構造をもっている。自発性が及んでいないものを「概念」と呼び、問題の結びつきを「合理的」と呼ぶこと、これは詐称であって、じっさいは、単なる免責を正当化と名づけることでしかなく、そのように呼ぶことによって免責が正当化になることを望んでも無駄なのである。

私は、概念形成の抽象説による説明に対するギーチのウィトゲンシュタイン的な攻撃に言及した（第2節）。また私は、私的言語論は所与を総じて否認するという一般的方針を適用したものだと主張してきた。しかし、私的言語論をより一般的な考えの特殊な適用例として示すことは、誤解を生むおそれがある。右で述べたように、剝き出しの存在に正当化されることによって成り立つ概念はどれも私的概念でなければならないだろう。そうした概念を形成するために必要とされる抽象をおこなうということは、私的な直示的定義を自分に対して与えることであろう。じっさい、所与からの抽象によって概念が形成できるという考えこそが、私的な直示的定義という考えである。したがって、言語の可能性に関わるものであるかぎり、私的言語論そのものが所与の否認なのであって、所与を総じて否認するという一般的方針を特定の領域に適用したものなのではない。この一般的方針を適用するとは、感覚であれ何であれ剝き出しの存在を否認すること以外の何ものでもないのである。

私的な直示的定義を遂行する適切な機会を他人が合図で教えてくれるのだと想定したとしても何も変わらない。私的要素が、つまり剝き出しの存在への合理的応答が、共有可能な手持ちの諸概念との合理的連関をも公共的側面としてもつ複合的概念へと統合されるのを期待するひとなら、そうした想定をするかもしれない。この考えをウィトゲンシュタインは次の文章のなかで表現している。「あるいは、『赤』という語は、誰もが知っているものを意味し、そのうえで、各人にとって、当人にしか知られないものを意味する、というような具合になっているのだろうか（あるいは、それは当人にしか知られないものを指示する、という具合になっていると言ったほうがよいのだろうか）[18]」。剝き出しの存在への合理的応答という考えが混乱以外の何ものでもないのだとすれば、共有可能な手持ちの諸概念とこのように連関しているからといって、この複合的概念なるものがその私的な構成要素からの汚染を免れるわけではない。正当化と免責の混同が、複合的概念の二つの構成要素の繋ぎ目にちょうど姿を現しているのである。

　所与の神話は、「内感」の場合にはとくに油断のならないものである。「外感」の場合には、独立の外的実在と経験する主体とのあいだを所与が媒介し、主体はこの媒介を通して実在に気づくと考えられる。ここで所与を否認するとしても、それによってわれわれは外的実在を破棄しているわけではなく、実在への気づきがそのような仕方で媒介されていると想定しないようにしているにすぎない。しかし「内感」の対象は、「内的経験」としての気づきの内的対格になっており、そうした対象はそれに気づくこととは独立に存在しない[19]。これが意味するのは、剝き出しの存在を「内感」の場合に当てはめるならば、気づかれる対象は唯一この存在だけだということである。つまり、この場合の剝き出しの存在は、自分を超えた他のものへの気づきを媒介するという役割を果たせない、少なくとも、その媒介された気づき自体を「内感」の働きとして考えねばならないのであれば、そうした役割を果たすことはできないのである。[20] そして結果として、ここで所与を否認すると「内的」気づきもまるごと否認しているように見えてもおかしくはない。「内的経験」において経験されるものは所与以外には存在しないように思われるのである。

「内的」気づきをこのように抹消してしまわずに所与を否認するにはどうすればよいのだろうか。判断の正当化における適切な役割を「内感」の印象に与えるためには、「外感」の印象の場合と同じく、それ自体がすでに概念的内容を所有しているとみなす必要がある。また、自発性の自由にしかるべき制限を加えるためには、それが受容性の産物としての印象にほかならないと主張する必要がある。したがって「内感」の印象は、「外感」の印象と同じく、そのうちで概念能力が引き出されて働いている受動的出来事でなければならない。しかし内的対格をめぐる論点を尊重すべきであるならば、概念能力のこうした受動的な働きは、「外感」の印象をそのままモデルにして考えることはできない。概念能力のそうした働きによって生じる気づきは、それとは独立に成り立っている状況を対象とするのであり、この状況が主体に印象づけられるのはそれが主体の感性と何らかの適切な関係をもっているからである、と想定することはできないのである。もちろん「内感」の印象を因果的に説明するために、気づきとは独立に成り立っている状況に訴えるということはある。たとえば、苦痛を感じる場合の身体的損傷などがそうである。しかし、内的対格をめぐる論点を尊重すべきであるならば、こうした状況が「内感」の印象からなる気づきの対象であると想定することはできない。(「内感」の印象からそうした状況を見いだす術を習得できるのは疑いないとしても。)「内感」判断が何らかの対象をもつと主張しうるためには、そうした判断の対象は、印象からなる気づきとは独立の何ものかではなく、

「内感」の印象そのものでなければならないのである。

これは多大な困難をはらむ領域である。ウィトゲンシュタイン本人からも、ここでの困難を避けたいという無理からぬ願望が見え隠れする。私がここで念頭に置いているのは、感覚の自己帰属はそもそも主張（assertion）ではない、つまり事態についての判断を表明したものではない、という考えに彼が惹かれているように見えることがあるという事実である。(21)

「内的経験」を概念能力と連関させるべきだと私が主張してきたのは、「内感」について、可能なかぎりどこまでも「外感」と同じように考えてみるためであった。これにまつわる困難のひとつの明白な源泉は、自発性の能力をもたない生き物もたとえば痛みを感じることができるのは確かだということである。（「自発性」とは概念能力のことだというのを思い出してほしい。私は、単に動物的な生の営みには自己運動という性格が欠けていると言おうとしているわけではない。）これについてはまたのちの講義で論じることにしよう。ここでの私の目的は、この問題に決着をつけることではなくて、もっぱら、私的言語論を所与に対する攻撃として読むべきであるという提案をおこなうことだったのである。

8

今回の講義で主張してきたのは、われわれはある耐えがたい揺れ動きに陥りやすいということである。それは、一方の局面では斉合主義へと引き寄せられるが、これでは思考が客観的実在に関わるということが理解できず、他方の局面ではその反動から所与の神話に訴えるが、これもまた役に立たないことが分かる、というものであった。この揺れ動きから逃れるためには、受動的ではあるが概念能力——自発性に属する能力——の働きを反映しているような状態ないし出来事として経験を考えることが必要である、と私は説いてきた。次の講義では、こうした考え方にまつわるいくつかの困難の考察を始めるつもりである。

第二講義

境界なき概念領域

1

　第一講義で私は、不満の残る二つの立場のあいだを揺れ動く傾向について述べた。一方の立場は、思考を実在から切り離しかねない斉合主義であり、もう一方は、経験的知識の究極的根拠だとされる剝き出しの存在という意味での所与へと無益にも訴えかける立場であった。この揺れ動きを避けるためには、経験そのものを受容性と自発性が解きがたく結びついた状態ないし出来事として認める必要がある、というのが私の提案であった。経験は自発性の寄与を受けないまま受容性によって引き渡されるものであって、そうした経験に構造を与える判断においてようやく自発性が現れる、というように考えてはならない。たしかに、経験は受容性の働きであり、だからこそ経験は、経験的思考におけるわれわれの自由が外的に制約されていなければならないという要求を満たすことができる。しかし概念能力は、自発性に属する能力でありながらも、経験に基づく判断だけでなく経験そのもののうちでもすでに働いている。こうして、自発性という考えに含意されている自由の行使に対して経験が合理的な関係に立ちうるということが理解可能となるのである。

この第二講義では、こうした考え方にまつわるいくつかの問題を検討することにしたい。

この考え方の余地があるのが分からないひとがいてもおかしくはない。第一講義（第6節）で私は、このことを例証するためにデイヴィドソンの斉合主義をとりあげた。そこで指摘したのは、デイヴィドソンの立場は、私の勧めている考えが選択肢として視野に入ってさえいない思考様式の代表であるということであった。そうした考え方を手にするのがかくも難しいのはなぜなのか、つまり、元々の二つの立場から選ぶしかないのだとつい考えたくなるほど難しいのはなぜなのか、ということについてはあとで（第四講義はじめで）述べようと思う。そこでの私の目標は次のことを示すことである。すなわち、この領域での困難はわれわれの考え方に対する強力な影響から生じており、なるほどその強力さは理解できるものであるが、しかしながらわれわれはこの影響から自由になれるということである。

ただ、今回の講義でとりあげるのはこの問題ではない。以下では私に対するある反論を検討するが、その反論がそれだけでわれわれの困難の深い根を明るみにだすというつもりはない。せいぜい無関係ではないというくらいのものであろう。だが、それを論じることによって、私の勧める考え方がもっと明瞭になるのではないかと思っている。

2

今回の講義で検討したいのは、私の立場が観念論なのではないかという反論である。

思考することや判断することをそもそも思考の外部の実在に関わるものとして理解するためには、外的な実在からそれらに課される合理的制約というものが必要であるように思われる。デイヴィドソンはそもそもこのような必要があることを否定し、われわれは因果的制約のみですませるべきだと提案する。私が指摘したように、彼がこの提案にどうにか落ち着くことができるのは、彼もはっきり理解しているとおり所与の神話には望みがない以上、この提案以外に選択肢はないと考えるからにほかならない。そしてここが、私に言わせれば彼の間違っている点である。選択肢はもうひとつある。この事実を受け入れるなら、外部からの合理的制約が必要であるということを否定する唯一の理由、すなわち、直観との合理的連関をもたない思考は空虚であるということを否定する唯一の理由として見えていたものが消えてなくなるのである。

外部からの合理的制約が必要であることを認めようとする試みは、概念領界の外部にまで届いている究極的根拠づけの関係が存在しなければならないという考えと結びつきがちである。こうした考えが所与の神話であるが、もちろん、私が素描してきた考え方はそれにどんな譲歩もしていない。所与の神話は、相反する方向にある二つの落とし穴のうちのまさにひとつであり、われわれがそのどちらにも嵌らないようにすることが私の考え方の狙いなのである。

私の勧めている考え方では、外部からの制約がなければならないという要求は、経験は受容性の働きであるという事実によって満たされる。しかしだからといって、同じく外部からの制約を要求する所与の神話の場合のように、経験が正当化において役割を果たせなくなるということはない。なぜなら、経験そのものがすでに概念的内容を備えているというのが私の主張だからである。受容性と自発性が経験のうちでこのように協働しているからこそ、経験においてひとは物事のあり方を取り込むことができると言えるのである。物事のあり方はひとの思考から独立している（もちろん、物事のあり方が、しかじかとひとが考えているということであるといった特殊な場合は除く）。思考とは独立の物事のあり方は、経験において取り込まれることによって、要求されているとおり思考の外部からの合理的制約を自発性の行使に対して課すことができるようになるのである。

たしかにひとは、少なくとも「外的経験」の場合には誤りうる。私は、この点については最終講義まで論じないことにした。しかし、誤る可能性を認めるからといって、ひとが誤っていない場合に起こることを「物事のあり方を取り込むこと」として記述できなくなるわけではない、ということは前もって強調しておきたい。ひとが誤っていないときの特定の経験において取り込まれるものは、物事がしかじかであることである。物事がしかじかであることがこの経験の内容なのであり、したがってそれはまた判断の内容ともなりうる。つまり、主体がその経験を額面どおりに受けとることを決定する場合には、それは判断の内容となるのである。したがってそれは概念的内容である。しかし、物事がしかじかであることは、ひとが誤っていない場合には世界の布置の一側面でもある。つまりそれは物事のあり方でもあるのだ。こうして、受容性の働きは概念的に構造化されていると考えることで、経験とは実在の布置に開かれてあること（openness to the layout of reality）だと言えるようになる。経験によって、実在の布置そのものが主体の考えることに対して合理的影響を及ぼすことができるようになるのである。

実在に開かれてあるというこのイメージを手にできるかどうかは、経験において主体に印象づけられる実在をわれわれがどう位置づけるかにかかっている。実在はわれわれの思考から独立ではあるけれども、概念領域を取り囲む境界線の外にあるように描かれるべきではない。物事がしかじかであることは経験の概念的内容であるが、その経験の主体が誤っていない場合には、まさにそれと同じこと、すなわち物事がしかじかであることが、知覚可能な事実、つまり知覚可能な世界の一側面でもあることになる。

ところで、概念領域の外部に知覚可能な実在を位置づけるのをこのように拒否することは、観念論の一種にならざるをえないと思われるかもしれない。ここで、ある立場を「観念論」と呼ぶということは、われわれの思考から独立した実在のあり方をその立場が真の意味では認めていないと非難するということである。もし私の立場がこうした意味での観念論であるとしたら、実在はわれわれの思考から独立していると私がいくら言おうとも、それはごまかしで口先だけにすぎないことになるだろう。この反論は容易に理解できるし共感さえ覚えやすいものであるけれども、しかし間違っている。この反論の背景に見えるのは、思考と判断が外部からの合理的制約を受けることを斉合主義者のように否定するか、この制約を課すものとしての所与に訴えるか、この二つのどちらかを選択しなければならないという確信である。この二つしか選択肢がないと思い込んでいるひとが、制約なき斉合主義の欠陥についてはしっかり把握しているものの所与の無益さについてはそれほどではない場合、所与の存在を信じないことは、そのひとにとっては実在の独立性を軽視することにしかならないだろう。しかし、第三の選択肢、つまり私の勧める選択肢の眼目はまさに、独立の実在がわれわれの思考を合理的に制約することを認めつつも、所与への訴えに特徴的である正当化と免責の混同に陥らずにすむことがこの選択肢によって可能となるということなのである。

3

ここで、ウィトゲンシュタインの次の言明について考えてみることが役立つだろう。「しかじかのことが成り立っているとわれわれが言い、そしてそれを意味するとき、われわれ——そしてわれわれが意味するということ——は、事実から離れたどこかで立ち止まっているわけではない。そうではなく、かくかくはしかじかである、とわれわれは意味しているのである」[1]。ウィトゲンシュタインはこれをパラドックスと呼ぶ。というのも、これがとりわけ「思考は成り立っていないことについてのものでもありうる」[2]という事実と結びつくと、ある種の反応がわれわれのあいだに引き起こされるかもしれないからである。すなわち、もっとも一般的な意味での考えること——いまの場合だと自分の言う事柄を意味すること——がもつ「実在をその網に捕らえる」[3]という奇跡の力めいたものを前にして茫然とするという反応である。しかしウィトゲンシュタインはまた、正しくも、この言明は「自明の理というかたちをしている」とも述べている。

ウィトゲンシュタインなら不愉快に思うであろうが、彼の論点は次のように定式化できる。すなわち、ひとが意味しうる種類のこと、あるいは一般的に言えば、ひとが考えうる種類のことと、成り立ちうることとのあいだにはいかなる存在論的ギャップもないと。ひとの思考が真である（one thinks truly）とき、そのひとが考えていることは成り立っていることと同一である。それゆえ、（彼自身がかつて書いたように[4]）世界は成り立っていることのすべてであるので、思考そのものと世界とのあいだにはいかなるギャップもない。もちろん思考は偽であることによって世界から離れうるが、思考という観念そのものには世界からの距離という含意はまったくないのである。

しかし、思考そのものと世界とのあいだにはいかなるギャップもないと言うことは、自明の理を大袈裟な言葉で飾り立てることにすぎない。要するにそれは、たとえば春が始まったということをひとは考えうるのであり、まさにそれと同じことが、すなわち春が始まったということが成り立ちうるということにすぎないのである。これは自明の理なのであって、実在の独立性を軽視しているのではないかといった形而上学的問題を引き起こすものではありえない。世界はひとが考えうる種類のことからなっている、と大袈裟な言い方で論点が表現される場合、観念論恐怖症から人々は実在の独立性が放棄されている——すなわち世界がわれわれの思考の影とされる、それどころか何らかの心的素材から構成されたものとされる——のではないかという疑いを抱いてしまう。しかし、ひとが考えうる種類のことは成り立ちうる種類のことと同じであるという事実だけなら、それを逆の方向で受けとることもできる。つまり、まずは成り立ちうる種類のことを理解してから、それに基づいて、ひとが考えうる種類のことという観念を理解せよ、とその事実が要求していると考えることもできるだろう。[5] したがって実のところ、いずれかの方向に理解の先行性を求める理由はないのである。

実在の独立性をしっかりと承認するためには思考の外部から思考への合理的制約がなければならないと言う場合、われわれはおなじみの両義性にさらされている。「思考（thought）」は考えるという働きを意味しうるが、その内容、つまり誰かが考えている事柄もまた意味しうる。とすれば、実在の独立性にしかるべき承認を与えるのに必要なのは、思考作用や判断作用の外部からの、すなわち自発性の行使の外部からの制約であって、それが思考可能な内容の外部からのものである必要はない。事実一般を、概念能力の行使——考えるという働き——と同一視したり、そのような行使の反映とみなしたりするならば、なるほどたしかに実在の独立性を軽視することになるであろう。また、事実のなかでもとりわけ知覚可能な事実を、感性において概念能力が引き出され働いている状態ないし出来事——経験——と同一視したり、そうしたものの反映とみなしたりする場合もやはり同じであろう。しかし、知覚可能な事実は本質的に、経験において知覚者に印象づけられうるものであると言っても、また、事実一般は本質的に、自発性の行使すなわち考えるという働きにおいて思考のうちに包含されうるものであると言っても、そうした場合と違って観念論的ではないのである。

経験は受動的であって受容性の働きであるという事実は、求めてしかるべき外的制約をわれわれがすべて手にしていることの保証になるはずだ。この制約は思考作用の外部から来るのであって、思考可能なものの外部から来るのではない。正当化をたどり直して行ってわれわれが最後にいたるのは、依然として思考可能な内容であって、それよりも究極的な何か、つまり所与をそのまま指差すことなどではない。だが、この最後の思考可能な内容は受容性の働きのうちで手に入るのであって、これはつまり、そうした内容に訴えれば、思考作用にとって外的な実在から思考作用へのしかるべき制約が得られるということなのである。正当化の秩序の究極にくる思考可能な内容は経験の内容であり、経験をもっているときひとは、明白な事実へと、すなわち、経験とは独立に成り立っていて感性に印象づけられる事実へと開かれている。（少なくとも、ひとは事実へと開かれているように思われるのであり、それゆえひとが誤っていないときは、ひとは事実へと現に開かれているのである。）ウィトゲンシュタインの表現を借りて言えば、しかじかのことが成り立っているのをわれわれが見るとき、われわれ、そしてわれわれが見るということは、事実から離れたどこかで立ち止まっているわけではない。われわれが見ているのは、しかじかのことが成り立っているということなのである。

4

ウィトゲンシュタインの問題のアフォリズムは、主観性のどんな概念的形成についてもこのように書き直すことができる。とはいえ、開かれてあるというイメージを保証するのはこの一般的可能性そのものではない。開かれてあるというイメージは経験にこそふさわしいものであり、このイメージを活かすためには経験特有の受動性に訴えることが必要なのである。だがその一般的な脈絡は、このイメージが利用可能であるためには重要である。

このことを明らかにするために、第一講義（第5節）で述べたことに立ち戻りたい。そこで私は、経験において概念能力が受動的に働いているという考えに対する誤解を打ち消そうとした。その誤解とは、受動性とともに引き合いに出される概念的なものについては、概念能力一般を自発性の能力とすることに説得力を与えている論点が適用されない、と考えてしまうことである。この誤解に対して私は次のように主張したのであった。すなわち、経験において働いている能力がそもそも概念能力として認められるためには、それは、経験の引き渡すものに合わせて思考を能動的に調整する諸能力の合理的に組織化されたネットワークのうちに、それ相応の仕方で統合されていなければならないと。経験的諸概念が使えるとはこういうことである。この統合のおかげで、経験にもっとも密着した判断さえも世界観の構成要素という位置づけを得ることができるのである。

このことは、第二性質の概念、すなわち、経験の主観的性格から切り離しては理解できないような概念だけに話を限ったとしても見てとれる。たとえば、あるものが赤い (be red) とはどのようなことかは、あるものが赤く見える (look red) とはどのようなことかと一緒にでなければ理解できない。赤いということで考えられているのは、適切な状況下での赤いものの見え方であるということ以上のものではない。これが含意することは次のように表せる。すなわち、あるものが赤いと判断することは能動的であり自発性の行使であるけれども、その判断と経験の受動性との距離は他のどんな判断の場合よりも近いのだと。経験が次から次へと引き渡してくるものに合わせて思考を調整するという能動的な作業のうちに色の概念が統合される度合いは最小限でしかなく、それゆえ、可能な世界観のうちに統合される度合いも最小限でしかない。しかし、最小限でしかないとしても、色の概念はそのように統合されているのである。色の経験を是認する判断が自分の世界観に収まることを可能にする背景理解をもたないような主体は、色の経験をもっているとは認められないであろう。色経験を認められる主体であれば、対象の可視的表面という概念や、見ることによって物の色が分かるための適切な条件の概念といったものを備えていなければならないのである。

以上は、第一講義で述べたことを、眼前の環境に色を位置づけるような経験と判断に関して述べ直したものである。だが別の種類の色経験も考慮できるようにしておく必要がある。(6)「内感」の働きとしての単なる感覚も「色経験」と呼ぶことはできるからである。たとえば、頭を殴って「赤を見る(see red)」ようにさせることはできるが、その経験が、「見られた」色を眼前の環境に帰属させることはない。さて私が主張してきたのは、経験一般は概念能力が受動的に引き出され働いている状態ないし出来事であるということであった。これは、他の経験の場合と同様、色についてのこうした「内的経験」の場合にも言えるのでなければならない。そして私の考えでは、こうした「内的経験」における色概念の役割は「外的経験」におけるその役割から派生的に理解されるべきである。赤という概念を使ってある「内的経験」を「赤を見ること」として特徴づけることができるのは、あるもの——何らかの「外的な」もの——が赤いのを見るという経験、あるいは少なくとも、赤いのを見ているように思われるという経験と、この内的経験が主観的観点からすれば当該の点で似ているからなのである。

ここで、逆の方向をとりたいという誘惑に駆られるかもしれない。すなわち、色概念の「内的」役割は自立的に理解可能であると想定したうえで、その「外的」役割を説明するために、ある「外的」対象がある色概念のもとに包摂されるとは、その対象が、適切な視覚的「内的経験」をしかるべき視覚条件下で引き起こすようなものであるということだという考えに訴えるのである。このような誘惑を助長するのは、赤いことと赤く見えることが相互依存的にしか理解できないのであれば、どうすればこの循環のうちに割って入れるのかが謎となってしまう、という考えである。このときわれわれは、「赤を見る」という「内的」経験から、赤いことと赤く見えることの両方を説明することによって、この謎を消散させようと望むかもしれない。

しかし、このような誘惑には抵抗すべきである。もし色概念の「内的」役割を自立的な出発点とするなら、色の「外的経験」は理解できないものになるであろう。どんな錬金術が、「内的経験」を「外的経験」へと変えることができるというのか。われわれの悟性の発達において、対象がもっているように見える属性ではなく「内的経験」の特徴として色がはじめて現れるのだとすれば、それを悟性はどうやって世界に投射できるというのか。色概念の「内的」役割から出発するとしたら、われわれにできるのはせいぜい、われわれのうちに「内的経験」の当該の特徴を引き起こす傾向性（propensity）を外在化することくらいであろう。しかし、そのような傾向性を所有しているという考えが、当該の色をしているという考えと最終的に同じものになるかどうかはまったく疑わしい。そのためにはまさに、われわれの経験と思考が現象的なものを外的世界のうちに位置づけることが必要となるが、ところがそうした意味での「傾向性」に基づいて考えるかぎり、現象的なものは心のなかに置き去りになってしまうのである。(7) またいずれにせよ、問題の循環——赤いという概念と赤く見えるという概念の相互依存性——はまったく無害である。たとえば、色概念がどう獲得されるかについての健全な見方にとってはまったく脅威ではない。一斉に獲得されねばならない概念群の要素としてしか色概念は現れないと考える必要があるというだけのことだ。(8) それゆえ私は、「外的経験」が根本的なものであると考えたうえで、そこにおいて色概念が、より一般的に言えば第二性質の概念が果たす役割に焦点を絞ることにしたい。

「外的経験」において主体は受動的に概念的内容を負わされているが、そこで引き出され働いている能力は、自分の世界観を――合理的に信頼に足るものとするべく――たえず能動的に調整していくなかで主体が使う概念能力のレパートリーのうちに繋ぎ目なく統合されている。経験を、それとは独立の実在に気づくこととして、あるいは少なくとも、気づいているように思われることとして考えることができるのは、この統合のためなのである。この論点をしっかりと理解するためには、経験の内容において色がどういう役割を果たすかを引き続き考えるのがよい。概念体系全体との結びつきの度合いが最小限であるこうした場合でさえ、概念能力はある仕方で自発性全般のうちに統合されており、そのおかげで主体は、そうした概念能力が引き出され働いている経験を、世界の一瞥――あるいは少なくとも世界を一瞥しているように思われること――として理解できる。すなわち、当の経験においてて目に入るものを超える実在の一側面を取り込むこと――あるいは少なくともそう思われること――として理解できるのである。経験において色概念が（その「外的」役割を果たすように）引き出され働いている場合、この概念に結びつけられるさまざまな合理的連関が当の現われの内容の形成に組み込まれることになり、その結果、成り立っているように見えるものは、世界における主体の認知的状況に関するさまざまな含意をもったものとして理解される。たとえば、正面がしかじかの仕方で照らし出されている対象と主体が対面しているということを含意するものとして理解されるのである。

一瞥という考えは視覚特有のものであるが、それは非視覚的な経験をも包含するように一般化できる。ある経験のうちで引き出され働いている概念能力が概念のネットワーク全体と一定の仕方で合理的に結びついていることによって、経験の主体は、その経験が取り込むもの（あるいは少なくとも取り込んでいるように思われるもの）を、より広い実在の一部として理解する。すなわち、思考のうちには完全に包含可能であるがこの経験ですべてが捉えられるわけではないような実在の一部として理解する。経験の対象がより広い実在とどう統合されていると理解されるかは、当の諸概念が自発性全般のレパートリーとどう統合されているかを反映している。何かが経験とは独立のものであるとは、それがより広い実在のうちに組み込まれることでしかるべき位置づけを与えられているために、たとえそれがしかじかであることが経験されずともそれはしかじかであろうという考えがわれわれにとって意味をなすということである。色の経験すらも、こうした意味でその経験とは独立であるものについての気づきとして理解することができるのは、自発性全般への色概念の統合のおかげなのである。

これまで主張してきたのは、経験の内容において第二性質の概念が果たす役割に話を限ったとしてもこの点に変わりはないということである。じっさい、ある第二性質の個々の経験を理解するためには可能なものであれ現実のものであれ同種の第二性質の他の経験を背景としなければならないと言うことでは、この限定の狙いは達成されないだろう。これらの経験が世界の一瞥であることになんら問題はないが、第二性質を帰属させる判断のような、経験の受動性から最小限の距離しかない判断に特有の主題だけから世界を構成するなどということはできない(9)。経験可能な世界は、経験が明らかにするものによって合理的に制約される能動的思考のための主題として理解されなければならない。経験のうちで受動的に引き出され働いている能力は、それを自発性という考えに適合させることができないかぎり、概念能力として認めることはできない。そして、経験の受動性の現実の事例から離れた思考の実践を描くとしても、それが、可能な事例には目を向けるもののあいかわらず同じようなことに拘泥している実践であるとしたら、問題の能力を自発性という考えに本当の意味で適合させたことにはならない。そのようなやり方では、せいぜい「内的経験」の整然とした系列という考えを手にすることしかできない。それどころか、そうした考えさえ手にすることはできないと私は思っている。なぜなら、世界がなければ「内的経験」さえも理解できないからである。しかし、私がこう言う理由が明らかになるとすればそれはずっとあと（第五講義）のことだろう。あるいは、そこでも明らかにはならないかもしれない。いずれにせよ、現時点で重要なのは次のことだけである。それは、能動的な思考や判断の実践とわずかにしか統合されていない経験のあり方を、たとえば色の経験のあり方を描こうとする場合、その統合が右のような意味でしか考えられていないとすれば、そこで描かれるものがどのようにして色の「外的経験」となりうるのか――経験される色がどのようにして「外的」実在の特徴として経験されうるのか――が謎めいたものになってしまうということである。

経験が世界観の能動的な調整と合理的に結びついているということの眼目は、第二性質の概念への限定をやめるといっそう明らかになる。当然のことだが、他の概念も経験のうちに現れる。経験が取り込む実在の特徴は、見え方の概念と解きがたく結びついている概念――その結びつき方は、たとえば、「赤く見えるとはどのようなことか」と「赤いとはどのようなことか」との結びつきによって示される――が捉えるものだけだと考えるなら、それはまったくの誤りであろう。（それではまるで、世界の他の側面は経験においてではなく理論的思考においてしか意識されえないかのようである。）経験それ自体が取り込むものとしては、この意味で現象的である性質よりも思考可能な世界の特徴のほうが多いのである。

私が出発点としたウィトゲンシュタインの言明を一般化して言えば、思考するということは事実から離れたところで立ち止まっているわけではない。世界は思考のうちに捉えることができるのである。私が主張してきたのは、このことが背景としてあるのでなければ、経験が世界をつかむその独特の仕方は理解不可能になるだろうということであった。また依存関係はこの方向のみではない。われわれは世界が思考可能であるという事実を経験から離れてまずは理解でき、そこから進んで経験を理解するにいたるというわけではないのである。問題となっているものが思考可能な世界でありうるためには、言い換えれば、悟性のあり方をそのあるべき姿で、すなわち、実質的な経験的内容をもった概念と概念理解の体系としてわれわれが描けているためには、経験の引き渡すものに合理的に応答する能動的思考はその体系を媒体として営まれるということがすでにわれわれの描像の一部となっていなければならないであろう。直観なき思考などというものはまったく空虚であろう。経験的内容一般を理解するには、感官に干渉するがままの世界の把握を目的としたわれわれの自己批判的活動のなかで経験的内容が固有の力学的位置を占めているということを、見てとらなければならないのである。

ここで感官への干渉といった語り方をするからといって、われわれの思考の媒体としての力学的体系の全体が空転するのを防いでいるのはその外部にあるものとの概念外的な結びつきであるという考えを誘い込むことにはならない。これは、概念的なものの領域を囲む境界線があって、実在はその境界線の外から力学的体系の内側へと干渉する、といった構図を描いてはいけないということを再度念押しすることにほかならない。そうした境界線をまたぐ干渉はどれも因果的なものでしかなく、合理的なものではありえない。このことを指摘した点ではデイヴィドソンはまったく正しいが、それに加えて彼は、経験において世界が思考に及ぼす影響は因果的なものでしかないという考えにわれわれは甘んじざるをえないと主張する。対して私が描こうとしているのは、経験において世界はわれわれの思考に合理的影響を及ぼすと主張するための方法である。だがその場合、外部との境界線をわれわれの描像から消す必要がある。力学的体系を動かしているものは、それがたとえわれわれの感官の印象であるとしても、すでに概念的内容を備えているのである。こうした印象においてわれわれの目に入る、あるいは少なくともそう思われる事実は、概念領域を取り囲む境界線の向こうにあるものではない。また、世界がわれわれの感性に干渉するとはそのような境界線を内側へまたぐことではない。私が指摘したいのは、このように外部との境界線を消去しても観念論に陥ることにはならない、すなわち実在の独立性を軽視することにはならない、ということなのである。

そうした力学的体系の内部で概念的活動に従事するとき、いつもすでにわれわれは世界と関わっている。この状況を理解したいのであればそれはその体系の内側から理解されなければならない。さもなければ、そのような望みはナンセンスとなろう。そうした状況を理解するとは、力学的体系が世界に合わせて自らを調整してゆくのを傍から（from sideways on）描くということではありえない。このような描像では、その体系が境界線のうちに囲い込まれ、世界はその外部にあることになるが、われわれが描いてはいけないのはまさにそういった構図なのである。

もちろん、他の思考者がはじめはわれわれにとって不透明で理解しがたいという可能性はある。他者がいかなる概念的内容をもって世界に関わっているかを理解するのは、骨の折れることかもしれない。だが他方で、他者の関わる世界がすでにわれわれの視界に入っているのは確かである。こうした明白な事実を脅かすようなことは何も私は言っていない。私が斥けたいのは次のような考えである。すなわち、他者を理解しようと努めるにあたってわれわれが手がかりとするのは、他者の思考の媒体となる概念体系としてすでにわれわれの視界に入っているものと世界とのあいだにあらかじめ確認できる諸関係であるという考えである。そうなると、その体系内で働いているさしあたり不透明な概念能力の内容が見通せるようになるときわれわれが何をしているかと言えば、最初は大まかでしかなかったにせよ終始使うことのできた傍からの描像――こちらに概念体系があり向こうに世界があるという描像――の細部を埋めているということになる。このような考えが、ある人々の集団を理解するにいたるのに必要な解釈の作業を適切に表現しているとしたり、またこの考えを少し変えれば、同じ言語を話す他者を理解する能力を通常の育成のなかでわれわれが獲得する過程を適切に表現できるとしたりするのは、思い違いでしかないであろう。この描像では、われわれが理解できるようになったとされる概念体系を取り囲む境界線の外に世界が置かれている。これは要するに、経験的実質をもった概念群の理解であると真の意味で認められるものをこの描像では描けないということである。この描像で概念とされるものが世界からの干渉と結びつきうるとしても、それは因果的にでしかなく、合理的にではないであろう（これがデイヴィドソンの論点であった）。そして私が主張してきたのは、これでは、そこで概念として描かれているものが経験的実質のある概念としての身分を、すなわち経験的世界に関わる判断の内容を規定しうるものという身分を、どうしてもつことができるのかが謎のままになる、ということであった。（以上のことは、根元的解釈——辞書などのような外的資源なしに他言語を徐々に理解していく際の手続き——というデイヴィドソンの考えを用いる一部のやり方に反対する論拠にもなろう[10]。）

いま述べた思い違いはじつに油断のならないものである。というのも、われわれはそれに魅入られて、傍からの理解こそが他者がわれわれを理解する様式であるとしたうえで、われわれ自身の思考についてもそうした理解を求めてしまうほどだからである。われわれにとって不透明な思考者の場合、傍からの描像でも無害なものがあるのは否定できない。そうすると、傍から描くという方針を変えずにその描像の空白を埋めることこそが不透明さを克服することであるのは明らかだと思われるかもしれない。しかし、これは誤っていると言わなければならない。その誤りは、次の事実にしかるべき強調を与えていないことにある。すなわち、無害な傍からの描像では、われわれがまだ理解できていないひとも思考者として現れるとはいえ、それはきわめて抽象的で不確定な仕方においてでしかないという事実である。そのひとの思考の具体的な特徴がわれわれの視界に入るようになるとき、われわれは、そのひとの思考が世界とどのように関わっているのかを描く既存の傍からの描像の空白を埋めているわけではない。そうではなく、ひとつの概念体系のなかのひとつの見地をわれわれがそのひとと共有するようになり、そこからわれわれとそのひとは、概念体系を取り囲む境界線の外にわざわざ飛び出したりせずとも、同じ注意をそろって世界へ向けることができるようになるのである。(11)

6

これまで論じてきたのは、経験のうちで引き出され働いている概念能力がどのように自発性全般へと統合されているかということであった。主体が「外的」経験を客観的なものについての気づきとして、つまり当の経験とは独立のものについての気づきとして理解できるようにするのはこの統合である、というのが私の主張であった。経験の対象、すなわち成り立っているものとして経験される事態は、思考可能な世界全体の一部として理解される。全体としての世界はそうした個別の経験から独立しているので、われわれは、もしもこの経験が生じていなかったら物事はどのようであっただろうかと問うと同時に、その大部分が経験されていない世界全体との結びつきを利用して、当の対象を位置づけることができるのである。これは概念が自発性全般へとある特有の仕方で統合されていることによるのだが、私が主張したように、この統合は最小限のかたちであれ色概念の場合にも見られるものである。

さて第一講義（第7節）で述べたように、「内的経験」の対象は当の経験からこのように独立しているわけではない。すなわち、「内的経験」の対象はその経験によって構成される気づきから独立には存在しない。

このことは「内的経験」に関するわれわれの理解を歪めるおそれがある。「内的経験」は当の経験から独立した対象をもたないという主張を維持しようとすれば、「内的経験」の対象を、それが受容されるという出来事から構成上どうしても切り離すことのできないような所与――「私的対象」――とみなさざるをえない、と考えてしまいがちである。いわゆる私的言語論でウィトゲンシュタインがおこなっている批判に説得力があると考えると、われわれは次の二者択一を迫られる。ひとつの選択肢は「内的経験」がそもそも気づきの問題であることを否定することである。こうすれば、意識の流れにおける出来事とその出来事の対象とされるものとの関係について悩む必要はなくなるだろうが、しかしそれは「感覚麻痺を装う[12]（feigning anaesthesia）」という苦しい哲学的戦略と変わらないように見える。もうひとつは、気づきの役割を認めて、「内的経験」の対象は当の経験から独立ではないという主張をあきらめることである。この見方では、結局のところ「内的経験」は、気づかれるかどうかを問わず成り立っている状況についての気づきであることになる。問題の「内的経験」が感覚である場合、そうした状況として考えられるのはその感覚と適切な関連をもつ身体的状況であろう。そうすると「内的経験」は、何かについての気づきを構成するという点では「外的経験」と同等であることになる。違いは、「内的経験」の場合には対象との距離があまりないというだけのことである。こうした立場のどちらも満足のいかないものである以上、感覚などの自己帰属がそもそも判断を表現するということを否定する方向に傾いたウィトゲンシュタイン――少なくとも一部の解釈者たちは、彼が少なくとももときどきはこの傾きに屈していたとみなしている――に対する共感が起きてもおかしくはない。

思うにここでの有効な手だては、「外的経験」に関連する諸概念はそれ特有の仕方で自発性全般へと統合されているという事実を引き合いに出してみることである。「内的経験」に関連する諸概念には、それとはまた別の特有の統合の仕方を見いだすことができる。ある程度までは「内的経験」の印象と「外的経験」の印象は似ている。両者とも、そのうちで概念能力が引き出され働いている受動的出来事である。そしてまた、「内的経験」のうちで引き出され働いている概念能力は自発性全般へと統合されていないわけではないし、同じことだが、「内的経験」の対象は、それが世界観における可能な要素として位置づけられるようなかたちでは理解されないというわけでもない――もしそういうことになるとすれば、ここに概念能力をそもそも認めることができなくなってしまうだけである。ただ、「内的経験」の場合の統合の様態は、その対象に気づきからの独立性を与えるようなものではないのである。

「内的経験」に続く判断が対象とする状況が世界全体のなかにどう収まるかを理解していないような主体には、たとえば痛みの概念をそうした判断のなかで使う能力を認めることはできないであろう。そうした理解において要求されるのは、主体は自分が痛みを感じていることを、誰かが痛みを感じているという一般的タイプの事態の個別事例として理解していなければならないということである。それゆえ、問題の「内的経験」のうちで引き出されている概念能力は、「内的経験」やそれに続く判断のなかでの役割、すなわち一人称現在時制での役割に限定されないということを主体は理解していなければならないのである。[13] ここには、気づきとその対象という構造の限界事例を見いだすことができる。たとえば、痛みの概念が引き出され働いている「内感」の印象は、主体が痛みを感じているという状況についての気づきとして理解できる。ここに気づきとその対象という構造を問題なく適用できるのは、自分が痛みを感じるとはいかなることか――自分の気づきの対象である状況――を主体が捉える視点が、その状況についての気づきを構成している「内的」ないし一人称的視点に尽きるわけではないからにほかならない。まさに同じ状況が、「内的経験」を表現する思考以外においても――他人や異なる時点での自分によっても――思考可能であるということを、主体は理解しているのである。これによって、ここで言われている状況に主体の気づきからの独立性が与えられる。しかし、主体が状況をそうしたものとして見ることができるのはもっぱら感性の「内的」働きとしての気づきだけによるのではないとしても、当の状況は感性そのものの働きにほかならないのである。

いずれも自存性（substantiality）の限界事例と言えるという点では、「内的経験」の対象を「外的経験」の場合の第二性質と比較することは無駄ではなかろう。「内的経験」の対象はある意味では第二性質ほど客観的実在のうちに固く根ざしてはいないが、別の意味では、対象を同定する手段となる特有の経験から第二性質よりも独立しており、したがってより自存的である。第二性質はその存在を告げるどんな個別の経験からも独立に存在するが、それに対して「内的経験」の対象はその経験から独立には存在しない。しかし他方で、ある第二性質の感覚的特性を主体が理解するのは、それを経験するとはいかなることかという観点からのみであるのに対して、自分の「内的経験」の潜在的対象については、自分がそれを経験する観点以外からも本質的には思考可能であるということを主体は理解していなければならないのである。(14)

7

経験判断において概念能力は感性が引き渡す非概念的なものに対して行使されるのではない、というのが私の主張であった。概念能力は感性が引き渡すものそれ自体のうちですでに働いている。第一講義（第5節）で提案したように、いちばんよいのは経験において概念能力は何に対して行使されるのかという問いを認めないことである。この文脈で概念能力の行使という言い方をするならば、経験は受動的であると主張できなくなるおそれがあり、ゆえにそうした問いを拒否することが、所与への渇望の根を断ち切るためには必要不可欠なのである。しかし、そうした概念能力が何に対して行使されるのかという問いを認めないからといって、経験において受動的に受容される概念的内容が何に関わるのか、あるいは何についてのものなのかという問いを私は認めないわけではない。このように一般的なかたちで問われるなら、それに対する答えは明白である。そうした内容は、経験主体に現れる、すなわち主体の目に入ってくる世界——あるいは少なくともそう思われる世界——についてのものである、というのがその答えである。これが観念論恐怖症を発症させることなどないはずだ。

所与の神話を拒否することで何をわれわれが拒否しているかといえば、判断の根拠を追跡すれば最後は剝き出しの存在を指差すことに行き着くという考えである。ところが、この考えが拒否されると不安を覚える者もいるかもしれない。思考についてわれわれのような考え方をしても実在の独立性は十分に認められるのだと請け合えるためには、指差しが正当化の役割を果たすと考えることが可能でなければならないのに、われわれは自らそう考えられなくしていると思われるかもしれないのである。世界の特徴を指差すことが判断の正当化のひとつであることが可能でなければならない。さもなければ思考の自発性は、閉じた円のなかで摩擦のないまま行使されるもののように見えるおそれがある。

しかしいまやわれわれは、「思考の領域の外部」のような表現の両義性に対する用心ができているので（第3節）、こうした不安に対処するのは簡単である。問題の指差しが果たす正当化の役割には二つの異なる捉え方がある。私の勧めている捉え方でも、思考作用の領域から世界の特徴を指差すことを正当化のひとつとすることはまったく問題なく可能である。われわれが所与の神話に陥るのは、この指差しは思考可能な内容の領域を取り囲む境界線の外にまで達するのでなければならないと考える場合だけなのである。

8

私が主張してきたのと似た立場は、傲慢な人間中心主義、すなわち、世界はわれわれの思考の力が及ぶ範囲内に完全に収まるという根拠のない自信を体現しているとして反対されることがある。これは、観念論だとの非難と少なくとも同類に見える。世界はわれわれの思考の影や反映であると考えているからというのでないなら、世界を理解する自分たちの能力になぜわれわれはそれほどまでに自信をもてるのだろうか(15)。

しかし、傲慢だとの非難は私が勧めている立場にはあたらないであろう。第一講義（第5節）で述べたように、経験に応答して自分の世界観を調整する能動的作業を律する合理的連関であるとふだんは考えているものが本当に信頼に足るものであるかどうかを絶えず反省する義務が、自発性の能力には付いてまわる。われわれの経験的な概念と概念理解が吟味に耐えるものであることを保証するのは、悟性にとって骨の折れる終わりなき作業である。それには忍耐が必要であるし、謙虚さといったものも必要である。概念と概念理解の体系が歴史的に発展してゆけば、その体系の及ぶ範囲内に世界が完全に収まるような時点がいずれ訪れる、という保証などない。そんな保証はまったくないのであって、だからこそ反省の義務は永続的なのである。

反省の義務が永続的であることを認めようとしない風潮がある。この義務から解放されるのを想像するひとつの手段は、「探求の終わり」と呼ばれるに値するような事態を考えることである。(16) それは、現在のところ探求として通用している当のものが信頼に足るものであるかどうかの反省的探求も含めて、もはや探求が必要ではないというような事態であろう。このような考え方は、理性の単なる理想としてさえ疑わしいと言ったほうがよい——こうした考え方にこそ、われわれの能力に対する不当な自信だと先ほどの反論で非難されたものの影がちらついてはいないだろうか。しかし、私が勧めている立場には探求の終わりという考えはまったく含まれていないのである。

9

これまでの二回の講義において、所与の神話を奉じたかと思えばひるがえって経験が思考に合理的に関わることを否定したり、そうかと思えばまた揺り戻されたりという傾向を紹介してきた。この二者択一から逃れるためには、経験において自発性が受容性の引き渡すものに解きがたく織り込まれていると考えなければならないというのが私の主張であった。自発性との協働への受容性の寄与は観念上でさえ（even notionally）切り離すことができないと考えねばならないのである。今回の講義では、実在が思考から独立であるのを認めることができていないという意味で観念論だとの非難について論じてきた。これは、二者択一からの抜け道について私の述べてきたことが――言うまでもなく私の使っている用語はカントのものなのだから――カントとどう関係するのか、という問いを提起するにはちょうどよい機会である。

カントは、自発性との協働から受容性の寄与を切り離すことができると認めているだろうか。「否」と「然り」という答えの両方が正しいように思われる。

経験の観点からすると答えは「否」である。受容性からの寄与は経験的には切り離せるという前提から始めるなら、どんな概念的なものに対しても概念外からの究極的根拠づけとなりうるものが経験において与えられると考えることになるだろう。こうした考えは拒否しなければならないと言うことは、カントの中心的思想を表現するひとつのやり方である。カントにとって、経験が取り込むものは、思考可能な内容の領域の外部を指差すことでわれわれが訴えることのできるような究極的根拠などではない。経験においてわれわれが感官への干渉を通じて取り込むのは実在の側の要素であるが、それはけっして思考可能な内容の領域の外にあるのではない。

しかし、カントにはまた超越論的な筋書きがあって、この超越論的な視座からすると受容性の寄与を切り離せるように思えるのは確かである。超越論的視座から見た場合の受容性は、超感性的実在から干渉を受ける能力であるということになる。すなわち、日常的な経験的世界について言われるどんな場合よりも強い意味でわれわれの概念的活動から独立している実在があるとされ、受容性はそうした実在からの干渉に対する可感性であるということになる。

経験の観点だけにかぎるなら、カントのうちに見いだされるのは私が勧めてきた描像にほかならない。すなわち、概念領域を取り囲む境界線の外部に実在を置かないような描像である。これまでの私の主張がカントの用語を使って表現できたのは偶然ではない。思考作用と判断作用の外部から来るのでなければならない制約を保証するのは、経験が受容性という契機をもつという事実である。そうだとしても、自発性に属する能力が受容性の引き渡すものにおいてすでに引き出されている以上、その制約が合理的なものであると考えることに不整合はない。カントのうちに見いだされる描像は、このようにして所与という落とし穴を避けるのである。

しかし超越論的視座は、所与の神話からわれわれを解放してくれるはずのこの描像を、先に（第5節）言及した傍からの見方の、すなわち概念空間を境界線で囲んだうえでその外部に実在を配する見方の変種――この場合、外部にあるのは日常的な経験的世界ではなく超感性的なものである――のうちに嵌め込んでしまう。こうした枠組のなかでは、解放をもたらすはずのその思想は本来の姿をとることができない。いったん超感性的なものが持ち出されると、真の意味での実在であれば超感性的なもののようにわれわれの思考から根本的に独立していなければならないのだと見られがちになる。これに比べれば、経験的世界が独立性を主張するのは欺瞞のように見えてくる。超感性的実在が持ち出されるやたちまちそれは真の客観性の在処のように見えるので、経験的世界の基本的構造は何らかの仕方で主観性が超感性的実在と相互作用して産み出したものであると考えるようわれわれは仕向けられてしまうのである。しかし、もしわれわれが経験的世界の基本的構造に対して部分的にでも責任があるならば、いかにして経験的世界はわれわれから真に独立でありうるのか。ここで、経験的世界の基本的構造はわれわれの作り出したものであると言えるのは超越論的に見た場合だけである、と告げられてもなんの助けにもならない(17)。

われわれに必要なものは、経験に日常的な経験的受動性を認めれば得られる。そうすれば、経験的思考における概念の使用という脈絡で自発性を引き合いに出すからといって、経験的思考を合理的に制約されないものとして、すなわち摩擦なき空転として描くはめになるわけではない、という保証が得られるのである。いずれにせよ超越論的受動性という考えはよく言っても問題含みのものであって、その事情は周知のとおりである。カント自身の見解では、われわれにとって因果性とは、経験的世界のうちにおいて働くものという意味しかもたないものとされている。このような問題含みの考えを付け加えることは、経験的受動性によって与えられる保証を揺るがすことにしかならないのである。

カントは、問題の揺れ動きから首尾よく逃れる寸前のところまで来ている。彼は、所与の神話の中心にある混乱を解消する方法を指し示している。所与の神話によると、思考と実在の究極的な接触点にまでいたれば、理由の命ずるところにわれわれが責任をもって応じる義務はなくなる。なぜなら、所与とは世界からの粗暴な影響の結果であって、世界によって正当化されるものではないからである。しかしじっさいには、その義務は実在にいたるまでずっと有効でなければならない。世界そのものが、われわれの思考に対して合理的制約を課すのでなければならないのである。理由に応じる責任が、世界そのものには及ばず理由の空間のもっとも外側の地点で消失すると考えるなら、われわれはもはや経験的判断として認められるものを何も描けなくなる。というのも、われわれは経験的内容をまったく消し去ってしまっているからである。超越論的枠組がなければ、こうした洞察の明確な定式化をカントに認めることができるだろう。直観なき思考は空虚であるという彼の主張が完全には明確なかたちをとることができなかったのはこうした事情による、というのが私の解釈である。

自発性の能力ということで考えられているのは、自身の生に責任をもつ力をわれわれに与えるもののことである。この考えをわれわれが経験的思考に満足のゆく仕方で適用できるようにするにはどうすればよいかを、カントは示してくれている。すなわち、経験的探究はわれわれが責任ある自由を行使する生の一領域であると考えることができ、しかもそう考えても、経験的思考は世界そのものから制約されるのでなければならないという要件を手放さないですむにはどうすればよいかを示しているのである。だが、超越論的枠組ではこれにどうしても制限が加えられる。超越論的に見るかぎり、経験的思考におけるわれわれの責任ある自由は真正のものではないように思われる。これではまるで、免責は正当化の代用とはなりえず、経験的に見るかぎりわれわれは経験的判断の正当化を手にすることができると言っておきながら、経験的判断に対する最良の正当化さえ超越論的に見れば免責にすぎないとカントは言っているかのようである。

この不満足な側面はカント哲学の根幹に関わるものである。[18] とすれば、私がこの側面についていままで述べてきたことは、超越論的枠組を一挙に除去できるかのような印象を与えるというとくにその点で、あまりにも単純すぎる。これについてはあとで（第五講義）もう少し述べるつもりである。

超越論的枠組の影響からカントの哲学が私の論じてきた意味で観念論的になっているということも、言っておく必要があるだろう。これはカントの意図とは正反対であるが、彼が断固として否定しているにもかかわらず、彼の哲学は結果的に、われわれが感官を通じて出会う実在の独立性を軽視することになってしまっている。こうした結果を招いているのが、彼の後継者の何人かに観念論への裏切りと映ったカント哲学の側面、すなわち彼が概念的なものの領域の外部に実在を認めているという事実にほかならない。この後継者たちは、整合的な観念論を達成するためには超感性的なものは破棄されなければならないと主張した。じっさい、そうすることでカントの洞察は自由になり、日常的世界の独立性に対する常識的な尊重を守ることができるようになるのである。

すでに述べたように、カントの思考において超感性的なものが果たす役割を取り除くなら、概念的なものを取り囲む境界線の外部に実在を配することのない描像がわれわれの手元に残る。今回の講義で私が強調してきたのは、そのような描像が実在の独立性を軽視するものではないということである。この描像は常識に逆らうものではなく、むしろ常識を守るものにほかならない。

概念領域には外部との境界線があるという考えを拒否することが「絶対的観念論」の核心であり、われわれはいまや、その哲学のレトリックを手なずけるための糸口を手にしている。たとえば、「思考において私が自由であるのは、私が他なるもののうちにはいないからである」[19]というヘーゲルの言明を考えてみよう。この言明が表現しているのは、概念的なものには境界がない——概念的なものの外部には何もないのだから——という、まさに私が使ってきたイメージにほかならない。その論点は、私が時間を割いて論じたウィトゲンシュタインのあの言明（第3節および第4節）、すなわち「われわれ――そしてわれわれが意味するということ――は、事実から離れたどこかで立ち止まっているわけではない」という言明の論点と同じである。この主題については踏み込んで論じたいところだが、いくつかの理由からいまはそうすることができない。一回分の講義としてはもう十分論じたというのは、そのうちもっとも不真面目な理由であろう。

10

経験の内容は概念的であると私は主張してきたが、それは正しいはずがないと考えるひとは多い。次の講義ではこの問題を論じるつもりである。

第三講義

非概念的内容

1

私は相反する方向にある二つの落とし穴について論じてきた。その一方は斉合主義であるが、これは思考に対する外からの合理的制約を認めず、それゆえ私に言わせれば、そもそも経験的内容のための場所を本当の意味で用意することができない。もう一方の落とし穴はその反動から所与の神話に陥ることであるが、それは正当化が必要とされる場面でせいぜいのところ免責を与えるにすぎない。この二つの落とし穴のあいだで揺れ動くのをとめる唯一の方法は、カントにならって経験的知識を感性と悟性の協働として考えることであると私は主張してきた。いかにして感性の引き渡すものが判断や信念といった悟性の典型的行使に対して根拠づけの関係に立ちうるのか、このことを不可解なこととしないためには、この協働をかなり特殊な仕方で考えなければならない。すなわち、感性の引き渡すものそれ自体のうちに悟性がすでに解きがたく織り込まれていると言わねばならないのである。たしかに経験は、世界がわれわれの感官に与える印象、言い換えれば受容性の所産である。しかしこの印象自体がすでに概念的内容をもっているのである。

知覚経験の内容は概念的であると私がこのように但し書きぬきで主張するのに、第一講義のときから眉を顰めていたひともいることだろう。今回の講義では、いくつかの疑念に対してこの主張を擁護するつもりである。

はじめに断っておきたいのは、この問題をもっぱら私の側での特異な用語法に由来するものとして片づけることはできないということである。つまりあたかも、経験の内容は概念的ではない――少なくとも一貫して概念的であるわけではない――という私の論敵たちの主張に表現されているのとまさに同じやり方で私も経験の内容を考えていながら、それに「概念的」というラベルを貼り付けているだけであるかのように見られてはならないということである。本当の意味で自発性の能力に属する諸能力が感性において引き出され働くことによって経験は内容をもつというのが、私の勧めている描像の核心なのである。まさにこの同じ諸能力が、判断においても行使されうるのでなければならない。しかもそのためには、そうした諸能力が概念と概念理解の体系全体へと合理的に結びつけられている必要があり、そうした諸能力をもつ者は、この体系の内部で、自分の思考を経験に合わせて調整してゆく絶え間なき活動に取り組んでいるのでなければならない。もっとも、経験においてまったく役割を果たしえない別の要素もその体系内には存在しうるのだが。私が前回の講義で主張したのは、そもそも経験を世界の諸側面についての気づきとして、あるいは気づきと思われるものとして理解できるのは、自発性に属する能力が経験に含まれているからにほかならない、ということであった。自発性というカント的な考えを本書のようなかたちで使っている以上、「概念」とか「概念的」のような語に多くのことを求める解釈に私は踏み込んでいることになる。概念能力の場合に多くのことを求めるというのは、能動的思考のうちで、すなわち自身の合理的信頼性についての反省に開かれた思考のうちで、この能力が使用できることが必須だということである(1)。これこそ、経験の内容は概念的であると言うときに私が「概念的」ということで考えているものである。

2

議論の焦点を絞るために、この問題についてガレス・エヴァンズが述べていることを考察することにしたい。

エヴァンズは、知覚経験の内容は非概念的であるという主張を同じく但し書きぬきでおこなっている。エヴァンズによると概念的内容は、知覚の脈絡では、経験に基づく判断においてはじめて登場する。経験に基づいて判断を形成する場合、われわれは非概念的内容から概念的内容へと移行するというわけである。

主体が知覚を通じて獲得する情報状態は、非概念的なもの、もしくは概念化されていないものである。そうした状態に基づく判断のほうに、必然的に概念化ということが含まれる。つまり、知覚経験から世界についての（通常は一定の言語的形式で表現可能な）判断へと移行する際、われわれは基礎的な概念的技能を行使していることになる。（…）この概念化ないし判断の過程は、その主体をある特定の種類の情報状態（ある種の内容、すなわち非概念的内容をもつ状態）のもとから、別の種類の認知状態（別の種類の内容、すなわち概念的内容をもつ状態）のもとへと移行させるものである。[2]

こうした非概念的な情報状態は、エヴァンズが「情報システム」（p. 122）と呼ぶもののうちで知覚が役割を果たした結果である。情報システムとは、われわれが感官を用いて世界についての情報を収集したり（知覚）、コミュニケーションにおいて他人から情報を受けとったり（伝聞）、情報を通時的に保持したり（記憶）する際に行使する諸能力の体系のことである。[3]

エヴァンズの見解の要点は、合理的に連関し合った概念的技能、すなわち判断という観念や厳密な意味での信念という観念を適用する余地を与えるような能力に比べて、「情報システムの働き」のほうが「原初的」だということである[4]（p. 124）。私が使ってきた用語でこの考えを言い直せば、情報システムの働きは自発性の働きよりも原初的だということになる。この論点は、知覚と記憶の場合には分かりやすい。というのもエヴァンズの言うところでは、それらを「われわれは動物と共有している」（p. 124）から、つまり、自発性という観念がまったく適用されない生き物と共有しているからである。目を引くのは、彼がこの同じ論点を伝聞に関しても主張しているという点である。「われわれが他人から情報を得るメカニズムは（…）人間の知的発達のなかでも、より洗練された観念が適用可能になる前の段階ですでに働いている」（p. 124）。ここでの彼の考えは、幾多の言明に接することでひとが知識を得てきたとしても、そのひとはその時点ではそれらの言明の大部分を理解できてはいなかったということである。

　するとエヴァンズは知覚経験を、非概念的内容をもつ情報システムの状態と同一視していることになる[5]。エヴァンズによれば、経験判断をおこなうときにはじめて概念能力が働くようになり、まさにそのとき別種の内容が登場することになる。これを私のしてきた説明と対比させてみよう。私が勧めてきた描像によれば、知覚経験の内容はすでに概念的である。経験判断によって新たな種類の内容が導入されるわけではなく、その判断を根拠づける経験がすでに所有している概念的内容が、あるいはその一部が、単に是認されるだけなのである[6]。

　重要なのはこの違いを誤解しないことである。エヴァンズの見解では、経験は情報システムの状態であり、そうしたものであるかぎり経験は非概念的内容をもつ。しかし彼は経験というものを、情報システムの働きによって自発性とは独立に産出される知覚的情報状態と同一視して考えているわけではない。それどころか彼は、非概念的内容をもつ知覚的情報状態が「それ自体でただちに、知覚的な経験――すなわち意識的主体の状態――であるのではない」（p. 157）と主張しているのである。エヴァンズによれば、知覚的な情報システムのある状態が経験とみなされるのは、その非概念的内容が「思考・概念適用・推論のシステムへの入力」（p. 158）として利用できる場合だけである。つまり、自発性の能力にとって、すなわち、経験判断をその知覚状態に基づいて合理的におこなったり差し控えたりできる能力にとって、その非概念的内容が利用可能な場合だけなのである。したがって、非概念的な情報状態が、自発性の能力を欠く生き物に備わる情報システムの知覚的要素によって産出される場合、それは知覚経験とはみなされない。もっとも、自発性にとって利用可能であることで現に知覚経験とみなされている状態も、自発性の能力が働くようになるのとは独立に非概念的内容を与えられているかぎり、それ自体としてはやはり非概念的な情報状態であることに変わりはない。

3

第一講義の終わり近くで（第7節）、私が経験一般について勧めてきた描像を「内的経験」に適用しようとする際に感じられて当然のある困難に触れた。この描像によれば、経験とは、そのうちで概念能力が引き出され働いている状態ないし出来事である。私のこれまでの主張では、概念能力にとって本質的なのは自発性に属するということであって、この自発性とは、何を考えるべきかを経験の引き渡すものに照らして決めるという能動的な自己批判的活動において行使される能力のことである。だがこれは、「内的経験」について私が提示した説明に登場するような概念能力――たとえば痛みの概念を使用する能力――を大多数の生き物には帰属させられないということを意味するが、そうした生き物たちはみな痛みを感じることができないなどと言えば顰蹙を買うことになろう。痛みを感じることができるのは、能動的で自己批判的な思考者だけではないのである。しかし、自発性をもたない生き物が痛みを感じる場合にその生き物についてたとえどんなことが言えようとも、私が勧めてきた経験の描像では、そうした生き物が「内的経験」をもつということはありえないことになる。

この論点が「内的経験」に特有のものでないのは明らかである。この描像を「外的経験」に適用しても同じようなことが言える。物事がしかじかであるのをあらわにすることを旨とする「外的経験」は、私が勧めている説明によれば、物事がしかじかであると判断する際には能動的に使用されるはずの概念能力の働きを含む状態ないし出来事である。そうだとすると「外的経験」は、そうした能動的思考に従事しうるような生き物にしか帰属させることができない。したがって「外的経験」の場合にも、「内的経験」の場合と類比的な論点が見いだせる。いまの場合もやはり、ある種の生き物が周辺環境の特徴に関して「外的経験」をもつことを私は否定せざるをえなくなっているが、もちろん、その種の生き物は周辺環境の特徴に知覚的に感応できないなどと言えば顰蹙を買うことになろう。周辺環境の特徴に知覚的に感応できるのは能動的で自己批判的な思考者だけではないのである。

いまの段階では、こうした一対の不安があるということを私はただ認めているだけであって、その軽減を目指しているわけではない――この軽減はのちに（第六講義）試みるつもりである。これに対するひとつの率直な反応は、自発性の観念に準拠するいっさいのものから経験の観念を完全に切り離す必要があると結論づけることであろう。そうすれば、理性的動物と非理性的動物の感覚的な生の営みについて別々の話をしないですむだろう。いま言っておきたいのは、この方向に惹かれる者がエヴァンズをたやすく同志とみなすことはできないということだけである。彼の描像では、私の描像と同様、経験の概念は限定的に使用されており、その使用は、自発性の観念に事実上あたるものとの広い意味でカント的な結びつきによって制約されているのである。

4

私はこれまでの講義で、哲学的不安に陥るという執拗なおそれについて論じてきた。自発性の観念に含意される自由というものを強調するならば、経験的内容をもった思考を描いていたはずのものが、摩擦なき空転という描像へと堕するおそれがある。それを克服するためには、経験的思考における自発性の行使への外的制約を認める必要がある。しかしここでわれわれは、反対側の根強い困難に逢着することになる。つまりわれわれは、この外的制約を考えるにあたって、正当化が必要な場面でせいぜい免責しか与えられないという事態は避けなければならないのである。経験を説明するにあたって自発性という考えに類するものはいっさい許容しないことによって、この困難に向き合うのをあっさり拒む者もいるかもしれない。しかしいま強調したように、それはエヴァンズのとる路線ではない。

ここで求められている外的制約を認めるためには、われわれは受容性に訴える必要がある。私が主張してきたように、シーソーをふたたび所与の神話へと傾けるだけに終わることなく受容性を導入する唯一の方法は、自発性との協働への受容性の寄与は観念上でさえ切り離すことができないと考えることなのである。

ところがエヴァンズはこの原則を尊重していない。経験についてのエヴァンズの説明において、受容性は情報システムの知覚的要素という装いのもとに登場するが、その際彼は、知覚システムは内容を帯びた状態を自発性のいかなる働きからも独立に産出すると考えているのである。エヴァンズの言う経験がある程度カント的に限定されたものである以上、内容を帯びて産出されたこの状態にそうした意味での経験という身分を授けるのは、それが自発性にとって利用可能であるという事実にほかならない。しかし、自発性がその内容の確定に関与することはない。したがって、エヴァンズの説明に登場する情報システムの独立した働きは、自発性との協働に対する受容性の寄与としてそれだけ切り離せるものなのである。

そうだとすると、エヴァンズの描像における経験と概念能力の関係の仕方は、私の読むかぎりでのカントが少なくとも経験の観点からの描像としては望みなしとした経験的知識像における直観と概念の関係の仕方と、まさに同じであることになる。たしかにカントは超越論的レベルでは、そのような構図をもった描像にある種の正当性を認めようとしている。しかし経験についてのエヴァンズの説明は、もっぱら超越論的にのみ正しくあるべく――それがじっさいのところ何を意味するにせよ――意図されているわけではない。したがって、私が最初の二つの講義で繰り返しやってみせたカント的考察に誤りのないかぎり、経験についてのエヴァンズの説明はそれらの考察によって覆されるはずである。

経験についてのエヴァンズの見解が、所与の神話の一形態であるというのは信じがたいかもしれない。知覚的情報状態についてのエヴァンズのよどみなく自然主義的な説明からは、所与の神話の動機として通常働いている認識論的な強迫観念の徴候は窺えない。通常その神話の根底にあるのは、経験的思考についてのわれわれの描像に自発性が織り込まれていることで、そもそも実在に触れているものをいかにして描き続けることができるのかが謎めいたものになるという不安だが、エヴァンズにはその徴候が見られないのである。

そのうえ、所与の神話をエヴァンズに帰することについては、もっと彼特有の問題があると思われるかもしれない。エヴァンズの考える経験が概念なき直観であり、その意味するところが彼の立場を所与の神話へのカントの攻撃に晒すものであるとしたら、そうした経験は盲目であるはずである。しかしエヴァンズは、経験は自発性にとって利用可能であるからこそ経験であるという考えから離れてもなお、経験に表象内容を認めるべく腐心している。この場合の内容が非概念的であるのは疑いないが、だからといってどうして盲目というイメージを彼に押しつけることができるのか訝しく思うひともいるかもしれない。いくらなんでも盲目であれば表象内容を完全に奪われているはずではないか、と疑問があがるかもしれない。

エヴァンズの立場は、その構造という点では、私の勧めている考え方に対する誤解を回避しようとした際に第一講義（第5節）で検討した立場と似ている。その立場の言い分は、概念能力が経験において引き出され働いていることを認めるというものであった。しかしその立場では、そのような仕方で記述された状態や出来事が自発性から切り離されたものとして扱われていた。その目的は、自発性という考えに含意される自由がもたらす、ひとを不安にさせるおそれのある例の影響から、そうした状態や出来事を確実に守るというものであった。

私がその立場に対して述べたことは、自発性から切り離された文脈において概念を持ち出して話をしても、それは単なる言葉遊びでしかないということであった。経験が概念能力を含むという主張の眼目は、そう主張することで、経験的思考に合理的に関わる資格を経験に認めることができるようになるという点にある。これに対して切り離し戦略の眼目は、自発性を境界線の内側に閉じこめて経験は外側に置いたままにするということである。これは次のことを意味する。すなわち、この立場では判断と違って経験は自発性の働きとはされない以上、経験と判断のあいだに成り立っているとされる合理的関係それ自体は、自発性の及ぶ範囲内には収まりえない——能動的思考の自己精査の勧めに応じて修正の対象となるということがありえない——ということである。そしてまたこのことは、その関係に理由を構成する力を本当の意味では認めることができないということを意味する。われわれは理性の自己精査に制限を設けることはできない。経験における概念能力の働きがそもそも概念能力の働きとして認められるためには、その働きは思考に対して合理的に干渉するものであると考えることができなければならない。そして、この考えを不整合なしに手にしておきたいのなら、そうした合理的関係が自発性の及ぶ範囲内に収まるものであることを認めなければならない。ところが、その関係の一方の項である知覚的な状態や出来事に自発性の諸能力が含まれ働いているということを拒絶しておきながら、その関係が自発性の範囲内にあることをどうすれば認められるのか皆目見当がつかないのである。

　経験についてのエヴァンズの説明は、このような詐称の罪は犯していない。概念というものを経験の内容から締め出している以上、そもそもそのような罪を犯しようがないのである。しかし「内容」という語がエヴァンズの説明において果たしている役割は、まさに上述の立場で「概念的」という語の詐欺的な用法が果たしていたものにあたる。つまり、経験と判断のあいだの関係は自発性を取り囲む境界線をまたいで成り立つとされているにもかかわらず、「内容」という語のせいで、その関係を合理的なものとして認めることができ、その結果エヴァンズのように、経験判断は経験「に基づく」(p. 227) と言うことができるかのように思えてしまうのである。ここにも先ほどと同じ論点が適用されるべきである。こうした関係が、理由構成的であると本当の意味で真に認められるのだとすれば、この関係がそれをまたいで成り立つとされる境界線の内部に自発性を閉じこめることはできない。その関係自体、能動的思考の自己精査に服することが可能でなければならないのである。

エヴァンズの立場が無害に見えるのはごまかしである。概念的であろうとなかろうと表象内容を備えたものであれば、それが別の表象内容を備えたものに対して含意するとか確率を高めるといった合理的関係にたちうる、というのは明白だと思われるかもしれない。だが自発性が閉じこめられてしまうと、そうした関係の一方の項が当人にとってもう一方の項に対する理由となりうるという結論を当然のごとく引き出す権利が失われてしまう。自発性に対する外部からの入力として経験を描いているにもかかわらず、経験と判断のあいだに理由構成関係が問題なく成り立つのを可能にするものが経験に備わっているとし、それを「内容」と呼ぶなら、これもまた詐称に変わりはない。この命名は、経験と判断のあいだの関係が不整合な要求を満たすと考えられているという事実を、つまり、それ自体は合理的探求の及ぶ範囲外にありながらも経験に判断の理由たる資格を与えるような関係であると考えられているという事実を、覆い隠す役割を果たしているのである(7)。

私が主張しているのは、たしかにエヴァンズは経験に内容を認めるよう腐心しているものの、だからといって彼の言う経験が、「概念なきゆえに盲目である」というカント的常套句を適用されても仕方のない意味での直観であることを免れているわけではない、ということである。じっさい、エヴァンズにとっても異論のないかたちで私のこの主張を解釈する方法がある。つまり、彼の考える経験には内容が付与されている以上それはけっして盲目ではありえない、という指摘が間違っていたのである。経験の内容が非概念的であるとされることで話はまったく違ってくるからである。

われわれはどのようにして盲目というイメージに内実を与えるべきであろうか。経験が盲目ではないと言うことは、客観的実在の特徴についての意識であることを旨とするものとして、つまり世界についての一瞥と思えるものとして、主体が経験を理解できると言うことである。そしてエヴァンズ自身も主張しているように、こうした理解は、知覚が実在とどのように関係しているのかについての理解をその背景としなければ可能ではない。つまり、そのなかで知覚主体の辿る移動経路に応じて世界は範囲と相貌を変えながら主体に姿を見せる、という考えを支えるのに十分な理解が背景になければならないのである。(8) こうした背景理解をもてるのは、自分の経験が世界とどのように関係しているかを自己意識的に把握している主体だけである。そしてこうした自己意識的な把握は、強い意味での概念能力なくしては、つまり自発性の能力なくしては理解不可能なのである。(9)

したがって、経験はそれ自体として見れば非概念的内容をもっているとエヴァンズが言っているとしても、彼の言う経験は概念を欠く直観であるのだから盲目であるという私の指摘を、それによってあらかじめ封じようとしているわけではない。経験的思考の眼が見開かれているということを彼の見解において理解可能なものにしているのは、自発性との結びつきを断って考えたとしても経験はやはり（非概念的）内容をもっているという主張ではない。そうではなくて、経験の内容が自発性にとって利用可能であるという主張、つまり、自己意識的な思考者のもつ概念的に組織化された世界観へと統合される資格がその内容にはあるという主張なのである。エヴァンズによれば、経験となっているものはそれ自体として見るなら（それは、自発性にとって利用可能であるがゆえに「経験」という名を得るのであるが、そうした利用可能性から切り離して考えれば）盲目なのである——こう言うことで、私はエヴァンズ自身の見解の一面を強調しているにすぎない。

経験となっているものをまさに経験たらしめる、つまり盲目ではないものたらしめるとされる可能性、すなわち、世界観との合理的連関をもちうるという可能性がどういうものなのかが理解できるのであれば、経験がそれ自体としては盲目でも問題ないであろう。しかし、経験となっているものに対して、自発性にとって利用可能であるかどうかとは独立に内容を認めることによって、そうした連関のための余地ができたように見えるとしても、私が主張してきたように、その内容が非概念的だと言われたとたんにそれが錯覚であることが露呈するのである。

非概念的内容という観念を用いているというだけでもう間違っている、と私は言っているのではない。認知心理学が知的尊敬に値する学科であることを哲学の安楽椅子から否定するのは危険であろう——少なくともその学科が本来の領分を守っているかぎりは。それに、認知心理学がその生を解明しようとしている生き物が概念能力をもつ場合でも、その能力に制約されないかたちで内的状態ないし内的出来事に内容を帰属させるのでなければ、どのようにしてこの学科が立ち行くのか理解するのは難しい。しかし、一方で非概念的内容が認知心理学のなかで果たしている尊重すべき理論的役割、他方で能動的な自己意識的思考において行使される能力の側にある内容という観念、この二つのあいだの区別を曖昧にしたりすれば、それは混乱の元となる。しっかりした心理学理論ならわれわれの認知機構内部で進行している過程に帰属させるであろう内容の一部が表面に湧き出ていること、それこそがわれわれの思考と意識経験が内容をもつということだ、などというように理解してはならないのである。[10]

5

なぜエヴァンズは、概念的なものの領域の外部に経験を置かねばならないと考えるのであろうか。彼の立場が所与の神話へと陥っている一例であるのは確かだとしても、それは特殊な事例である。すでに述べたように、彼の立場は通常の認識論的な動機から生まれたものではない。つまり、経験的思考を実在との接触から引き離すことで、それをそもそも経験的思考と認められなくしてしまうおそれのある描像に対する反発から生まれたものではない。

エヴァンズを惹きつけている論拠のひとつは、経験の内容はその細部にいたるまで確定しているということである。主体の手持ちの概念でこの細部をすべて捉えることができるわけではない、というのが彼の主張である。「ひとは自分が感覚的に識別できる色合いと同じだけの色概念をもつという見解を、われわれは本当に理解しているだろうか」[11]。この種の論拠が経験に非概念的内容を認めることを要求するものだと考えてきたのは、エヴァンズだけではない。こういった考え方をする者には、経験の内容を非概念的なもののほうに完全に追いやるエヴァンズには従わないが、しかし経験の内容は一部非概念的であると主張することによって、エヴァンズがここで提起している現象学的な論点を汲

みとろうとする者たちも含まれる。(12)

われわれの手持ちの色概念は、色合いを識別するわれわれの能力より目の粗いものであり、それゆえ色経験の微妙な細部を捉えることはできない——こう主張するときエヴァンズが思い描いているのは、「赤」、「緑」、「バーント・シェンナ」といった色彩表現と結びついているような概念能力である。こうした語や句はスペクトル上の帯域についての概念を表現するものだが、これに対して色経験が提示できる性質は、エヴァンズの考えによれば、識別可能な幅をスペクトル上にもたない線のようなものに相当する。

しかし、われわれが概念的思考のうちに色を把捉する能力は、「赤」や「緑」のような語や「バーント・シェンナ」のような句で表現できる概念に限定されるというようなことを、どうして受け入れなければならないのであろうか。ある一定の色合いの概念を獲得することは可能であるし、またわれわれの大部分はそうしてきたのである。そうすることでわれわれは、視覚経験が提示する場合とまったく同じ確定性を保ったまま色合いを概念的思考のうちに把捉する能力を獲得し、その結果としてわれわれの概念は、経験が提示する場合におとらず色を鮮明に捉えることができる——こう言ってはならない理由が何かあるだろうか。当人のもつ概念の力を超えていると一般に考えられているような経験——仮定により適切な見本を与えてくれる経験——のただなかにあるひとは、この見本を活かした直示語が含まれる「あの色合い（that shade）」といった句を発話することによって、当の経験と正確に同じきめの細かさをもつ概念を言語的に表現することができるのである。

これがどのような種類の概念能力であるかについては慎重に考える必要がある。この能力が行使できるのは、その所有者がこの能力によって思考のうちに把捉することができるとされる事例が、その能力を言語的に表現する際に見本として使えるようになっている場合だけだ、などと考えてはならない。もしそうだとすると、それをそもそも概念能力として認めることができるかどうかも怪しくなってしまうだろう。見本が使えることを活かした仕方で思考に表現を与える試みを考えてみよう。たとえば、「私の視覚経験はあるものをあの色合いをしたものとして表象している」と（おそらくは自分自分に対して）言うような場合である。このようにして思考に与えられるにいたった表現には色概念の表現が含まれるものの、この概念はその発話の場面に限定されている、とわれわれが考えようとしているとしたらどうなるだろうか。これは、「私は自分の背の高さがどれくらいか知っている」と言いながらそれを証明するために自分の頭のてっぺんに手を置くひとというウィトゲンシュタインの例に似ている。[13] ここで思考と言われているもの――「私はこの背の高さである」、「私にはあるものがあの色合いをしているように見える」――には、それを真と規定するものからの隔たりがないと解釈されているが、この隔たりこそ、そもそもそれを思考として認めることができるためには必要なのである。

いまわれわれが考察しているものは本当の意味で概念能力と認められるものだと請け合うことができるのは、色を心のうちに把捉するのとまさに同じ能力が、原理的には当の経験の持続を超えて存続しうるのだと主張する場合である。元々の見本が提示されていれば、「あの色合い」はある一定の色合いの概念を表現することができる。しかし、それが概念であることを保証する――それを用いる思考が、その思考を真と規定するものからの必要な隔たりをもつことを保証する――のは、その概念を使用する能力がたとえ短期間でしかないとしても将来にわたって存続しうるということ、また存続後は、たとえ直前でしかないとしても過去となった事柄についての思考においてその能力が使用できるということなのである。(14)ここで働いているのは、経験とともに始まる、おそらくはかなり短命な再認能力である。見本はそのような再認能力の起点となる経験が生じているあいだは当然使えるものであるが、われわれがその助けを借りて明瞭にできるのはこの再認能力のもつ概念的内容なのである。のちになって、その能力が持続しているあいだに、経験が順調に進行するなら、つまり経験がふたたび――あるいは依然として――適切な見本を提示してくれるなら、その能力にふたたび言語的表現を与えることは可能である。しかし見本がない場合でさえその能力は、それが持続するかぎり、記憶に基づく思考において発揮可能であり続ける。もっとも、その内容を完全に確定するようなはっきりとした表現をこの思考に与えられるとはかぎらないが。

そうした再認能力が概念的であるとするなら、エヴァンズの問いには、彼の思っているような答えは与えられないことになる。たしかにわれわれは、色経験が現実に進行するに先立って、感覚的に識別できる色合いと同じだけの色概念を準備しているわけではない。しかし、われわれがある一定の色合いの概念をもっているのだとすれば、われわれに備わる概念の力は、色経験をその確定された細部のすみずみまで捉えるのに十分適したものである。

こうした再認能力が概念的であることを受け入れるのを拒むどんな理由がありうるというのか。そうした能力は、経験が世界の諸側面をつかむその仕方についての理解の構図として私が最初の二つの講義で素描したものに、完全にぴったりと収まるように思われる。世界をつかんでいる、あるいは世界に開かれている、というこの経験のイメージを理解するには、自発性全般へと合理的に統合されているという意味で概念的であるような能力が経験のうちで働いていると考えればよい、というのが私の主張であった。エヴァンズの現象学的論点は、経験がつかむものとしての世界は、色に関する一般的な語句で表現できる概念能力だけに訴えることによって捉えられる以上のきめの細かさをもつということである。ところで、私が引き合いに出してきたきめの細かい能力はなるほど特別な性格を備えていて、この性格は、そうした能力を言語的に表現する際に直示的表現が果たさなくてはならない役割に見てとることができる。しかしだからといってどうして、そうした能力はそれ特有の仕方で合理的に自発性へと統合されることで私の一般的な枠組のなかに問題なく収まる、ということが認められなくなってしまうのだろうか。そもそもなぜそうした能力は、エヴァンズの議論のなかでも、また、その議論のきっかけとなったきめの細かさをめぐる論点を他の論者たちが持ち出す際にも、考慮すらされていないのであろうか(15)。

こうしたおそらくは短期的な再認能力の同一性はそもそも、当該の概念によって捉えられるとされる種類の感性的干渉の個別事例と結びついている。ある色合いを思考のうちに（適切な状況で発話できるなら「あの色合い」として）把捉する能力は、その色合いの事例が自分の経験に登場することによって導入される(16)。この能力の起点となる当の経験を離れて、それがどのような能力であるか言うことはできない。視覚的な生の営みがじっさいに進行していくなかで現れるきめ細かい感覚上の細部が、そうした能力によって視覚経験の概念的内容へと取り入れられることが可能となるのは、このようにしてなのである。

これは、問題の再認能力が概念と直観の二元論の観点からすると掛け合わせのように見えるということでもある。この能力の成り立ちそのもののうちに直観が混入しているわけだが、このことが、概念能力として認められる資格がその能力にあるかどうかが問われることすらないのはなぜなのかを説明してくれるかもしれない。だがもしもそれが、エヴァンズの思考がいまのような進路を取っていることの説明であるとすれば、それは明らかに彼の思考を害するものである。エヴァンズは、一方の概念的なものと他方の感官への世界からの干渉とのあいだに空隙を割り込ませようとしている。だが、問題の能力の成り立ちに直観が寄与している以上それを（純粋に）概念的な能力とみなすことはできないと最初から想定されているのだとしたら、この空隙は議論の前提であって結論ではない。そしてもちろん、そうした根拠に基づいてこの能力が概念的であるのを否認することは、経験内容は一部概念的であり一部非概念的であるとする混成の立場を経験のもつきめの細かさに訴えて推奨する者にも許されない。

直観と概念は二元論的に理解される以上、経験と判断とにそれぞれ割り振る必要があるとエヴァンズは考えている。混成の立場を支持する者がエヴァンズと異なるのは、直観と概念は経験のなかで並置されうると考える点においてである。だが、経験のうちには非概念的なものとしての直観が含まれているのでなければならないという主張がきめの細かさからの論証に基づいているかぎり、この混成の立場はエヴァンズの見解と同じ不安定な土台のうえに立っている。さらにこの立場では、経験のうちに二種類の内容が並置されているために、エヴァンズの見解の強みを、すなわち、経験が盲目ではないということを理解可能にするためには概念能力に訴える必要があるというカントの洞察を取り入れるのが困難になっているのである。(17)

6

エヴァンズが訴えている第二の論拠は、情報システムの状態は彼の表現によれば「信念から独立」(p. 123) しているというものである。知覚経験の内容を現実に生じている適切な信念の内容として説明することはできない。というのも、ふさわしい内容をもった信念が存在しないこともありうるからである。たとえば、よく知られた錯視の場合、物事が見えるとおりのあり方をしていると主体が信じていないにもかかわらず、その錯覚が現われ続ける。この点を認めつつも他方で次のように主張することで、情報内容と信念内容とのあいだの定義的連関を保持しようとする者もいる。すなわち、経験は何かを「信じたいという当面の傾き」(p. 124) を主体に与えるのであり、経験内容とはこの何かのことであると考えられる、と主張するのである。これにエヴァンズは次のように応答する。「これでは事態が逆さまであるように私には思えてならない。『信念』は、もっとずっと洗練された認知状態のための観念としてとっておいたほうがよい。それはたとえば、判断という観念と連関している（そして私の意見では、それによって定義される）ような、それゆえまた、理由という観念とも連関しているような観念である」(同所)。これを私が使ってきた用語で言い換えれば、自発性という考え、すなわち、主体が自分の思考のあり方を合理的に統御する能動的な営為という考えがその文脈としてあってはじめて理解できるようなもののために信念という考えはとっておくべきである、ということになる。信念のすべてが能動的に心を決めた結果であるというわけではない。しかし、能動的に心を決めるという主体の力の及ぶ範囲内に本質的に属するような認知状態のために信念という称号をとっておくことには一理ある。つまり、ふと気がついたら抱いていたというような信念の場合においてさえ、その信念を抱く資格が自分にあるかどうか問うことはつねに可能なのである。エヴァンズが信念について述べていることを要約すれば、信念は判断をおこなう傾向性であり、判断をおこなうことは本質的に自発性の働きであるということだと言ってよい。

エヴァンズがここで主張しているのは、心を決めるという能動的な営為こそが概念能力を位置づけるべき本来の文脈であるということであり、これはまさに、私がこれまでの講義で一貫して提唱してきたことである。しかし彼はこの論点を、経験の内容が概念的ではありえないということの論拠として使っている。私の考えに照らすならこれは、はからずもエヴァンズの盲点を明らかにしている。その論点は経験について私が勧めてきた考え方に反するものではない。すなわち、自発性に属する能力は、受容性が独力で供給するものに対して働きかけるのではなく受容性のうちですでに働いている、とする考え方と矛盾するわけではない。ただ、彼の考慮している可能性のうちにそれが現れないというだけのことなのである。

経験の内容が概念的であると考えており、しかも概念的なものという考えを正しい文脈に置いている者なら、知覚において役割を果たしているとされる概念能力と、判断における自発性の能動的行使との結びつきを忘れてはならない。エヴァンズは、この結びつきを忘れないための方法がかりにあるとしてもそれはひとつしかないと考えている。すなわち、判断をおこなう傾向性と経験とを同一視するという方法である。すると、現実に生じている判断においてこうした傾向性が発揮されるのは「他の事情が同じならば」という条件が満たされる場合のみである、と考えられていることになろう。このようにしてこの立場は、経験は「信念から独立」であるという事実を認めることができるようになる。つまり、錯覚が生じているのが当人に分かっている場合をはじめとして、経験が生じているのにそれと関連した信念が欠けているという状況においては、他の事情が同じという条件が満たされていないというわけである。

エヴァンズは、こうした描像は知覚の現象学的特性を歪めるものだと反論している（p. 229）。「その主張は信じがたい。というのも、ふと気がついたら何らかの概念を適用したくてたまらなくなっていた――その概念がすぐにでも適用可能であると確信していた――などということはありえないからである。実状をこれほど歪めるものはない」。この描像では、経験それ自体と判断における概念の能動的使用とのあいだに隔たりが設けられており、この隔たりを傾向性という考えが橋渡しするとされている。エヴァンズの抗議は、たとえそうした隔たりがあるとしても、その描像は経験の内容を能動的思考にあまりに密接に連関させてしまっているために経験を正当に扱うことができない、というものである。ここで、「他の事情が同じならば」という条件が満たされており、かつ、判断において何らかの概念を適用したいという傾きが生じていると仮定しよう。その場合、この傾きがなぜ生じるのかが説明がつかないというだけにはとどまらない。判断がじっさいになされるのであれば、それは経験によってその主体から絞り出されるのであり、そしてこのことが当人にとっての判断の理由となっている。判断の背後にはそれをおこなう傾向性だけしかないとする描像では、当の経験自体が見失われてしまうのである。

これは非常に明敏な指摘であり、私の見るところ、判断をおこなう傾向性とみなすことによって経験を自発性の能力の及ぶ範囲内に収めることができる、という主張への痛烈な批判となっている。しかし、この批判は私が勧めている立場には当てはまらない。私が勧めている立場では、概念能力は経験それ自体のうちですでに働いている。判断をおこなう傾向性――これが経験と同一視されている――が現実化したときにはじめて概念能力が顕在的に働き始めるわけではないし、したがって、経験は潜在的な仕方でのみ概念と結びついているわけではない。物事が主体に対してある一定の仕方で現れること、そのこと自体がすでに概念能力の顕在的な働きの一様態なのである。

概念能力のこのような様態での働きが特殊なのは、それが主体にとって受動的であって感性の反映であるからである。この主張を背景とした場合、そうした能力が真に概念的な能力と認められることと――概念的なものを引き合いに出すのが単なる言葉遊びでないこと――を請け合うのはそう簡単なことではない。必要とされているのは、まさにそれと同じ能力が能動的判断においても用いられうるということである。そして、現われにおいて働く能力と判断において働く能力とをこのように同一視することが保証されるのは、現われが相応の仕方で自発性全般のうちに合理的に結びつけられている場合、すなわち、現われが相応の仕方で客観的実在についての判断の理由となりうる――じっさい適切な状況下では（「他の事情が同じならば」）現に判断の理由となる――場合なのである。

ところで、経験と自発性とのあいだのこの結びつきは、エヴァンズの攻撃している立場が経験とは判断をおこなう傾向性であるとすることで生じさせた結びつきと、いくつかの点で似てはいる。しかしそれとは違って、私が描いている結びつきは、経験を判断の理由として判断に関係づけるものである。これはつまり、私の描像はエヴァンズの不平の矛先となるような特徴をもってはいないということである。その特徴とは、経験判断をしたいという傾きが生じている場合、その傾きが謎めいた仕方で状況から遊離しているように見えてしまう、つまり、何らかの概念が「すぐにでも適用可能である」という説明のつかない確信のようにその傾きが見えてしまうということであった。これに対して私の描像では、そうした確信がじっさいに抱かれている場合、その確信は当人に物事がどう現れているかということのうちに十分な根拠をもつことが可能なのである。

私は最初の講義（第6節）で、デイヴィドソンの斉合主義は、概念能力の働きが受動的でありうるという可能性を見えなくする障碍を反映していると指摘した。経験は「信念から独立である」という事実から出発するエヴァンズの議論にも、それと同じ障碍が働いているように思われる。じっさい、デイヴィドソンとエヴァンズは、この障碍によって引き起こされるジレンマの二つの角を代表している。概念能力が感性それ自体において働きうることを理解できないひとには、選択肢は二つしかない。つまり、デイヴィドソンのように、経験と経験的思考との関係は因果的であるにすぎず合理的なものではないと主張するか、あるいはエヴァンズのように所与の神話に陥ってしまい、概念外的なものとして考えられた経験に経験的思考との合理的関係を認めようとするか、このいずれかしかないのである。デイヴィドソンは、所与の神話を避けるには経験の認識論的意義を否認するほかないと考えている。エヴァンズは、いくつかのもっともな理由からそうした否認に満足できないでいるが、そこからただちに所与の神話の一種を受け入れてしまったがために、どんな選択肢がありうるのかについてはデイヴィドソンと見解を共有していることを露呈している。私が言いたいのは、このような選択肢しか用意していない枠組に縛られる必要はないということである。これについては次の講義で論じることにしよう。

7

エヴァンズが訴える第三の論拠についてはすでに言及した。それは、われわれが知覚（ならびに記憶）を「動物」と共有しているという事実である（p. 124）。ここで「動物」というのは、多くを求めるということではエヴァンズと私が合意を見ている意味での概念能力を認めることのできないような生き物のことである。

これによって私は、少し前に（第3節）言及した一対の不安のもとへと連れ戻される。エヴァンズも私も、自発性をもつ生き物ともたない生き物とでは、知覚過程について別々の話をせざるをえない。経験を概念能力と結びつけるような厳密な意味での経験の観念を、一方の場合には適用できるが他方の場合にはできないからである。しかしエヴァンズの立場であれば、こうした含意がそれほど厄介なものとならずにすむように思われるかもしれない。なぜなら彼の立場には、二つの場合に端的に共通するとみなせるもの、すなわち非概念的内容をもつ情報システムが用意されているからである。

こうした印象は、情報システムの第三の要素である伝聞システムを考察することで幾分かは弱めることができる。エヴァンズによれば、われわれは、言語的振る舞いを理解できるようになる前から働いている伝聞システムに由来する知識をもっている。したがって伝聞システムは、それ自体としてみれば理解よりも「原初的」である。そしてこのことは、われわれが知覚や記憶を単なる動物と共有しているという事実と部分的に同列の扱いができる。ここで次のように想定してみよう。すなわち、われわれの経験内容が概念的であると主張すると、この種の内容はわれわれ以外の知覚者の手の届かないものとなってしまうのだから、自発性を欠く生き物と知覚を共有するということが、われわれの知覚経験に非概念的な内容を認めるまっとうな理由となるのだ、としてみよう。そうすると、伝聞システムの原初的な働きに関して知覚や記憶の場合と部分的に同列に扱える事実は、類推により、われわれが成熟してから伝聞システムを取り扱っている場合にも、すなわち、眼前の言語的振る舞いをじっさいに理解している場合にも、非概念的な内容が関与していると考えるまっとうな理由になるはずである。しかし、概念能力の働く事態を挙げるとすれば、言語理解をそこから外せないのは疑いない。では、成熟してからの伝聞システムの取り扱いに関与している内容も非概念的であるとすれば、こうした概念能力はそこでどういう役割を果たすのだろうか。経験における概念能力の役割についてのエヴァンズの描像から単純に類推すれば、それは次のようなものになろう。すなわち、言語的振る舞いの理解において行使される概念能力は、主体が自分に与えられていると思っている内容の規定には関与しておらず、情報システムの働きによってあらかじめ規定されているその内容に主体がどのようにアクセスしたのかを説明するのに役立つだけである、というものになろう。しかし、これがかなり魅力に乏しい考えであることは間違いない。

もしわれわれが知覚を単なる動物と共有しているのだとすれば、もちろんわれわれは彼らと共通の何かをもっていることになる。すると、どうしてもこう考えたくなってしまう。すなわち、われわれに特有のものを剝ぎ取っていくなら、単なる動物の知覚的営みにおいても役割を果たしていると認められるものが残り、結果として、われわれと彼らに共通のものを取り出せているはずだ、と。エヴァンズの描像では、非概念的内容をもつ情報状態がこうした役目を果たしている。しかし、共通している面と著しく異なっている面とをわれわれが併せ持つということを受け入れるのに、こうした因数分解的なやり方をどうしてもしなければならないというわけではない。つまり、われわれの知覚的営みには、単なる動物の知覚的営みにおいても認めることができるような核が含まれており、それに別の要素が付け加わっているのだと考える必要はないのである。また、かりにこの因数分解的なやり方を進めたとしても、われわれの知覚的営みのうちにあると言われる核がどんな役割を果たしているのかを十分に理解することはできない。ここでわれわれは、デイヴィドソンとエヴァンズがそれぞれ反対の角をつかんで離さないジレンマに直面することになる。私に言わせれば、彼らはそれぞれ自分の立場を満足のいくものだと勘違いしているのである。

しかしそのジレンマを避けることはできる。単なる動物がもっているのと同じもの、つまり非概念的内容をわれわれももっているが、彼らと違ってわれわれはその内容を概念化できる以上、われわれは余分に何かをもっているのだ、などと言う必要はない。その代わりにこう言うこともできるからである。すなわち、われわれは単なる動物がもっているのと同じもの、すなわちわれわれの環境の諸特徴に対する知覚的感応性をもっているが、しかしわれわれはそれを特別なかたちでもっているのだと。環境に対するわれわれの知覚的感応性は自発性の能力の勢力圏内に組み込まれており、これこそがわれわれを彼らから区別しているのである。

　こうした方向でやりきることが最終的にはできるはずだと私は考えている。しかし、このような描き方から、私が示唆してきた障碍がどういった性格のものであるのかが見え始めるかもしれない。つまりその障碍が、正しい描像の可能性そのものを見えなくしてしまうのも無理ないほど、われわれのものの考え方に強く影響しているということが分かり始めるかもしれない。この困難は次のような問いのかたちをとって現れる。すなわち、われわれの自然本性を反映しているような生の諸相――われわれの生の諸相のなかでわれわれと動物一般とに共通なものを反映しているような諸相――を構造化するほどまでに、われわれの生の営みに自発性が浸透するのはいかにして可能なのか、という問いである。この問いの背景にあるのは、自発性の自由とは、われわれが動物的な生を営む特別な仕方であるのではなく、いわば自然の束縛から解放されていることであり、われわれが自然より一段上にのぼることを可能にするようなものであるはずだという思想である。こうした問題については次の講義で論じることにしよう。

第四講義

理性と自然

1

これまでの講義では、われわれが経験的判断や経験的知識を考察する際に陥るおそれのある諸々の困難について論じてきた。これらの困難にわれわれが陥るのは、カントが自発性に言及することで打ち出している論点を取り込もうとする場合である。

その論点を受け入れるということは、判断するとは自分の思考に責任をもつ力をわれわれに与えてくれる能力を能動的に使用することだと認めることである。だがそれを認めることでわれわれは、いずれも好ましくない二つの選択肢のあいだを揺れ動くようになるおそれがある。最初の脅威は、経験的思考とそれとは独立の実在との結びつきを失うことであるが、ところがこの結びつきは、ここで問題となっているものがそもそも独立の実在に関わっていると認められるためにはなくてはならないものである。自発性ということで考えられているのは自由のことであるが、まさにそのことが、経験的思考として描かれているものを摩擦なき空転へと貶めてしまうおそれがあるのである。これに対する反動からわれわれは今度はどうしてもこう考えたくなってしまう。すなわち、概念化によって汚染されていない純粋な直示の対象が経験的判断の正当化の終着点であると主張すれば、思考と世界との摩擦を取り戻すことができると考えたくなってしまうのである。しかしこちらの選択肢をよくよく考えてみるなら、この正当化の終着点とされるものが、判断する主体自身にとって理由の役割を果たすとはとうてい考えられないことが判明する。すると今度は、摩擦は必要ないという元の立場に戻りたくなってしまうのである。

私が主張してきたのは、自発性に属する諸能力が受容性の現実化というかたちで働いている状態ないし出来事として、経験を捉えなければならないということであった。経験が内容をもつのは概念能力が経験において働いているという事実によってなのであり、しかもここで言う能力は本当の意味で悟性に属するものである。つまり、その能力が概念能力であるためには、能動的で自己批判の可能な思考においてそれが発揮されうることが不可欠だということである。しかし、この能力が経験においで働くとき、その経験の主体は受動的である、つまり独立の実在から働きかけられている。経験によって概念的内容がわれわれの手に入るようになるとき、このことはそのまま、われわれの感性が働いているということなのであって、感性の引き渡す前概念的なものに悟性が構造を与えるということなのではない。少なくとも「外的経験」の場合、独立の実在によって感官に与えられる印象がすでに概念的内容を帯びている。これによって、われわれは不整合に陥ることなく自発性の自由に対する外的制約を認めることができるようになる。こうして、経験的内容と認められる一切のものを奪ってしまう摩擦なき空転という亡霊を祓うことができるのである。

私の勧める立場は、摩擦を確保するために受容性に訴える点で所与の神話と同じだが、自発性の諸能力が経験的判断の究極的根拠にいたるまでずっと働いているとする点では所与の神話と異なる。これによりわれわれは、所与の神話のように究極的根拠という考えを台無しにすることなく、摩擦を取り戻すことができるのである。

このような考え方を受け入れるのを阻むものがあってその根はきっと深いところにある、ということを私は何度か主張した（第一講義第6節、第三講義第6節および第7節）。前講義の最後でおこなったように、デイヴィドソンとエヴァンズの見解を比較することでその根深さを見定めることができる。デイヴィドソンもエヴァンズも、カントが自発性に言及する際の眼目を引き受けようとしている。露骨な自然主義は、自由という考えとの結びつきが示唆しているような意味で悟性の自発性が「それ独自」のものであることを否定することによって、このあたりの哲学的問題とはきっぱりと手を切るのだが、彼らはふたりともそうした自然主義の誘惑には乗らない。しかし彼らは、概念能力が感性の現実化においてすでに働いているかもしれないという可能性を考慮さえしていない。そのような可能性はないという議論を彼らはしているわけではない。単純に、その可能性を思いつきもしないのである。そしてその結果として、彼らは私が描いてきた選択を迫られることになる。概念能力の受動的な働きがひとつの選択肢として視野に入らないかぎり、経験的思考の合理的制約という役割を経験に認めようとするだけで所与の神話に陥ってしまうことになるだろう。だがこれは、そこで究極的正当化として描かれているものがじつは名ばかりで、そもそも合理的影響を及ぼすものとしてそれを理解することができないということである。そうなると唯一の代案は、経験的思考が経験によって合理的に制約されるという主張を通そうとするのを諦めることである。この状況は容認しがたいと私は論じてきた。可能な選択肢がこれで尽くされると考えるかぎり、独立の実在との摩擦を思考に認める道はまったくないが、かといって、われわれの描像のうちにそもそも経験的内容のための余地があるのだとすれば、そうした摩擦を諦めることはとうてい不可能である。ここには安住の場所はない。だとすると、デイヴィドソンとエヴァンズがそれぞれの仕方で正反対の方向に進むことをよしとした背景には、なにか根深いものの影響があるにちがいないのである。

デイヴィドソンはこのジレンマの一方の角にしがみついて、独立の実在からの合理的制御を否認する。彼によると、独立の実在と思考のあいだに合理的ではなく単に因果的な結びつきがあれば、経験的内容には思考にとって外的なものとの摩擦が必要だという考えの解釈としては十分なのである。しかしそれでは十分ではない。カントが事実上言っているように、直観なき思考は空虚である。そして、空虚という脅威を避けたいのであれば、直観は、われわれが考えるべき事柄と合理的関係にあるとみなす必要があるのであって、われわれが現に考えている事柄とただ因果的関係にあるとみなしさえすればよいというものではない。もしそうだとすれば、われわれの考える事柄という考えそのものまでが失われてしまう。デイヴィドソンが思考と呼んでいたものは、いま問題になっている意味で直観を欠いたままであり、それゆえ空虚なのである。外部から思考への合理的制約を必要としない斉合主義にデイヴィドソンがなんとか安住できているのは、空虚が脅威であることを彼が理解していないからでしかない。彼の考えでは、直観と思考との合理的連関を求めることに眼目があるとすれば、それはもっぱら、思考を真とみなすことにおいてわれわれが正当化されていると安心させてくれることにある。ここで彼は、思考が思考であること、つまりそれが内容をもつことについては、ともかく当然とみなすことができるかのように考えている。しかし、もし直観が思考と合理的関係にはないとするのであれば、思考が内容をもつこと自体が疑わしくなる。一群の信念はその大部分が真であることは疑いないとデイヴィドソンが論じるとき、彼は一群の信念、すなわち内容をもつ一群の状態という考えをとくに問題を感じることなく用いている。これは要するに、その議論がどれほど思いどおりに運んだとしても、ジレンマのこちらの角が抱える本当の問題を無力化するには遅すぎるということなのである。

エヴァンズはジレンマのもう一方の角にしがみついている。デイヴィドソンと同じようにエヴァンズも、経験は（「それ自体では」と彼の場合には付け加えなくてはならないが）概念外的であると考える。しかし、経験は概念外的であると同時に自発性の働きに対する合理的制約ともなりうると考える点で、彼はデイヴィドソンと異なる。エヴァンズは、経験は自発性にとって外的であるにせよ、判断が経験に「基づく」ことは可能であると考えているのである。デイヴィドソンと比べてエヴァンズが正しいのは、この見解を動機づけている暗黙の信念に関してである。すなわち、思考が空虚でないのなら、要するにそれがそもそも思考であるのなら、それは直観に合理的に応答できるのでなければならないという信念である。しかしエヴァンズの立場を整合的なものとすることはできない。経験が概念外的であるのなら思考がそこに合理的に基づくことは不可能だとする点では、エヴァンズよりもデイヴィドソンのほうが正しい。エヴァンズが非概念的内容を引き合いに出してみたところで、それはある事実を覆い隠す役にしか立っていない。すなわち、彼が経験を自発性の管轄区から締め出しているために、判断のような自発性の典型的行使に際して経験がいかにして主体の理由になりうるのかが理解できなくなってしまっている、という事実を見えにくくしているだけなのである。

したがって目下の状況はこうである。デイヴィドソンとエヴァンズが共有する前提の下では、彼らの選択肢は二つの立場に限られる。そしてどちらの立場も、相手側を完全にねじ伏せられる反論のように見えるものを用意しているのである。

2

ではいよいよ、この落ち着かない状況を生み出している、おそらくは深いところに根を張っている心理的障碍が何であるのかを暴くことに取りかかることにしよう。これは第一講義からずっと私が懸案のまま引きずってきた課題である。

エヴァンズは、われわれの知覚経験の内容が非概念的であると考える根拠をいくつも挙げている。そのひとつを私は第三講義の終わり（第7節）で簡単に論じたが、それは、多くのことを求めるとエヴァンズが認める意味での概念能力を欠いている生き物とわれわれが知覚を共有しているという事実、つまり、能動的で自己批判的な思考ができない生き物とわれわれが知覚を共有しているという事実である。

そこでの私の主張は、われわれと世界との知覚的関わり合いには感性の印象そのものにいたるまでずっと自発性が浸透している、という私の勧めてきた描像が、この論点によって押しのけられることはありえないというものであった。この論点は、エヴァンズの描像への切り替えを強要するものではありえない。つまり、われわれがもっと原初的な知覚者と感性を共有しているからといって、エヴァンズのように、われわれの感性が自発性から独立でなければならないことはわれわれに関する否定しようもない事実のひとつであり、したがってわれわれの知覚的営みに特有の自発性はそうしたものとしてのわれわれの感性に外から付け加わるものである、と考える必要はないのである。われわれは、環境の諸特徴に対する知覚的感応性をもの言わぬ動物と共有している。この感応性には、自発性が浸透しているものと自発性から独立のものの二種類があると言える。このように言うことで、われわれともの言わぬ動物とのあいだには類似点もあれば相違点もあるということを認められるようになるが、ただしそれはエヴァンズのように、われわれに関する事実を、類似点と相違点のそれぞれに対応する独立の要素に因数分解することによってではない。また、こうした代案がありうるのはわれわれにとって望ましいことである。というのもエヴァンズの因数分解的なやり方は、私がはじめに詳しく述べたジレンマへとわれわれを連れ戻すからである。

それゆえ、われわれをもの言わぬ動物と比較するからといって、感性を悟性から切り離し、直観を自発性の及ぶ範囲から締め出さざるをえなくなるわけではない。しかしこの比較は、第三講義の終わりで示唆したように、どうしてそんなに易々とこの切り離しが不可避だと考えられてしまうのかをわれわれが理解するお膳立てにはなる。つまり、多くのことを求める意味での概念能力がわれわれの感性の現実化において働くという可能性自体が見失われがちなのはどうしてか、ということを説明するための出発点になるのである。

もの言わぬ動物は自然的存在者であり、それ以上のものではない。その存在は自然の内部に完全に収まっている。とくに、もの言わぬ動物と環境との感覚的相互作用は自然的出来事である。ところでわれわれは、やはり自分たちの環境に知覚的に感応できるという点では、もの言わぬ動物と似ている。感覚性は彼らの動物的な生の特徴であり、それはわれわれの場合にも動物的なもののはずである。もの言わぬ動物の感覚性は、その動物的存在、純粋に自然的な存在が現実化する仕方のひとつであり、われわれの感覚性も、われわれの動物的な生の一側面である以上、われわれの自然的存在が現実化する仕方のひとつであることに変わりはないはずである。（われわれの存在は純粋に自然的であるわけではないという想定に与するとしても、われわれの存在が少なくとも部分的には自然的であることは否定できない。）

しかし、感覚的営みが自然に属するという事実と、われわれの知覚経験それ自体、つまりわれわれの感性の働きには自発性が浸透しているという考えは、調停不可能だと思われるかもしれない。自発性によって、つまり能動的思考に責任をもつ力をわれわれ自身に与える自由によって、純然たる自然に属するものの働きが構造化されるなどということがいかにして可能なのだろうか。そのような可能性を見いだすことができないとしたら、直観は悟性とは独立に、世界からの干渉に感官が自然的反応を示すことによって成り立つのでなければならない、と考えざるをえなくなる。そしてそのときわれわれには、デイヴィドソンとエヴァンズが身を置く選択肢の空間しか残されないのである。

3

この状況を生み出しているのは、常識以外の何ものでもないように思えてもおかしくはない自然観である。だが、それはつねに常識であったわけではない。というのも、この自然観は、ある特定の時期、つまり近代科学の勃興期に人間の思考が苦労のあげく手に入れたものによってはじめて可能になったからである。近代科学が自らの主題を理解する仕方には、いまではおなじみのイメージでウェーバーがその狙いを表現したように、それを脱呪術化しないではおかないおそれが少なくともある。このイメージでは二種類の理解可能性が対比される。つまり、自然科学（と呼ばれているもの）によって探求される種類の理解可能性と、（ウィルフリッド・セラーズによる示唆的な表現を繰り返せば）何かを「理由の論理空間」を占める別のものと関係づけることによって、そのもののうちにわれわれが見いだす種類の理解可能性である。[1] もしわれわれが自然を、自然科学が理解を目指す対象と同一視するならば、少なくとも、自然から意味を抜き去ってしまうおそれがある。いわばその代価を支払うことによって、われわれは自然を、他の種類の理解可能性の、つまり、自然法則に服しているとすることで現象のうちに見いだされる種類の理解可能性の、おそらくは無尽蔵の供給源としてみるのである。[2]
この種の理解可能性をもう一方の種類の理解可能性から明確に区別したことは、近代的思考が成し遂げた偉業のひとつであった。中世の一般的なものの見方では、今日なら自然科学の主題とみなされるものが意味に満ちていると考えられていた――まるで自然全体が、われわれに教訓を与える一冊の書物であるかのように。今日、教育のある者ならそうした考えを、おそらくは象徴的な意味以外では真剣に受けとることはできないが、これは知性の進歩の徴である(3)。

さて、自然を法則の領界として捉えるならば、つまり、理由の空間を住処とするものに適した理解可能性と自然に固有の理解可能性を対比することで、自然の領域を画定するならば、われわれの感性の働きそのものを自発性が特徴づけることができるという考え自体が、危機に晒されることになる。自発性の能力とは理解の能力としての悟性、つまり意味に固有の種類の理解可能性を認識し生み出す能力である。この種の理解可能性は、法則の領界との対比において「それ独自」の論理空間のうちに物事を位置づけることによって明るみに出される。しかし、すでに述べたように、感性はわれわれの自然本性の一部であり、われわれが単なる動物と共有しているものの一部である。もしこれが、感性の働きがまさに感性の働きであるのは、それが法則の領界のうちに位置づけられるからであるということを意味するのであれば、感性の働きが概念によって形成されうると考えるのは不整合だと思われてもおかしくはない。というのもそうした考えは、感性の働きがまさに感性の働きであるのは、法則の領界と対比されている論理空間のうちにそれが位置をもつことでもあるということを含意するからである。

さらにわれわれは、もっぱら自然的であるだけの世界のうちに失われた呪術を回復できたならなどと望むべきでもない。私が勧めてきた描像では、われわれの感性は概念的内容をもつ状態や出来事をもたらす。これによってわれわれは、経験主体が事実に開かれてあるとみなすことができるようになる。概念領域はわれわれが経験する世界を排除しない。言い換えれば、われわれが経験するものは、意味に固有の種類の理解可能性の領域の外部にあるのではない（第二講義参照）。しかし、われわれが経験するもののなかにもっぱら自然的であるだけの事実が含まれるかぎり、これは前科学的迷信へ退歩せよという呼びかけ、自然的世界をふたたび呪術化する奇矯なまでに懐古的な試みであるように見えてもおかしくはない。

強調しておきたいのは、われわれの相互理解には「理由の空間」に沿った理解可能性が見いだされなければならないのは当然だとしても、ここでの問題を相互理解に限定して考えることはできないということである。もし自然の脱呪術化を甘んじて受け入れるのであれば、つまり、「もっぱら自然的であるだけのもの」と私が呼んできたものから意味を排除してしまうのであれば、人間相互の活動を考慮に入れる場合には、なんとかしてふたたび意味を描像へと戻す必要がたしかに生じる。しかし概念能力が働いているのは、われわれの言語理解のうちや、言語理解と関わる他の様式の相互理解のうちだけではない。これまで主張してきたように、概念能力、つまり意味に固有な理解可能性と相関する種類の理解のための能力は、人間とは独立した世界についてのわれわれの知覚においても働いている。問題は、惑星の運行や雀の落下を、文章や発話、その他の種類の行為と同様の仕方で取り扱うのが正当だとする考えを復活させるという提案をおこなうことなく、どうやってこうした見解が保持できるのかということなのである。

4

すでに述べたように（第1節）、エヴァンズもデイヴィドソンも、私が「露骨な自然主義」と呼んだ立場——自発性をめぐる私のこれまでの憂慮をあっさりと片づける思考方式——に誘惑されてはいない。じっさい彼らは、いましがた私が説明した自然観に沿って「自然主義」という表現が使用されるのであれば、自発性という考えを「自然主義的に」理解することはできないと主張しているのである。

そうした自然観が自発性の身分をめぐる問題を突きつけているのは明らかである。以下で、それに対する三種類の応答を区別しておこう。

第一の応答は露骨な自然主義であって、それは法則の領界とみなされた自然のうちで概念能力を手なづけることを目的とする。この方策では、概念能力が、自身の生に責任をもつ力をわれわれに与える能力、つまり自発性の能力に属することを否定する必要はない。むしろその狙いは、もし自発性について語ることにいくらかでも真理があるとすれば、法則の領界としての自然のうちに物事を位置づけるのが本務である用語によって、その真理を捉えることができなければならないとすることにある。理由の空間の構造を構成する諸関係、つまり正当化といった関係は、典型的な自然科学の描くような自然のうちにはそのままのかたちで見いだすことができない、ということは認められるかもしれない。しかし、この方策によれば、自然の自然科学的記述にすでに属している概念的素材から理由の空間の構造を再構築できる。するとさらには、理由の空間のうちに自らの主題を置くような思考様式、たとえば自発性が自発性として考慮されるような反省もやはり、自然科学的なものとみなすことができるのである。もちろん、そうした思考様式は典型的な自然科学的様式ではないが、それはただ、物事を自然のうちに位置づけるにあたって、その思考様式に特有の概念がいかなる寄与をなすのかを示すのに手間がかかるからにすぎない。

この方策をもっとも端的なかたちで進める場合、その課題は、自然科学的な見方があらかじめ問題なく自然的であるとするものに理由の空間の構造を還元することである。しかし私は、そうした方策をこのような還元主義に限定しようとは思わない。重要なのは、理由の空間を主な住処とする諸観念が、自然科学的な見方のもとでの自然のうちに物事を位置づけることに結局のところは寄与するものとして描かれていること、この一点である。こうした路線であれば、自然を法則の領界と等置しながらも、そうみなされる自然が完全に脱呪術化されていることは否定できる。つまり、そうみなされたとしても、自然的であることは意味にふさわしい理解可能性を排除しないというのが、この方策の主張なのである。

この種の自然主義に反対する者は、われわれに困難をもたらしている対比、つまり二つの論理空間の対比が真正なものであると考える。理由の空間の構造は、自然を法則の領界と考える自然主義のうちに取り込まれることには執拗な抵抗を示す。それゆえ、何かが自然的であるとはそれが法則の領界のうちに位置をもつことであるとすれば、自然的であるものは、自然的であるかぎり脱呪術化されたもの以外ではありえない。私は、この反論を彫琢する二つの方法を区別したい。その二つとは、自発性の身分をめぐる問題に対する三種類の応答のうち第二と第三のものである。

ひとつは私が勧めてきた思考方法である。自発性という考えの住処である論理空間が、法則の領界に属するという意味での自然性の諸観念の住処である論理空間と重なり合うことはありえないとしても、それにもかかわらず概念の力は、われわれの感性の働きそのもののうちで、つまりわれわれの動物的自然本性の現実化そのもののうちで働いているのである。すでに認めておいたことだが、これは前科学的世界像に対する懐古趣味を、つまり自然をふたたび呪術化する要求を表現していると思われてもおかしくはない。いずれにせよ、自然的であるとは法則の領界のうちに位置をもつことだとする近代特有の自然観に対して、われわれが抵抗することをこの応答が求めているのは疑いないだろう。

第三の方策はまさにこの点で第二の方策と袂を分かつ。ここで私が念頭に置いているのは、デイヴィドソンにおいてほぼその全容を表しているような思考方法である。

デイヴィドソンは、事実上自発性という考えに相当するものを、露骨な自然主義のやり方で手なずけることに反対する。種々の「命題的態度」[4]の概念は「合理性の構成的理想」に統御されてはじめて意味をなすというのが、彼の主張である。私が使ってきた用語で言い換えれば、その主張は次のようになる。すなわち、そのような諸概念の主眼は、意味に固有の種類の理解可能性に、つまり、何かが理由の空間に位置づけられるときにそのもののうちに見いだされる理解可能性に寄与する点にあるということである[5]。

このことを論拠としてデイヴィドソンは、こうした諸概念を、異なる「構成的理想」に統御された概念へと、あるいはセラーズ的用語で言えば、異なる論理空間を住処とする概念へと還元することはできないと主張する。私が使ってきた用語を再度使ってより明確に言いなおせば、これはつまり、自発性と相関的なこうした諸概念の知的役割は、法則の領界に物事を位置づけることを主眼とする概念では再現できないという主張である。

ここまでは、露骨な自然主義に反対するための共通の基盤と言ってよい。私の方策と違いデイヴィドソンの方策に特徴的であるのは、次のような存在論的主張である。すなわち、「それ独自」の概念、その適用可能性が自発性の存在の証となる概念を充足する当のものは、原理的には、法則の領界を対象とする探求においてあらかじめ手にできるという主張である。二種類の理解可能性の構成に着目すれば、二つの概念装置が別個のものとして取り出されるが、それはその主題を別個のものとはしない。デイヴィドソンはこの存在論的主張をとりわけ出来事（event）についておこなっている。つまり、あらゆる出来事は、したがって「理由の空間」に沿った理解可能性に寄与する概念の下に属する出来事さえも、原理的には、自然法則の働きに照らして理解可能なものでありうると言うのである。

ここでのデイヴィドソンの目的は、因果関係は法則の領界を占めるもののあいだにおいてのみ成り立つというテーゼを脅かすことなく、「それ独自」の概念を充足するものが相互に、あるいはまた他のものと因果関係をもつと考える余地を残すことである。このテーゼのもとでは、「それ独自」の概念を充足するものは、それが法則の領界を占める場合にのみ因果連関に入りうる。じっさい、デイヴィドソンが述べているのは、「それ独自」の概念を充足していることによっては、この概念を充足するものが法則の領界を占めるものとして示されることはないとしても、それでもそれは法則の領界を占めるものなのだということである。(6) しかし、因果関係は法則の領界を占めるもののあいだで成り立つというテーゼを、自然的であることは法則の領界のうちに位置をもつことであるというテーゼに差し替えることで、デイヴィドソンの目的に対応するものを考えてみれば、それは私の関心に近いものとなる。このように差し替えられた文脈では、デイヴィドソンの存在論的主張の狙いは、「それ独自」の概念を充足することによっては法則の領界内での位置が示されないにしても、その概念を充足するものは自然のうちにある、と主張する余地を残すということになるだろう。

私は、この存在論的主張が真であるかどうかを（少なくともここでは）問題にするつもりはない。ここでとりあげたいのは、経験について私が勧めてきた考え方が、この方策によってどのように排除されるのかということだけである。自然的であるとは法則の領界に位置をもつことなのかという疑いをもたないかぎり、感性が自然的なものであるという事実は、自発性という概念が理由の空間のうちで機能するという事実と相まって、自発性が感性の働き自体に浸透しうるという可能性を排除する結果をもたらす――少なくとも、法則の領界の内部に理由の空間を統合する露骨な自然主義に与しないのであれば。先述の存在論的テーゼに従うなら、自発性と相関的な「それ独自」の概念の事例となるものは法則の領界のうちに位置をもつ。だが、こうした概念が「それ独自」であるのは、事物をその概念の事例とするのが法則の領界における事物の位置ではないからにほかならない。それゆえ、自然のうちにあることを法則の領界に位置をもつことと同一視し続けるのであれば、経験がどんな自然現象であるにせよ、それはまさに自然現象として概念的内容をもっているのだと考えてはならないのである。

感官における印象は感覚的生の発現であって、それゆえ自然現象であるということは、ここでの議論の共通の基盤である。私が目下検討を加えている戦略をとるかぎり、印象は自然現象としては自発性によって特徴づけることができない。印象が自然のうちにあるとは、法則の領界というまったく異なる構造のうちにそれが位置をもつということになる。それゆえ、感性という自然的能力の現実化をそのように考えるかぎり、それは二元論的に捉えられた直観、つまり、自発性とは独立に働く脱呪術化された自然の所産でしかありえない。そしてそれは、デイヴィドソンとエヴァンズの指し手の可能性の枠内にわれわれを閉じこめることになる。これは容認しがたいことだと私は論じてきたのである。

5

私は自発性が自然と関係する仕方をめぐる三つの考え方を区別してきた。そのひとつが容認しがたいものであるとしても、われわれにはまだ二つの考え方が残されている。

ひとつの選択肢は露骨な自然主義へ立ち戻ることである。どうして露骨な自然主義が魅力的な選択肢でありうるのかは、もう明らかになり始めているはずだ。というのも露骨な自然主義は、現代の思考のほとんどを形づくる科学主義と一致するのみならず、哲学的な袋小路からのただひとつの脱出口に見えるものを用意してくれるからである。所与の神話、そして思考に対する外部からの合理的制約を断念する斉合主義、このいずれかを選ぶよう強いられているような見かけを出発点として、私は議論を進めてきた。この哲学的困難を前にしたとき飛びつきたくなる診断のひとつは、次のようなものである。すなわち、合理的正当化といった「それ独自」の観念、言い換えれば、法則の領界の構造とは異質なそれ自身の論理空間において機能する観念が適用できるという保証がないかぎり、われわれは思考というものを描くことができないという考えこそ、その困難の根であるとする診断である。もしその考えをわれわれが捨てることができるならば、哲学というこの海原全体が凪ぐことになろう。露骨な自然主義は、そうした不安によって悩まされ続けることはないとわれわれに告げる。それよりも、あらかじめ問題なく自然主義的とされる概念装置で再構築することによって、われわれの自己理解のうち救う価値のある部分をすべて救うことに専念すべきだというのである。

残るもうひとつの選択肢は、私の主張してきたことを受け入れる道を見つけることである。自発性という概念は、哲学的問題を引き起こす恐れがあるような仕方で「それ独自」のものであるにもかかわらず、感性の状態や出来事をそれ自体として、つまり、われわれの自然本性の現実化そのものとして特徴づけることに寄与しうる、というのが私の主張であった。露骨な自然主義は、自発性が「それ独自」のものであるという考えに罪を負わせるが、嫌疑の対象となりうるのはそれだけではない。自然を法則の領界と等置する自然主義もまたその候補となりうる。この意味での自然主義が背景にあってはじめて、自発性に「それ独自」という性格を認めるためにはデイヴィドソンとエヴァンズの指し手の可能性の枠内にとどまるしかないという見かけが生じるのである。

自然についての自然主義は議論するまでもなく自明だという反論はごまかしであり、単なる言葉の上でのまやかしであろう。自発性は露骨な自然主義の手立てによって捉えることができるという主張をたとえ退けたとしても、自発性を許容するようにわれわれの自然観を再考することができれば、それはひいては、「自然主義」と呼ぶに値する立場の要件についてのわれわれの考え方を再考することにもなるのである。

6

この再考は、われわれの自然本性の現実化について、これまでに見てきたような自然観とは異なる見方をとることを要求する。「自然主義的」という語が法則の領界という観点から解釈されるかぎり、自然主義的用語によって意味への応答性を捉えることはできないと主張しながらも、われわれの自然本性に属する感覚能力そのものの働きのうちに、この種の応答性を取り戻すことが必要となるのである。

ここには何も打つ手は残されていないと思われがちである。露骨な自然主義に反対することでわれわれが引き受けることになるのは、理由の空間の地形に通じているという考え、つまり合理的関係に応答できるという考えは、いま破棄を試みている自然観のもとで自然主義的であるような素材から再構築できないという立場である。こうした立場をとると、威丈高なプラトニズム（rampant platonism）に手を染めることになると思われがちである。[7] つまり、こう思われてしまうのだ。人間特有の事柄が自然的であるのは疑いなく（人間的という観念は特定の種の動物に属する事柄についての観念にほかならない）、しかも理由／理性の諸要求（the requirements of reason）の自然化をわれわれが拒否している以上、理由の空間は自律的な構造を備えたものとして――すなわち、人間特有のいっさいの事柄から独立に成り立っているという意味で自律的なものとして――描かれているにちがいない、と。だが、人間の心は人間的なものから独立したその構造をどうにかして把握できなくてはならない。そうすると、人間は自然のうちにある部分とその外にある部分をもつのだとわれわれは言っているかのように見える。われわれが手にしたかったのは意味を許容する自然主義であったが、これではいかなる種類の自然主義でもなくなってしまうのである(8)。

だが打開策はある。理由の空間が「それ独自」のものであるという主張を理性の要求の自然化を拒否しているものとして解釈するかぎり、われわれは超自然主義というこの脅威に晒される。しかし、近代科学革命の時期にわれわれが獲得できたのは法則の領界についての明瞭な理解なのであって、それを自然についての新たな明晰さと同一視するのを拒否することは可能である。そうすれば、自発性を法則の領界との対比において「それ独自」のものであると主張しても、威丈高なプラトニズムという超自然主義に陥らずにすむ余地が生まれるのである。

われわれが理由に応答できることは超自然主義的ではないと安心して認めたいのであれば、次のような考えについて熟考してみるべきである。その考えとはすなわち、われわれの生の営みそのものが自発性によって形成されているのであり、その形成パターンは、デイヴィドソンの言う「合理性の構成的理想」によって導かれる探求の内部ではじめて見えるようになる、というものである。自発性の行使はわれわれの生の様態の一環である。そして、われわれの生の様態は、われわれが動物として自らを現実化する仕方にほかならない。それゆえ、この考えは次のように言い換えることができる。すなわち、自発性の行使はわれわれが自らを動物として現実化する仕方の一環なのである、と。こうすることで、動物界に足場をもちながらそれとは独立に、合理的連関からなる自然外的世界に神秘的なかたちで関与しているという特異な分岐体として、われわれ自身をみようとする必要はなくなるのである。

だからといって、理由の空間と法則の領界との対比を曖昧にすることが求められるわけではない。自発性の行使を自然的なものとみなすために、自発性と相関的な諸概念を法則の領界の構造へと統合する必要はない。むしろ必要なのは、生の一定のあり方を形づくるパターンを把握する際にそうした概念が果たす役割を強調することである。もし生の営みとそのかたちという考えが法則の領界という論理空間のうちに、専一的もしくは第一義的に属しているのであれば、言うまでもなく、ここにはいかなる対比もないだろう。しかし、そう想定すべき理由はまったく存在しないのである。

7

自然的であるとはどういうことであるかに関するこの異なる考え方を取り入れるための最良の道は、私の知るかぎり、アリストテレスの倫理学を考察することである。

アリストテレスにとって、厳密な意味での性格上の徳（virtue of character）は、徳の要求と一致する行為を生み出す単なる習慣的傾向性とは区別される。(9) 適切な意味で性格上の徳と呼ばれるものは、実践的知性のとる特定の形態、すなわち標準的英訳で言うところの「practical wisdom（＝実践的思慮）」を含んでいる。(10) これは、（アリストテレスの言い方ではないが）理性の諸要求のうちのあるものへ応答できる状態である。倫理にはわれわれが知る知らないにかかわらず存在する理性の諸要求が含まれており、「実践的思慮」の獲得によってそれらの要求にわれわれの目が開かれる、というのがここでの描像である。それゆえ「実践的思慮」は、悟性のモデル、つまり、理由の空間内部の配置によって決まる種類の理解可能性を認知あるいは創出する能力のモデルを果たすにふさわしいものである。

現代の読み手は往々にして、アリストテレスが倫理の要求を人間の自然本性についての独立の事実から構成しようとしていると考える[11]。これは倫理に対する自然主義的基礎づけの枠組をアリストテレスに帰することであって、古代において自然が果たす役割を、脱呪術化された自然が近代の自然主義的倫理において果たす役割と同じだとみなすことである。こうした読み方が幅を利かせているかぎり、私の望むやり方で、つまり自然の根本的な再考のモデルとしてアリストテレスの描像を視野に入れることは困難である。そのように読まれるかぎり、倫理的理解についてのアリストテレスの描像は、むしろ露骨な自然主義の特殊形態とみなされる。

しかし、この種の読み方は奇怪な歴史的産物であると私には思われる。このように安心を与える役割を自然に割り振ることが意味をなすと思えてしまうのはなぜかと言えば、そうすることが、理由――いまの場合には倫理的理由――の身分をめぐる、アリストテレスとは無縁の不安に対する応答として理解されているからにほかならない。不安の根にあるのはまさに、私が近代に特有のものとして描いてきた自然観なのである。法則の領界に属する種類の理解可能性がはっきり画定されるとは、裏を返せば、それとの対比で理由の空間の構造が特別であることが正しく認識されるということでもある。また、物事のあり方を探求するとはどういうことかを示すまさに典型として自然の研究を挙げるという、もっともな傾向がある。こうして、自然が理由の空間を駆逐するおそれがあると、われわれが正しく把握することもあればそうでないこともありうるものとしての合理的連関の身分をめぐって、哲学的不安が生じるのである。その場合、われわれが合理的要求として擁護したい事柄は結局のところ、自然についての独立の事実に基礎づけられうる、あるいは、それから構成されうるという主張が、自然観を不問に付したままでおこなわれることになる。もし不安の由来について私の考えが正しければ、アリストテレスのうちにこの種の応答を読み込むことは時代錯誤でしかないだろう[12]。

あるひとが特定の倫理的態度の定める観点から自身の実践的状況を捉えているなら、行為の一定の理由がそこにはあるようにそのひとには見えるだろう。アリストテレスの描像のよりよい理解に従うかぎり、こうした場合に真正の理由が呈示されているかいなかを当人が問いうる観点は、ある特定の倫理的態度をもつことではじめてそのひとが立つことになる観点以外にはありえない。それは、何かがこうした要求として視野のうちに入る観点なのであって、この観点とは独立に自然を記述することで得られる素材をもとに、そうした要求の力を一から再構築しようとする場合の基礎づけ的な観点ではないのである。

アリストテレスは、彼にとって自明な特定の倫理的態度に疑いが生じうるなどということをほとんど考慮すらしていない[13]。私が退けようとしている読み方によれば、これは、自然に訴えることによってそうした倫理的態度の要求を正当化できるという彼の自信を表していることになる。しかし私に言わせれば、それは、彼がわれわれの形而上学的不安を免れていることを示している。つまり彼は、その種の読み方であれば応じようとするはずの不安に煩わされていないだけなのである。あるいはより興味をそぐ見方をすれば、それは単なる独善性への傾きを示しているかもしれないが、それならその是正は簡単である。

他の思考と同様、倫理的思考も、自らを律しているとそれがその都度みなしているところの基準を反省し批判する絶えざる義務を負っている。（この論点が経験的思考に適用される場合については、第一講義第5節、第二講義第6節を参照。）アリストテレスは、倫理の場合のこの義務に十分に敏感ではないかもしれない。しかし、それは知性の形成という考えそのもののうちに含意されており、またこの考えこそ「実践的思慮」の内実なのである。さて、そうした反省的批判にとって格好のイメージが、航海中に船員が自らの船を修復するというノイラートのイメージであることは、なによりも重要である。こう言ったとしても、そうした反省が根本的なものではありえないということにはならない。ひとは、自らが受け継いできた考え方の一部を捨て去るように求められる場面に遭遇する。また、こちらはノイラートのイメージのうちに位置づけるのはいっそう難しいが、受け継がれた考え方の弱点が反省によって暴かれて、新たな概念と概念理解の形成を呼び起こすということもありうる。しかし本質的なことは、ひとが反省するのは自分が反省している考え方のまっただなかからしか可能ではないということである。それゆえ、自分のとっている倫理的態度をある状況に関係づけることで、実在する要求へと注意が向かうようになるという考えを受け入れるからといって、ノイラート流以外の正当化を描こうとする必要はまったくない。ここでの考え方は、自らの倫理的態度をこのように適用することが、当の態度による反省的自己精査を耐え抜くことでもあるということなのである。

たしかに、ある倫理的態度の自己精査において、法則の領界の布置に関する独立の事実が関係する場合、そうした事実が顧慮されることはありうる。しかしこれは、われわれに対する真正の倫理的要求という考えを、その意味で自然主義的な素材から再構築できるということではない。倫理的思考において物事を正しく把握するという考えには、ある種の自律性が備わっている。つまり、倫理的思考そのものの領域の外部を指し示すものとして、この考えを受けとる必要はない。

もちろん、ある思考様式を内部から反省的吟味にかける際に特定の思考がこれまでの基準をパスしてきたという事実は、その思考が受け入れられることを保証するものではない。というのも、自己精査に対する暗黙の基準を含めてその思考様式は、偏狭さや悪い先入見への依存といった、これまで気づかれなかった欠陥をもつかもしれないからである[14]。しかしわれわれとしては、欠陥の除去のために誠実な努力を重ねることしかできない。すなわち、思考が陥るおそれがあると分かっている種類の欠陥を取り除き、また場合によっては、誤謬の未知の源泉に対処できるように欠陥の捉え方を拡張してゆくしかない。精一杯達成したとしても、暫定的で未確定な面がつねにある程度残されはするが、しかしそれは外的正当化という幻想に屈する理由にはまったくならないのである。

すると、反省性が適切な場所を占めることができるようにアリストテレスの描像を豊かにすれば、それは次のようになろう。倫理的なものは合理的な諸要求からなる領域のひとつであり、そうした要求は、われわれがそれらに応答しようがしまいが、いずれにせよそこにある。適切な概念能力を獲得することによって、われわれはそうした要求へと注意を促される。しかるべき育成によって適切な思考様式へと導き入れられることで、われわれは理由の空間の当該領域の存在そのものへと眼を開かれる。そしてその後は、その布置の細部にわたる理解が、われわれの倫理的思考に対する反省的精査のもとで無限に洗練されてゆくのである。理由がこうした要求をわれわれに課すという思想の正当化を追求するためには、いやそれどころか、この思想をそもそも理解するためには、次のような観点に立つほかない。すなわち、このような要求についてわれわれが考えることを可能にする、概念と概念理解の体系の内部にある観点、つまり、この種の要求が視野に入っているように思われる観点に立つほかないのである。

第二講義（第4節〔「第5節」の誤記と思われる〕）で私は、理解と世界についての傍からの描像、つまり概念的なものを囲い込む境界線の外部に実在を位置づける描像について論じた。科学主義的自然主義が勧めるのはこの描像の一種であって、そこでは境界線の外にあるのは法則の領界である。そして、実在を法則の領界として捉えることによって実在を脱呪術化されたままにするなら、境界線の外部にあるものは理由の要求もしくはそれに類するものをいっさい含みえない。それゆえ、理由の本当の要求に対する感受性という考えは、当該の意味で自然主義的な素材からそれを再構築できないかぎり、そもそも不気味なものに見えてしまうのである。

この描像が法則の領界に割り当てようとしている役割は、カントが超感性的なものに与えている役割の自然化版である。しかしこれは、超感性的なものについてのカントの思考に見られるまずい面を正す方法ではなく、その基本構造を保持したまま、概念的なものの外部にあるものを単に自然化しただけにすぎない。こうしたやり方では、カントの洞察、すなわち、超感性的なものを語る枠組によって台無しにしながらも彼が手にしていた洞察が、見失われることになる。カントに含まれる夾雑物を分けてわれわれが見いだしたものが、すなわち、経験的思考にはそれが向けられている実在に対して合理的に応じる責任があるという理解を手にする方途が、見失われてしまうのである。そして、それがいったん見失われてしまうと、経験的思考の可能性そのものが疑われることになる。この種の自然主義は教育に根ざした常識として提示されがちであるが、それは実のところ素朴な形而上学でしかない。超感性的なものについてのカントの思考に見られるまずい面を正す方法はむしろ、概念的なものは外部をもつように境界づけられてはいないというヘーゲル的イメージを受け入れることである。すでに論じたように（第二講義第8節）、そのことは常識を、つまり、世界がわれわれの思考作用から独立であるという確信を脅かすものではまったくない。

いずれにしても、この擬似カント的自然主義はアリストテレスとは関係がない。それは、アリストテレスから二〇〇〇年もあとに生じた哲学的な不安に対処しようとするものである。アリストテレスによれば、倫理の要求が実在性をもつという考えは、倫理的な営為と思考に参与する者の視点から独立に視野に入りうる事実からの投射であったり構築物であったりするわけではない。つまり、倫理的な営為と思考がそれらの生じる自然的文脈とどう関係するのかを傍から探求するための基盤として、そうした事実が用意されているという発想は、アリストテレスにはまったくない(15)。倫理的要求がわれわれに課されているという事実は、それ以外のものではありえない還元不可能な事実である。そうした要求によって実践的状況を捉える思考の内部でのみ、この事実は視野に入ってくるのである。

倫理的要求とそれについての思考にこのような自立的性格を認めているために、私がアリストテレスに帰している見解は、ある種のプラトニズムのように見えるだろう。しかしこのプラトニズムは、私が「威丈高なプラトニズム」（第6節）と呼んだものではない。威丈高なプラトニズムに陥るのは、理由の空間の構造を「それ独自」のものと考える一方、自然を法則の領界と等置することについてはそのままにしておく場合である。その場合、理由に応答するというわれわれの能力は超常的な力のように、すなわち、動物の一種としてのわれわれの存在という、自然におけるわれわれの位置づけに付け足されるもののように見えざるをえない。しかしアリストテレスの考えでは、倫理における理由の要求は、人間としてのわれわれの生の営みの偶然的事情と異質なものではない。要求の力というここでの考えが、人間についての独立に理解可能な事実から説明できるとされなくても、それでもなお通常の育成によって、人間の行為と思考はこうした要求を視野に入れるような仕方で形成されうるのである。

アリストテレスのこうした考えがわれわれのモデルとしてどう役に立つのかということに焦点を合わせるために、第二の自然という観念について考えてみよう。この観念は、倫理的性格の形成のされ方をアリストテレスが説明する際にほぼ明確なかたちで現れている[16]。倫理的性格は実践的知性に属する諸傾向を含むものである以上、性格形成の過程の一部として、実践的知性は一定の決まったかたちを獲得する。それゆえ、実践的思慮はその所有者にとって第二の自然なのである。私は、アリストテレスにとって倫理における理由の要求は自律的であると主張してきた。つまり、この要求をわれわれは、すでに倫理的であるような考え方の外部からその正当化を強制されているかのように感じる必要はない。しかしこの自律性は、威丈高なプラトニズムの場合とは違って、人間に特有な事柄とこの要求とのあいだに隔たりを設けたりはしない。倫理における理由の要求は本質的に人間の手の届くところにある。この要求が、脱呪術化された自然主義に定位した人間的自然に訴えることでは理解できないのは、脱呪術化された自然には理由の空間が含まれないからである。しかし、倫理的育成によって人間が理由の空間の倫理的領域に導き入れられることに不可思議なところはない。倫理的育成は、この領域に適した形状を人間の生に刻みつけていくものだからである。そして、その結果として身につく思考と行為の習慣が第二の自然なのである。

これで、超自然主義という先のおそれは取り除かれるはずである。第二の自然は、有機体としての通常の人間に備わる種々の潜在能力から遊離したものではありえないだろう。そのおかげで、近代自然科学に然るべき敬意を払える程度には、人間の理性は法則の領界のうちに足場を与えられるのである。

この論点が倫理に制限されないことは明らかである。倫理的性格の成型は、実践的知性に一定の決まった形態を与えることをそのうちに含んでいるが、それは概念能力への導入という一般的現象の個別事例である。概念能力には、倫理以外における理由の要求に応答できることも含まれるからだ。そうした導入は人間の成熟過程において通常起きることである。そして、理由の空間の構造が、法則の領界として捉えられた自然の布置とは異質であるにもかかわらず、威丈高なプラトニズムにおいて描かれるのとは違って、その構造と人間的なものとのあいだに隔たりが生まれることはないのは、このためなのである。アリストテレスが倫理的性格の成型を考える仕方を一般化することで手にできるのは、第二の自然の獲得によって自分の眼を理由一般へと開かせるという観念である。これにふさわしい簡潔な英語表現が私には思いつかないが、それはドイツ哲学において「陶冶」(*Bildung*) として登場するものに相当するだろう。

8

これまで私は、知覚経験を実例としてとりあげて、人間のあり方の諸相をめぐるわれわれの思考が陥りがちなある種の苦境を説明してきた。われわれの思考に対しては、根深いながら、それと判ってみれば縛られずにすむような影響があり、これが苦境の元凶となっている。私は、その素性を明らかにしてみせると約束していた。いまやその候補として、自然を脱呪術化したままにしておく自然主義が立てられている。われわれは第二の自然という考えを忘れがちである。もしその考えを取り戻すことができるなら、いわば自然の一部を呪術化されたままにしておいても、前科学的な迷信や威丈高なプラトニズムに陥らずにすむはずだ。これがここでの私の提案である。そしてそうなれば、哲学の陥りがちなあの二つの落とし穴を避けうる経験の捉え方の余地が生まれることにもなる。

われわれは、通常の成熟した人間は理性的動物であるというアリストテレス的考えを取り戻す必要があるが、合理性はそれ自身の領域のうちで自由に働くというカント的考えを見失ってはならない。このカント的考えは、理由の空間の秩序と自然法則の領界の構造とのあいだの対照のうちに映し出されている。近代の自然主義は第二の自然を忘れがちである。理性を自律的とするカント的考えをその種の自然主義の枠組のうちで保持しようとするかぎり、われわれは自分たちが動物的であることから、つまり、自然への足場をわれわれに与えるものから自分たちの合理性を切り離すこととなる。その結果、カント的思想を捨て去り、露骨な自然主義の流儀でわれわれの合理性を自然化したいという誘惑が生じるのである。私は、この誘惑をわれわれの合理性という哲学の問題領域そのものからの撤退として説明してきた。もし合理性をめぐる諸問題を回避しながらもそれらの意義を十分に認めたいのであれば、自らを動物としてみなしつつも、その自然本性には、カント的概念によって適切に捉えられる合理性が浸透していると考えなければならないのである。

私がおこなっている提案は、調停（reconciliation）をもたらすという哲学の課題として表現できるだろう。これは、リチャード・ローティが時代遅れだと論じてきた哲学観を、私があくまで求めているかのような印象を与えるかもしれない(17)。しかし私は、二つの理由からローティの異議を脅威とは感じてはいない。第一の理由は、私の念頭にある調停が必要となるのは、思想史のある特定の時代において、つまり、自然の観念を狭めるような自然主義がわれわれの思想を席巻する傾向をもったとしてもおかしくはない時代においてであるというものだ。私の提案には、時間を超越した一連の責務が哲学には存在するという、ローティが説得力をもって批判している考えは含まれていない。第二の理由は、私の念頭にある課題は、ローティが脱構築しようとしているような、主体と客体との、もしくは思考と世界との調停なのではないというものである。私の提案は、われわれは理性と自然の調停を試みるべきだというものである。そしてその目標は、ローティ自身の望みを成し遂げること、すなわち、主体と客体との再統合を哲学に迫るような問題にわれわれが直面しているかのようには、もはや考えなくてすむ心境に達することである。もしわれわれが、第二の自然の自然主義をしっかりと理解できるならば、つまり、世界に心をどう位置づけるべきかをめぐるありふれた哲学的不安へとふたたび陥れる誘惑に動じない理解を手にできるならば、ローティが廃棄したいような構築的哲学を生み出すことにはならないはずだ。ウィトゲンシュタインの印象的な表現を用いるなら、それはむしろ「哲学に平安をもたらす発見」に達することになるであろう。(18)

第五講義

行為・意味・自己

1

これまで私が論じてきたのは、「内容なき思考は空虚であり、概念なき直観は盲目である」というカントの言明の眼目をどうすれば受け入れられるかということであった。私が勧めてきた見解にしたがえば、概念能力はある意味で非自然的なものである。悟性すなわち自発性の能力をもち、それを行使するとはどういうことかを、法則の領界に物事を位置づける概念によって捉えることはできない。しかし、自発性は受容性のうちに解きがたく織り込まれており、この受容性の能力であるわれわれの感覚能力はわれわれの自然本性の一部である。それゆえ、また別の意味では、概念能力は自然的なものでなければならない。そうでないなら、自発性という考えが「それ独自」の概念枠組において働くことを認めると、感性の引き渡すものを概念なき直観として描かざるをえなくなる。これでは、思考が空虚ではないのはいかにして可能かを理解できない斉合主義と剝き出しの存在への無益な訴えかけ、この両極のあいだでわれわれは揺れ動き続けるままである。つまり、この選択の座りの悪さを受け入れなければ、露骨な自然主義——これは、こうした哲学的困難をそもそも生じさせることのない思考方法のひとつである——を避けられないように見えてしまうのである。

自発性という考えが「それ独自」の概念枠組のうちで働くことを否定しない脱出口を見いだすのは、難しいことであるかもしれない。感性はわれわれの自然的な力のひとつである。自発性が何らかの意味で非自然的なものでありながら、それでもなおわれわれの感覚能力の働きのうちにそれが解きがたく織り込まれているということが、いったいいかにして可能なのだろうか。

だが、前講義で主張したように、この困難は錯覚である。われわれの自然本性はおおむね第二の自然であり、われわれの第二の自然はわれわれに生まれつき備わる潜在能力ばかりでなく、われわれの育成、すなわち「陶冶」にもまた基づいている。第二の自然という観念に注目すれば、理由の空間の構造が法則の領界の布置のうちに組み入れられる可能性を否定しながらも、われわれの生が理性によって形づくられるその仕方は自然的なものだと言うことができるのである。すでに述べたように、これは自然の一部を再呪術化することである。

これは威丈高なプラトニズムに陥ることなどではない。威丈高なプラトニズムにおいて、理由の空間の構造、つまり、われわれが物事のうちに意味を見いだす際にその物事が位置づけられる構造は、端的に自然外的なものである。すると、この構造に呼応できるわれわれの能力はどうしても謎めいたものになる。これではまるでわれわれが、動物界の外、すなわち眼も眩むほど超人間的なイデア界に片足を突っ込んでいるかのようだ。しかし私の言う再呪術化の場合、第二の自然という観念のおかげでそもそもこうした印象は生じない。われわれの「陶冶」は、われわれがもって生まれる潜在能力の一部を現実化する。したがって、「陶冶」によって非動物的要素がわれわれの成り立ちに組み込まれると考える必要はない。理由の空間の構造を、われわれと法則の領界との関わり合いについての諸事実から再構築することはできないが、一動物種としてのわれわれの通常の成熟過程において「陶冶」がわれわれの眼をこの構造へと開くことができるからこそ、それは意味が視野に入る枠組でありうる。意味は自然の外部からの神秘の賜物ではないのである。

以上の考察は、「露骨な自然主義」と私が呼んできたものの魅力のひとつを削ぐはずである。法則の領界のうちで自発性を自然化することを拒否するなら、こう思われてもおかしくはない。すなわち、斉合主義と所与の神話のいずれかを選ばざるをえないという、私が出発点とした哲学的な袋小路から抜け出せない、と。だが、自発性の自然化を拒否するだけで、この袋小路がもたらされるわけではない。それには、何かが自然のうちに収まる仕方を明らかにするとは、それを法則の領界に位置づけることにほかならないとする自然主義もまた関係している。感性の働きそのものは自然的出来事である以上、それだけで考えれば概念なき直観でしかありえないと論じることは、そうした自然主義を離れるなら不要であろう。したがって、いったん第二の自然という考えがしかるべき場所を得るなら、袋小路から抜け出すには露骨な自然主義に与するのがよいかのような印象は消え去る。法則の領界の構造とは異質な概念枠組において自発性の観念は機能するということ、そして、自然的な力の現実化そのものを記述するためにこの観念が必要であるということ、この二つは同時に主張できるのである。自然を法則の領界と同一視しなければならないとすれば、このような組み合わせは不整合となろう。しかし、自然的な力のうちには第二の自然の力もありうるとひとたび認めるならば、不整合のおそれは消えるのである(1)。

2

緩やかな自然主義のもつ魅力を伝えるために、私は知覚経験に伴う哲学的困難を扱ってきた。だが、そこに焦点を絞ったことは本質的なことではなかった。なぜなら、そうした困難はあるタイプの困難の一例だからである。

私は経験が受動的であることを強調した(第一講義第5節)。その点において、私が勧めてきた立場は所与の神話と一致する。経験の受動性によって、われわれの経験的思考に対する外的な制約を認めることができるのは、受動的であるということが自発性の関与と整合的であるかぎりにおいてである。だが、この組み合わせがいかにして可能なのか理解するのは困難である。前講義で目指していたのは、この困難の源を突きとめることであった。

さて、この困難は経験の受動性そのものにではなく、受動性のもつ自然的性格に関わっている。問題なのは、感性の働きがわれわれの自然本性の一部である潜在能力の現実化だということである。感覚することを世界から働きかけられるその仕方だとみなすとき、われわれはそれを自然現象として扱っている。すると、「それ独自」の自発性とそのような自然現象との関係が外的なものではないのはいかにして可能なのかを理解するのが、難しく感じられるようになるのである。しかし、自然的な潜在能力の現実化として受動的なものだけを考える必要はない。受動的な自然的力の場合に私が扱ってきた困難は、能動的な自然的力の現実化について考察してみる際にも再現できるはずである。

たとえば、四肢のひとつを動かす能力を、自然を脱呪術化したままにしておく自然主義の枠組に置いて考えてみよう。これまで論じてきたのは、こうした自然主義が、感性が自然的能力であることを踏まえて、主体に感性が備わることから「それ独自」の自発性を引き離すその仕方であった。これと対応する仕方で、この自然主義は、四肢を動かす力が自然的力であることを踏まえて、この力の行使から「それ独自」の自発性を引き離す。その結果、身体的行為について反省する際にもわれわれは同様の困難に直面するのである。

「内容なき思考は空虚であり、概念なき直観は盲目である」とカントは言う。これと同様に、目に見える活動なき意図は無為であり、概念なき四肢の運動は単なる出来事であって行為者性の表現ではない。私が論じてきたのは、次の主張を認めるなら、カントの言明の眼目を受け入れることができるということであった。経験とは概念能力が解きがたく織り込まれたかたちでわれわれの感覚的自然が現実化したものである、というのがそれである。これに対応した言い方をすれば、意図的な身体行為は、概念能力が解きがたく織り込まれたかたちでわれわれの能動的自然が現実化したものであるということになる。

しかし自然を脱呪術化する自然主義では、われわれの感覚的自然の現実化そのものから悟性が排除されるのと同じように、この場合にも、われわれの能動的自然の現実化そのものとして認められるはずのものから、つまり、四肢の運動のような自然的事物の自然的振る舞いという過程から、概念の使用が排除される。そして、この排除に特有の影響を受けるのが行為についての反省なのである。日常的な自然的事物の運動からなる出来事の領界から締め出されると、行為者性の自発性は概して、特別に考え出された内的領界のうちに居を定めようとする。自発性のこのような住み替えは自然主義の断念と見られるかもしれないし、あるいは、そうした内的領界が自然的世界の特別な領域とみなされることになるかもしれない。(2) どちらにしろ、このような思考様式は、内的な事象という装いのもとでしか自発性に身体的行為における役割を与えない。この内的事象は身体的過程を内側から引き起こすものとして描かれており、これを根拠としてそれは意図ないし意志とみなされるというわけである。身体的過程自体は自然のうちの出来事である。概念的なものは「それ独自」のものであるという確信と結びついた脱呪術的な自然主義という文脈では、このことは意図が身体的過程に浸透しえないことを意味する。(3) 身体的過程は自然的な力の現実化であり、それゆえ、それは単なる出来事としてしかこのような思考様式に登場しえないのである。(もちろん、身体的過程は単なる出来事一般から選別できるが、それは、身体的過程が自発性のいま述べた内的働きの結果であるという点においてでしかない。)

このように行為者性が自然から、少なくとも、われわれの身体の運動が起きる日常的な自然から撤退すると、われわれの身体の運動において現実化される自然的な力は行為者としてのわれわれがもつ力にほかならないと考えるのが難しくなる。行為者としてのわれわれの力が内側へと撤退すると、われわれの身体はこの力とは疎遠な対象という様相を帯びる。というのも、われわれの身体にその座を占めている自然的な力は、その力の現実化がわれわれの為すことではなくせいぜいそうした為すことの結果である以上、行為者としてのわれわれの力とは別のものに見えるようになるからだ。われわれの行為のうち身体的なものと考えられる行為においてさえ、せいぜいわれわれが為すのは、いわば離れたところから、われわれの意志をしてこの疎遠な対象の状態が変化するよう仕向けることだと思われるようになるのである。(4) そしてこれが、身体に対するわれわれの能動的関係の描像として満足のゆくものではないのは明らかだ。感覚的自然から自発性を排除することで、経験的内容と認められるものをまったく拭い去ってしまうのとちょうど同じように、この場合、能動的自然から自発性を撤退させることは、身体的行為者性についての真正の理解を根底から損なってしまうのである。

この場合においても、アリストテレスの考えを、すなわち、通常の成熟した人間は理性的動物であり、人間の合理性は、その動物的な、それゆえ自然的なあり方の一部なのであって、別の領界に神秘的な足場をもつわけではないという考えを取り戻すことができるならば、われわれは健全さを回復できる。これをおこなう方法は、われわれの自然本性の大部分が第二の自然であるということを理解することなのである。(5)

3

前講義（第7節）で私が主張したのは、アリストテレスの倫理学には、経験についての（そしていまや、行為についての、と言い添えることができる）満足のゆく考え方を妨げないような自然主義のモデルが含まれているということであった。この立場は第二の自然の自然主義であるが、同様にまた、この自然主義は自然化されたプラトニズムとしても見ることができると指摘した。この考えによれば、理由の命令は、ひとの眼がそれに開かれていようといまいと、いずれにせよそこに存在している。そして、眼が開かれるようになるのは適切な育成の結果である。そのような育成によって導き入れられる思考様式、すなわち、理由の命令がすでに視野に入っている観点である思考様式の外側から、そうした命令が蒙を啓かれた気づきの対象であるという考えを理解しようとする必要はないのである。

この自然化されたプラトニズムは、威丈高なプラトニズムとはまったく異なる。威丈高なプラトニズムでは、その内部において意味が視野に入ってくる合理的構造は、人間に特有のものから独立しており、それゆえ、この構造に呼応するわれわれの心の能力は超常的なものや不可思議なものに見える。自然化されたプラトニズムが依然としてプラトニズムであるのは、理由の空間の構造がある種の自律性をもっているからであり、つまりは、その構造が視野にあることと無関係に把握しうる人間的事実から派生したり、それらを反映するものではないからである。しかし、このプラトニズムは威丈高なものではない。なぜなら、理由の空間の構造は、人間に特有のものからきれいさっぱり切り離されて成り立っているのではないからである。理由の要求は本質的に、人間としての育成によって人間の眼がそれに対して開かれうるようなものなのである。

さて、威丈高なプラトニズムは、意味と理解に関するウィトゲンシュタインの後期著作において、避けるべき落し穴として登場している。(6) それゆえ、自然化されたプラトニズムは、ウィトゲンシュタインがそこで言おうとしていることを理解するよい方法であると私には思われる。
このような見方が、多くのウィトゲンシュタイン読解とどれほど異なるかということを強調しておきたい。多くの読み手がウィトゲンシュタインに暗黙のうちに帰しているのは、前講義（第7節）で私が説明した哲学的態度である。すなわち、理由の要求は主体がそれに眼を開けるようなかたちでそこに存在しているという考えは、それとは独立の事実から再構築できないかぎり不気味だとする態度である。この態度は哲学的課題を提起している。そして、ウィトゲンシュタインは、再構築される主題を前提しない仕方で記述される社会的相互作用に訴えることで、その課題の遂行方法のひとつを指し示していると考えられるわけである。(7)

意味をなすと言えるものを、すなわち、理由の空間における配置によって成り立つような種類の理解可能性を、こうした共同体主義的あるいは「社会プラグマティズム的」流儀で構築しようとするなら、意味を自律的なものとみることはできない。じっさい、それがこの種の読み方の眼目である。不気味に思う感覚の裏には、意味についてのどのようなプラトニズムも、すなわち意味に自律性を与えるどんな立場も、不可思議なものを不当に利用するのを特徴とする威丈高なプラトニズムであるはずだという確信が存在するのである。こうした理由から意味の自律性が断念されると、世界の客観性という常識的と思われる考え方、すなわち、われわれが意味を使いこなせることで考えたり話したりできる実在は客観的であるという考え方が疑問視されることになる。意味が視野に入ってくる規範的構造としては、たとえば、共同体全体が行動を容認したり否認したりすることしかないとすれば、物事がどのようであるか——これが正しく言えるかどうかを決める要因のひとつが、その発言において使われる意味に忠実かどうかである——は、物事がしかじかであるという判断を当の共同体が承認することから独立ではありえない。この種の読み方のもっとも明敏な支持者たちは、ウィトゲンシュタインに代わって、このような帰結を公然と受け入れているのである(8)。

この帰結は容認しがたいと私は考えるが、その裏づけをここで与えるつもりはない。むしろいま明らかにしたいのは、この種の取り組みの哲学的方向性をめぐる問題点である。この種の取り組みは、哲学においてなされるべきことに対するウィトゲンシュタイン自身の考え方にとって中心的なもの、すなわち、構築的ないし学説的野心の拒否という彼の「静寂主義」とうまくかみ合わない(9)。その種の取り組みがウィトゲンシュタインの核心を捉えそこねているのは、これを見れば明らかであるように私には思われる。

近代哲学は、主観と客観、思考と世界のあいだの二元論的な溝を架橋することが自らの課題だと考えてきた。意味に対する右で述べた取り組みは、規範と自然の二元論の架橋を目指す。そこでは、これはより深い二元論であって、これこそ近代哲学の周知の二元論の源泉なのだと主張されているのかもしれない。ここまではよい。この主張は私が勧めてきた描像とも合う。しかし、なお議論の余地があるのは、このより深い二元論にわれわれがどう応答すべきかということである。

従来の近代哲学が派生的二元論を扱う仕方にはある特徴が見いだせる。この種の哲学は、架橋を目指す溝の一方の側に身を置くが、その選びとられた側をどう捉えるかについては当の二元論にそのまま従う。そして、架橋という課題において現れていたもう一方の側の捉え方にできるだけ近いものを、身を置いた側で疑問の余地なく利用できる素材から構築するのである。たしかに、もはや溝はないように見えはする。しかし、その成果は多かれ少なかれ改訂主義的に見えることを免れない。（どの程度改訂主義的であるかは、元々課題として提示されていたものがどの程度切迫したものであったかに依存する。言い換えれば、超えがたい裂け目という見かけを与える思考方法がどの程度強固なものであったかに依存する。）現象主義はこうした伝統的な形態の哲学的構築の格好の事例である。それは、経験から世界を構築することで経験と世界とのあいだのギャップについての不安を克服しようとするが、依然として経験は、当の不安を生み出すまさにその仕方で考えられているのである。

意味に対するウィトゲンシュタイン流の態度だと思われている取り組みが規範と自然というより深い二元論に対処する仕方は、まさにこれと同じものである。この取り組みの場合、規範はプラトニズム的に考えられると不気味に感じられるということがその動機づけになっている。これは、規範と自然という二元性の自然の側から規範を見る態度の反映である。自然は法則の領界と同一視されており、この見方こそが脱呪術化という周知の脅威を引き起こすのである。さて、どのようなプラトニズムであっても規範は溝のはるか向こう側にあるということになるが、ほかでもなくこのことによって、哲学の仕事はおなじみの姿を纏うことになる。すなわち、到達できないかもしれないと不安を誘った向こう側のものにできるだけ近いものを、不安の源である溝のこちら側にあって安心できる素材だけから作り上げようとするのである。ここでの目標は規範と自然のあいだの溝の消失である。だが、この課題を課していた当のものに備わっていると思われた特徴がわれわれの構築したものに欠けているなら、この取り組みは予想されていたとおり改訂主義の一種なのである。

これは従来の近代哲学のもうひとつの立ち回り方、しかも最後のものとして喧伝されている立ち回り方であるが、ウィトゲンシュタインが望んでいるものではない。彼の望みは、従来どおりの哲学が必要だというのは見かけにすぎないと見破ることである。そしてこれは、ウィトゲンシュタインの自己理解の奇癖にすぎず、彼を従来どおりの哲学者の単なるひとりとして読み進める分には脇におけるようなものではない。その望みは気まぐれのものではないのである。私が描いてきた第二の自然の自然主義はまさに、もはや最後の二元論からも構築的哲学が要求されているとは感じないですむ思考のかたちである。「陶冶」というものを考えさえすれば、意味の自律性が非人間的なものではないということが確保されるのであって、その結果、規範あるいは理由の要求という考え自体を不気味に感じる傾向は取り除かれるはずである。そうなれば、個々の具体的な規範について考察を深めるという、とくに哲学的であるわけではない活動で取り組まれる問いを除けば、規範について本当に問うべきものはなくなるだろう。構築的哲学は、自然を脱呪術化するおそれのある自然主義の観点から、理由の規範という考えそのものに、すなわち意味が視野に入ってくる構造という考えそのものにいたろうとする。だが、構築的哲学は必要ない。そのような観点から意味を視野に入れようとする必要はないのである。

もちろん、社会的なものというカテゴリーは重要である。もしそうでないとしたら、「陶冶」が私の描像のうちで位置を占めることはないだろう。しかし、自然を脱呪術化するおそれのある限定的自然主義と衝突しないように意味という考えそのものを構築する枠組として、社会的なものを用いるということがその眼目なのではない。ウィトゲンシュタインはこう述べている。「命令し、問い、話し、しゃべることは、歩いたり、食べたり、飲んだり、遊んだりすることと同様、われわれの自然史の一環なのである」[10]。「われわれの自然史」ということで彼が意味しているのは、その本性の大部分が第二の自然であるような生き物の自然史のことであるはずだ。人間的な生の営み、われわれの自然なあり方は、すでに意味によって形成されている。この自然史は、法則の領界としての自然とだけ堅く結びつけられる必要はないのであって、第二の自然というものを考える権利がわれわれにあることが認められるだけの余地を残しているのである。

私は、自然化されたプラトニズムというひとつの「主義《イズム》」をウィトゲンシュタインに帰している。哲学的学説の提示には取り組んでいないという彼の主張を、私もまた蔑ろにしているのだろうか。そうではない。前講義の終わり（第8節）でローティと「哲学に平安をもたらす発見」について私が述べたことを思い出してほしい。「自然化されたプラトニズム」はいかなる構築的哲学の名称でもない。この表現は、「思い出すきっかけ（reminder）」のための、すなわち、構築的哲学が必要であるかのような見かけを生み出している幾多の水流の淵からわれわれの思考を呼び戻す試みのための簡潔な表現として、その役割を果たしているだけなのである[11]。

4

第二講義の終わり（第8節）で述べたように、カントによる経験の捉え方は、彼がそれを置いている枠組から、すなわち、超感性的実在による受容性の超越論的触発という筋書きから解き放たれるならば、われわれが必要とするものと寸分違わぬものになる。その枠組の外であれば、カントの捉え方は、所与の神話、そして思考に対する外的制約を放棄する斉合主義、このいずれかを選ばざるをえないように見えるというわれわれのジレンマを避ける方法として、満足のゆくものとなる。だが、その枠組はカントの洞察を台無しにしている。というのも、心から根本的に独立している超感性的実在こそ、心から真の意味で独立している実在の範型と思われるようになるからである。そうなると、自分の問題にしている日常的な経験的世界は心から独立したものとなっているとカントが主張したとしても、それは不誠実にしか見えない。なぜカントは肝心の洞察をこうした説得力に欠ける文脈に置いてしまったのか。この問題は棚上げにしたままだった。

ところで、カントの思考のよく知られた特徴のなかには、何が意味をなすのかを定める彼自身の基準に違反するように見えるのに、なぜ彼が不可知の超感性的実在という考えに魅了されたのかを説明してくれるものがある。超越論的枠組は、経験の必然的特徴についての知識がいかにして可能なのかを説明しようとするものだ。またカントにとって、超感性的なものを認めることは宗教と道徳の領分を守る方法のひとつである。実のところ、この考えは私の立てた問題とかなり密接な関係にある。倫理的思考の内部には、バーナード・ウィリアムズが指摘するところの「道徳システム」へとしばしば倫理を歪めてしまう圧力がある。(12)「道徳システム」の特徴のひとつは、ひとが真の意味で責任をもつことができるのは、完全に無条件的な自由を行使する場合だけだと思わせることなのである。これは、真の自発性であれば完全に無制約でなければならないとカントがなぜ考えてしまうのかを説明する手がかりとなろう。経験が経験的に考えられるかぎり、そこで手にできるのはせいぜい自然によって制約された自発性でしかない。こうした自発性はどうしても、道徳的責任に必要だとされる無条件的な自由に比べると二流の自由に見えるはずだ。

しかし、こうした説明はどれひとつとして、経験そのものについてのカントの思考のなかでは役割を果たしていない。哲学そのものの、そして宗教と道徳の領分といった外的事情を考慮することで、なぜ経験についてのカントの思考がそれ自身の最良の洞察を歪めているのかをある程度までは理解できる。しかし、それで説明し尽くされたわけではないのは明らかである。

近代自然主義からの圧迫に訴えることで、ひとつの内的説明が構成できる。たしかにカントは「陶冶」という観念を手にしていたが、それは第二の自然という考えを真剣に用いるための下地とはなっていない。カントにとって自然という考えは、近代科学の勃興とともに明確なかたちをとることになった法則の領界という考えのことである。ヒュームに対するカントの応答を考えてみよう。ヒュームは近代自然主義の脱呪術化という効果に過剰な熱狂をもって反応した。つまり自然に対して、意味の理解可能性のみならず法則の理解可能性さえも認めてはならないと考えたのである。ヒュームに反対してカントは、自然に対して法則の理解可能性を取り戻そうとはしたが、意味の理解可能性を取り戻そうとはしなかった。カントにとって自然は法則の領界であり、それゆえ意味を欠く。そしてこのような自然観のもとでは、自然的な力の現実化それ自体を記述しても真正の自発性は登場しえないのである。

ここでの論点はいくぶん慎重な取り扱いを要する。カントにおいて、法則の領界としての自然を含む日常的な経験的世界は概念的なものにとって外的ではない。意味に属する種類の理解可能性と概念的なものとの結びつきという観点から私が主張したように、このカント的思想を擁護するには自然の部分的な再呪術化が必要である（第四講義第3・4節参照）。しかしだからといって、テクストのなかに意味があるのと同じように、雀の落下や惑星の運行に意味があるという考えを復活させねばならないわけではない。法則の領界はそれ自体としては意味を欠くというのは近代の教訓である。法則の領界の構成要素は、理由の空間を構成する関係によって互いに連関しているわけではないのである。しかし、自然的なものについての考察がこの論点を認めることで終わってしまうならば、法則の領界を構成する意味なき出来事すらも受容できる経験の力をきちんと把握することはできない。経験について考える際に、われわれは自発性と受容性をうまく接合できないままだ。これはつまり、意味ある振る舞いの領界のみならず法則の領界もまた概念的なものにとって外的ではないというカント的思想が、われわれに活用できないということである。悟性／理解（understanding）――われわれがテクストに注ぐまさにその能力――は、意味を欠く単なる出来事の取り込みにも関与していなければならない(13)。

第二の自然という示唆に富む豊かな観念がカントに欠けていることは、なぜ経験の正しい捉え方が彼の思考にしっかりと定着できないのかを説明してくれる。しかしそれは、それでも彼が正しい捉え方にこれほど近づけたのはどうしてかについては説明してくれない。ここで私は思うのだが、超越論的枠組に妨げられて彼の洞察が適切なかたちをとれないでいるのを鑑みればなおのこと、われわれは彼の洞察にただただ驚嘆するほかない。これは、超越論的枠組が不要な後知恵であるということではない。第二の自然という示唆に富む豊かな観念がない場合、その洞察はそうした歪んだかたちでしか現れえないのである。

直観は脱呪術化された自然の所産であり自発性は非自然的なものである、と考える場合に手に入るものでわれわれに必要な考え方にもっとも近いのは、前講義（第4節）で論じたデイヴィドソン的立場である。この立場によれば、自発性は、じっさい感覚的自然の働きであるようなものを特徴づけるが、それをそうした働きそのものとして特徴づけるわけではない。これでは、われわれはおなじみのジレンマのうちに置かれたままである。すなわち、感覚的自然の働きは、感覚的、自然的なものとしては自発性によって特徴づけられないとしても、思考と合理的関係をもちうると想定する道を見いださなければならない（所与の神話）か、あるいは、感性は認識論的意義をまったくもたないということを受け入れなければならない（過激な斉合主義）か、このどちらかになる。カントが事実上見抜いているように、この選択はとても受け入れられない。それゆえ、自発性はわれわれの感性の働きそれ自体を構造化しているのでなければならない。彼は第二の自然の自然主義について熟慮していない以上、また、彼にとって露骨な自然主義は魅力的ではない以上、概念と直観のあいだに必要とされるこうした実質的な結びつきにふさわしい場所を自然のなかに見いだすことが彼にはできない。そして、こうした困難な状況にあって彼は、自然の外に、つまり超越論的枠組のなかにこの結びつきを置く以外に選択肢を見いだせないのである。

　ここでカントはとくに卓越している。概念と直観とのあいだに観念上の結びつきがあるだけでは十分ではない、という洞察を無理なく活かす手立てをもっていないとしても、彼はその洞察をどうにか手放さないでいる。こうして彼は、彼自身の見地からしても理解不可能な脱出口を強要される。直観と概念の実質的な結びつきは、超感性的実在による受容性の超越論的触発のうちに自発性が含まれているというものにならざるをえないのである。するといまや、概念的なものにとって外的ではない実在がわれわれの感性においてわれわれに開かれるというまっとうな思想は、歪んだかたちでしか現われえないことになる。つまり、日常的な経験的世界は彼岸の実在の現象であるかのようになってしまうのである。

第二の自然なき自然主義という致命的な状況のなかで経験についての本質的な洞察に場所を与えようとするあまり、カントの思考にこうした緊張が生じるわけだが、これに加えて、もうひとつ歴史的影響が記されるべきである。それはプロテスタント的個人主義の興隆である。その結果は、伝統に没入することが実在への接近のまっとうな様態のひとつでありうるという考えの喪失ないし衰退である。その代わりに、あらゆることを自分で確かめることが個人としての思考主体の各々に課された義務であると考えられるようになった。個々の伝統が硬直化ないし偏狭化しているように見える場合、まっとうな伝統であれば反省的批判に対して実直に応答できなければならないと主張するのが正しい反応であるはずなのに、むしろ伝統への信頼をいっさい捨てるべきだという幻想が助長されてしまうのである。

伝統の価値がこのように低下した結果生じるのは、個人の理性によって統治された態度である。そしてこうした態度は、純然たる受動性の状態ないし出来事のうちで理性が働きうるという考えとは折り合いが悪い。というのも、そうだとすると理性は世界に負債を負っていることになるからである。それゆえ、当初は、ある伝統のなかに位置づけられてこそ理性は存在しうるという考えが失われただけであったのに、やがてそれが、理性は世界からの干渉に負うところがあるという考えを圧迫するにいたるのである。この伝統の意義については最終講義でもう少し述べるつもりである。

5

もしカントに第二の自然という考えを身につけさせることができるなら、経験についての彼の洞察は、彼がそれを表現しようとする際に採用している枠組によって歪められずにすむであろうが、そればかりではない。自己意識と世界についての意識との結びつきは彼の思考のうちに疑わしい仕方で登場しているが、それが正しいかたちをとることもまた可能になるはずだ。

「超越論的演繹」においてカントは、次のようなテーゼを提示しているように思われる。すなわち、経験を「内側から」客観的実在の一瞥として理解できるという可能性は、その主体が自身に経験を帰属させることができるという可能性と、それゆえ主体が自己意識的であることと相互依存的である、というテーゼである(14)。

さて、ここで言う自己が少なくとも最終的には日常的自己であるのなら、このテーゼには説得力があろう。しかし、このことをカントのじっさいの叙述と整合させるのは難しい。客観的実在についての意識と相関関係にあると彼が論じる自己意識を導入する際に、彼は、「私のあらゆる表象に伴いうるのでなければならない「私は考える」」について述べている(15)。「純粋理性の誤謬推理」で彼は、この「私」に持続的な指示対象が認められるとしても、その場合の通時的同一性という考えは形式的なものでしかないと主張する。この考えは、自分が知覚している世界のなかで現実の存在として持続する主体の実体的同一性といかなる関係ももたない(16)。客観的実在への経験の関わり方に対応する主観的な時間的連続性は単なる視点の連続性へと収縮するのであって、これが実体としての連続性でないのは明らかである。[17]

「あらゆる私の表象に伴い」うる「私は考える」における「私」には時間を通じた持続性の形式的な捉え方しか適用できない、という「誤謬推理」のテーゼに関しては、カントにも一理ある。彼の考えでは、他にどんな捉え方をしようとも、自我のデカルト的な捉え方に手を染めざるをえないのである。

人格（person）とは何であるかをロックがどう説明しているかを見てみよう。彼によれば、人格とは「理性をもち反省することができ、自分を自分とみなすことのできる思考する知性的存在、時間と場所を異にしても同一な思考するもの」[18]である。ロックは、自分が論じているものを「意識」と呼んでいるが、それは「自己意識」と呼んでもかまわないであろう。「意識」は、時間的に隔たった状態や出来事を一度の通覧で取りまとめることができる。こうした状態や出来事は、ひとつの連続するもの、つまりひとつの思考するものの来歴に属すると考えられる。カントの表現で言えば、「私のあらゆる表象に伴い」うる「私は考える」において、「私」の指示は過去と未来に及ぶものとして理解されるのである。しかし「誤謬推理」でのカントの論点は、ロックが「意識」と呼ぶものの流れは同一性規準の適用を必要としない、あるいは少なくとも同一性規準との合致が保証される必要はない、というものである。[19]時間を通じた「意識」の連続性には、同一性の知識、つまり対象の一定期間にわたる持続についての知識のように見えるものが含まれている。「意識」の流れの内容には、「私のあらゆる表象に伴い」うる「私は考える」の「私」が持続的な指示対象をもつという考えが含まれているからである。しかし主体は、持続性という考えをこのような仕方で適用する場合には、自分の注意が同じものに確実に固定され続けるようにあえて努力する必要はない。対比として、自分の思考を日常的な知覚対象に一定期間向け続ける場合を考えてみよう。このためには事物を追跡する能力が必要だが、この技能の行使は事実上、同一性規準の明示的な適用の代わりを果すと考えることができる。「意識」の連続性には、これに類したもの、すなわち持続的自己を追跡するということがまったく見られない。にもかかわらず、この持続的自己は意識の内容のうちに現れるように思われるのである。[20]

ここで、持続的自己についてのこうした思考の内容を規定する際には「意識」そのものの流れの内部に留まらなければならない、という前提がわれわれにあるとしてみよう。もしこの思考の主題が実体として連続するものであるなら、それが存在し続けることを成り立たせるのは、とりわけ単純なものであるはずだ。持続性という観念は難なく適用される。なぜなら、その観念のうちには「意識」そのものの流れしかないからである。これは、デカルトに見られる「私」の指示対象の捉え方——あるいは、ともかくそうした捉え方として提示されているもの——へといたるお膳立てのように見える。

自我のデカルト的な捉え方の成り立ちについてカントが与えた説明とは、本質的にはこのようなものである。するとすぐに、カントと同じ結論、すなわち、「意識」の流れに含まれる持続性という考えは形式的なものでしかないという結論を下すべきだと思われがちである。もしもそれによって考えられているのが、実体としての持続性、つまり、客観的なものが存在し続けるということであると認めるとしたら、自己意識をデカルト的自我についての意識として理解せざるをえないだろうというわけである。

しかし私が強調したように、こうなってしまうのは、ここでの持続性という考えの内容を規定する際には「意識」の流れの内部に留まらなければならないと前提されているからである。だが、それは不可侵の前提ではない。むしろ、きわめて疑わしい前提であり、私のみるところ、それこそがデカルト的な捉え方の真の源泉である。その前提が放棄されるなら、「私は考える」の連続性には実体としての持続性が含まれると想定しながらも、連続する当のものがデカルト的自我であると言わずにすむ余地が生まれる。「意識」の連続性は、「意識」自体に含まれるものだけでは尽くされない何ものかについての主観的な見方、すなわち、連続的な「意識」の主体が自身と同一視できる客観的に連続するものの来歴についての主観的な見方としてのみ理解可能である、と言うことができるのである。たしかに、主観的に見られたかぎりでの連続性は持続的なものの追跡を必要としない。しかしだからといって、この場合の同一性という考えは形式的なものにすぎないとするカントに同意する必要はない。「内側から」でさえも、主観的な見方はより広い脈絡のうちに位置を占めるものとして理解される。それゆえ、主観的な見方に具体化されている持続性という考えはより多くの内容をもちうるのである。そして、このより広い脈絡のおかげで、「私のあらゆる表象に伴い」うる「私は考える」の「私」が指示する連続的な対象としての一人称（the first person）が、客観的世界のなかでの実体的連続性という来歴をもつ三人称（the third person）でもあって、それを一人称的様式以外で思考し続けるには追跡することがやはり必要となる、ということが理解可能になるのである。ガレス・エヴァンズは、P・F・ストローソンの見事な「誤謬推理」読解に基づいて自己同定の卓越した分析をおこなったが、以上のことはその分析の要点を取り出したものである。(21)

私のみるところ、この種のことが、自己意識と世界についての意識は相互依存的であるというカント的な考えのための正しい枠組である。また、かすかながらもそれを示唆するものがカントのなかにもあるかもしれない。(22) だが、それがいかにして彼の公式見解でありうるのか私には分からない。自己意識をより広い脈絡に位置づけるなら、「意識」の連続性のうちに現れる持続的自己という考えは形式的なものにすぎないと言わなくても、デカルト的自我を避けることができる。しかし、それは形式的なものでしかないということこそ、自分が言わねばならないことだとカントは思っているのである。持続的自己という考えの内容を規定する際には「意識」の流れの外に出てはならないという疑わしい前提を、カントはそのまま残しているように見える。だからこそ、デカルト的自我を避けるためには持続性という考えの内容をうまく調整する必要が自分にはある、という考えが生じてくるのである。問題の前提について私の言ってきたことが正しいなら、デカルト的な考え方に対するカントの診断はその根源にまで迫っていない。

カントが打った手の行き着く先は、経験が客観的実在と関わるということの一端をなすものとして彼が引き合いに出す主観的連続性を、知覚を有する動物の連続的な生の営みと等しいものと見ることができなくなるという結末である。そうした主観的連続性は、すでに述べたように、相互依存性の要求に関するかぎり身体と関係しなくてもよい単なる視点の連続性へと収縮してしまうのである。

これはとうてい満足できることではない。客観的実在のうちに刻まれる経験の経路という考えを自立的なものとして見ることから始めて、つまり、主観性と客観性の結びつきに関するかぎり身体を欠いてもかまわないような時間的に延長した視点という考えから始めて、世界のなかに実体として存在するものという考えにまでいたる見込みなどないように思われる。もし何かが最初に自分を、「私」によって指示される単に形式的なもの（これはすでに特異な観念である）として捉えるなら、いかにしてそれは、ひとつの身体を手中にし、その結果、自分を個としての生き物と同一視できるようになるのだろうか。自身の経験の進み方を確定する際にそうした主体が個としての身体の役割を考慮できるというのは十分に意味をなす考えだ、と言い立てることはひょっとしたら可能かもしれない。しかしだからといって、その主体が自らを、つまり経験の主体を、客観的実在における身体的要素――世界のなかに身体として存在するもの――と捉えることができるわけではなかろう。

もしもカントにおける自己意識と世界についての意識の結びつきが、われわれの経験の主体はわれわれ日常的自己であるという考えを取り戻す余地を残しているのだとすれば、「私のあらゆる表象に伴い」うる「私は考える」の「私」の単に形式的な持続性は、生きた経験主体の日常的な実体的持続性から単に抽象されたものであるべきだ。[23] それは、日常的自己の持続性を再構築するための基礎となるよう期待される自立的なものであるべきではない。しかし、日常的な持続性からの抽象という考えはカントの自己理解にそぐわないように思われる。自分が明らかにしているのはアプリオリに知られうる必然的な結びつきである、とカントは考えている。[24] だが、日常的自己の持続性からの抽象という考えを、彼が「アプリオリ」という表現に与えている時間的含み、たとえば、超越論的自己意識は「直観のあらゆる所与に先行する」（A107）という主張に窺える時間的含みと整合させるのは困難であろう。

カントが自身の思考にあるべき姿をとらせることができないとしても、なんら驚きではない。形式的な主観的連続性という自立的な考えはなぜありえないのだろうか。答えはこうである。すなわち、感性のうちに概念能力が織り込まれているような状態や出来事の主観的に連続した系列――あるいは、より一般的に言えば、いかなる種類のものであれ概念能力の行使からなる主観的に連続した系列、カントに言わせれば「諸表象」からなる主観的に連続した系列――ということで考えられているのは、生の営み全体から選び出された一領域にほかならないのである。「表象」の主観的に連続した系列を、そうした出来事が生じる生を営む生き物から切り離して単独で考えることができないのは、それ特有の連続性を示す一連の消化活動がそうできないのと同じであろう。しかし、第二の自然を真剣に考慮できなかったカントにとって、彼にしてみれば非自然的でなければならないような自発性の領域内での統一性を理解するために、自然現象の典型とも言える生の営みという概念をこのように活用することは、とうてい考えの及ぶところではなかったのである。

カントが目指しているのは自己をめぐるデカルト的誘惑を祓うことであり、彼は成功の間近にまでいたっている。彼は、デカルト的哲学を助長するような特異な面が自己意識にはあることを認めたうえで、その特異性が自己意識の対象をデカルト的自我と思わせてしまうことを避けたいと考えている。しかし彼は、デカルト的自我にかわる唯一の代案は、世界のうちに実体として存在する対象をもたない超越論的自己意識という代物であると考えてしまう。この自己意識にそれでも何か対象をもたせるというのであれば、その対象は、幾何学的に、つまり視点として世界のうちに位置づけられるものでしかありえない。この場合、特異な実体とそれ以外の実在との関係をめぐる周知のデカルト的問題は避けられよう。しかし、その問題を受け継いでいるように見えるものは残るのである。せいぜい幾何学的にしか世界のうちに存在しないものとして自己は理解されるとしておいて、いかにしてそこから、自己についてわれわれが現にもっている理解へと、すなわち世界のうちに身体として存在するものという理解へといたることができるのであろうか。(後者のあり方こそが自己意識の本質をなすと私が言うとしても、自分が世界のうちに身体として存在することが自己意識においてつねに意識されていると意味しているわけではない。)[25] 思考と意図の主体は生ける動物であるという事実を考慮に入れることがカントにできさえすれば、彼の洞察はまっとうなかたちをとることができるだろう。しかし、概念能力は法則の領界と同一視される自然の意味では自然的ではないと堅く確信しながらも、第二の自然という真剣な使用に値する観念を手にしていないために、この事実を考慮に入れる道がカントには閉ざされているのである。

6

カントは、概念的なものという考えをとくに一般性と関連づけることがある。[26] これは、概念と直観の関係は述語と主語の関係によって説明されるべきだとの示唆とも受けとれる。[27] この単称指示についての最近の考え方に見られるある動向がじつはカント的なものであることが、このことによって明らかになると思われるかもしれない。ラッセルの記述理論を源泉とする指示の見方が標準的である時期があった。ある思考が個別の対象に向けられているときはいつも、その思考の内容の一部は、一般名辞によって――いま問題となっている等置を前提すれば、概念的名辞によって、ということになろうが——対象が記述的に特定されることで与えられると考えられていた。問題の動向はこうした考えに対する反発である。[28] そうした型には簡単にはめられないような対象指向性が思考には見られる。たとえば、知覚的な直示的思考が対象に向かうのは、当の思考に含まれる一般的な記述的特定に適合するものとして対象が思考のうちに現われることによるのではなく、この種の思考が対象そのものの知覚可能な現前に依拠しているからであるのは明らかだ。概念的なものと述語的なものが等置されている場合、記述理論の一般的適用に対してこのように抵抗するためには、そう抵抗してしかるべき事例での単称指示は思考者と事物とのあいだの概念外的な関係である、あるいはそれに基づいていると主張しなければならない。[29] 結果として得られる描像は、概念領界には外部があり、この外部は個別の対象によって占められているというものである。思考は概念領界内部に留まりながら知覚のような関係に依拠することで対象と接触するが、その関係は、概念的なものを取り囲む境界線を横断すると考えられるわけである。

単称指示のこうした描像は、正統派の名に値するかもしれない現代の見解に適合する。すでに述べたように、それはカント的であるように思われるかもしれない。しかしじっさいにはまったくカント的ではない。カントにとって概念領界に外部はない。超越論的筋書きに移るのであれば話は別だが、しかし、たとえば直示的思考が焦点を合わせる対象が不可知（noumenal）であるなどとは誰も考えまい。いずれにせよ、「概念的」が「述語的」の単なる同義語として役立つのでもないかぎり、この描像は根本的に不整合である。概念領界を囲い込むことが興味深い意味をもつと考えられるのは、その囲い込まれた領界が思考の領界として取り出される場合のみである。この描像では述語づけは概念領界に位置づけられるが、しかし、述語づけがなされるべき対象と接触するために思考は概念的なものを突き破らなければならないと想定されている。こうなると、囲い込まれた概念領界の内部に留まりながらも述語づけがいかにして対象との結びつきを得ることができるのかを、整合的に考えるための余地はいっさい残されなくなる。

反ラッセル的革命を以上のように考えると、一般化された記述理論を擁護するジョン・サールのような反革命の徒は共感を集めやすい[30]。思考は記述的特定という手段によらずとも個体に焦点を合わせられると考えたいとしても、その唯一の手立てが問題の描像しかないのだとしたら、そんな望みはあきらめたほうがよかろう。つまり、反発の引き金となった種類の思考も結局は何らかの記述的特定によって対象と接触しなければならないのだと考え直して、その記述的特定がどういうものかを明確にするという仕事に戻るほうがまだましだろう。

第三講義で私は、知覚経験の内容が非概念的であるというガレス・エヴァンズの見解を批判したが、それはエヴァンズの基本的な関心からはややずれたところに向けられていた。彼の基本的関心は単称指示にあるからだ。じっさい、私の見るところ、エヴァンズが知覚の非概念的内容に訴えているとしても、それは単称指示をめぐる彼の考えにとって中心的なものではない。知覚的な直示的思考に関する主張も含め、エヴァンズの主要な主張を、非概念的内容に言及せずに再構成するのは容易である。

エヴァンズの基本的な考えは、思考者と個別の対象とが一般化された記述理論の障碍として認知されているような関係である場合でも、フレーゲが提示様式（modes of presentation）[31]として導入した意義という観念にならって、そうした関係を取り込むことができるというものである。エヴァンズの残した研究の細部では、このことがケースごとに詳しく説明されている。そこでは、思考が個別の対象に焦点を合わせるさまざまな仕方が説明されるが、それはつねに思考をその本来の文脈に、すなわち、思考者が世界のうちに自己意識をもって存在できるという文脈に位置づけることによってなされているのである。(32) もし概念領界を思考の領界と同一視したいのであれば、「概念的」の正しい解釈は、「述語的」ではなく「フレーゲ的な意義の領界に属している」というものである。(残念ながら、「概念的」と「述語的」は同じことだという愚かな考えが依然として広まっている。) 一般化された記述理論に見込みがないということは、サールのような哲学者による延命努力にもかかわらず、ますます明白となっている。他方、疑似カント的描像では、思考が自身に固有の領域を突き破って、記述的特定とは別の仕方で個体と接触しなければならないが、これは不整合である。エヴァンズの業績は、このいずれかを選ばざるをえないと見えた二者択一を回避するにはどうすればよいかを示したことである。疑似カント的描像の支持者たちは、思考者と対象のあいだに記述的特定によらない関係があることを強調した点で正しいが、フレーゲに依拠してエヴァンズが明らかにしているのは、その関係によって思考が概念領界の境界線の外側にまで運ばれるとは考えなくともよい方法なのである。

　このようにエヴァンズの考えを描写することで、少なくとも概略という点では、彼の考えが重要な真理を表していることが明らかになると思う。哲学者たちのあいだでは、私がエヴァンズの立場を位置づけたより広い文脈に注目しないで、直感に反する含みがあるという理由から彼の立場を退けることができると考えるのが一般的となっている。これはまさに、彼の革新的な研究に対する無理解が絶望的なほどであることを露呈している。こうした研究に対してこれほどまでに低い評価しかできないというのは、われわれの哲学文化の退廃の証である。

第六講義

理性的動物とその他の動物

1

私は、受け入れがたい二つの立場のあいだを揺れ動く傾向について考察してきた。その二つとは、経験的思考から実在との関係を完全に奪ってしまう斉合主義と、その反動から無益にも所与へ訴えかけることである。この傾向は、通常の成熟した人間は理性的動物であるというアリストテレスの考えが受けた無理もない曲解を反映している、というのが私の診断であった。動物は、そのものとしては自然的存在者であるが、自然についての周知の近代的な考え方には、自然から合理性を追い出してしまう傾向がある。その結果として、理性はわれわれの動物的自然から分離されて、あたかも、理性的であることによってわれわれが部分的に動物界の外部に置かれるかのような具合になってしまう。とりわけ、悟性が感性から引き離されることになる。そしてそれこそが、われわれの哲学的な袋小路の源泉なのである。そこから抜け出すためには、悟性と感性を、理性と自然をふたたび結び合わせる必要がある。

このジレンマを避けるひとつの方法は、理性を自然から追い出すおそれのある自然観は不問に伏したまま、ある用語が自然主義的であるとはいかなることかをその自然観のもとで理解したうえで、理性を自然主義的な用語で考え直すというものである。この立場が、「露骨な自然主義」と私が呼んできたものである。この立場をとればたしかにわれわれは自分たちを理性的動物とみなすことができるが、しかしその自然観はアリストテレスのものではないと私は思う。もっとも、私が考察してきた哲学的懸念にとりあわず、それを感じるのを拒むだけであるという点で、露骨な自然主義がアリストテレス的な思考に似ているということは認められてよい。

脅威なのは、理性を備えた動物が形而上学的に引き裂かれて、経験的思考ならびに行為についてのわれわれの考察にとって破滅的な結果をもたらすということである。法則の領界の構成と比較して理由の空間の構造は「それ独自」であるとする点で露骨な自然主義と袂を分かちながらも、われわれはその脅威を避けることができる、こう私は主張した。悟性の自発性は、先のような自然観のもとで自然を記述するのに適した用語で捉えることはできないが、それでも動物としてのわれわれの自然本性の現実化のうちに浸透しうる。このことを受け入れる方法が見つかるなら、問題の哲学的困難をただ避けるだけでなく、われわれがそうした困難に陥りやすい所以を十分に汲み取ることができるようにもなるのである。

アリストテレスの人間観においては、合理性は動物としての人間の自然本性から不可分であって、この人間観は近代的意味で自然主義的でもないし（還元主義や基礎づけ主義のかけらも見られない）、哲学的不安に悩まされてもいない。こうしたことが可能であるのは、自然は法則の領界であり、それゆえ意味の住処ではないという、ほかならぬこの考えにアリストテレスが冒されていないからである。そうした自然観は、近代科学革命の時代に苦労の末ようやく成立したものなのである。

アリストテレスの無垢さをなんとか取り戻すようにしよう、などと言っているわけではない。自然科学が明るみに出す理解可能性は特有のものであって、意味に固有の種類の理解可能性とは区別されるべきだ、という考えを遺憾に思ったりしたらそれは狂気の沙汰であろう。われわれが知として受け継いだものから前者の理解可能性を放擲したりすれば、中世の迷信に逆戻りするだけである。むしろとるべき道は、法則の領界に位置づけられたもののうちに見えるようになる理解可能性を高く評価し、なおかつその理解可能性を、理由の空間に位置づけられたもののうちに見えるようになる理解可能性から峻別することである。

だがわれわれは、意味の理解可能性を法則の領界に統合しようとするのではなく、堕罪以後の者、すなわち知恵の木の実を食べてしまった者でありながらもアリストテレスの無垢さに相当するものを目指すことができる。意味を欠いた理解可能性の領域、つまり法則の領界という考えを先人たちが形成した際に人間の知性が偉大な前進を遂げたことをわれわれは承認できるが、しかしその理解可能性の領域を、実在的なものは言うまでもなく、自然と等置するのを拒むことができるのである。

第二の自然という観念は、アリストテレスのような無垢さがあればことさら強調される必要はないが、知恵の木の実を食べてしまった者でありながらもそれに相当するものを手に入れようというこの試みにおいては、特別な意義を帯びる。求められているのは、理由の空間の構造に呼応する能力を含むものとしてわれわれの自然本性を捉える考え方である。われわれは露骨な自然主義とは袂を分けたのだから、法則の領界の自然主義で許されているものを越えて自然を拡張しなければならない。しかしこの拡張は、人間という動物のいわば第一の自然によって制限されているし、人間が育成されるなかでその身に起こることについての歴然たる事実によっても制限されている。われわれは自然の概念を法則の領界から切り離すという無責任なことをしているわけではないのである。もちろん、威丈高なプラトニズムが要請しているような能力、つまり人間的なものから完全に切り離されて成り立つ理性の構造に呼応するという能力が、人間の心の自然的能力のひとつに数えられるかのように装ったりすれば、そうなってしまうであろうが。

威丈高なプラトニズムがどうにか理解できるとすれば、それは、一方では自然の脱呪術化に従いながらも、他方では意味を「それ独自」の論理空間の内部においてしか見えてこないものと考え続けようとする、絶望的な試みとしてでしかない。堕罪以前の思想家がそうした試みに惹かれるなどというのは理解すらできないことである。私が言っている自然化されたかたちのプラトニズムは通常は考慮されておらず、私が「威丈高なプラトニズム」と呼んでいるものが普通はただ「プラトニズム」と呼ばれている。しかし、その歴史的脈絡に関して私が正しいのであれば、プラトンにちなんだ名をこの立場につけることは、彼にとっては不当であるはずだ。

2

典型的なかたちの近代哲学は、ある周知の窮状に立たされるのが常である。どうやってわれわれは、それ単独で手にできる意識与件から出発しながら、客観的世界が存在するという確信を正当化するまでにいたるのか、これを説明するよう要求されていると典型的な近代哲学は考えるのである。カントは、その思考のなかでも前回の講義（第5節）でとりあげた部分では、哲学の仕事についてのそうした考え方をお払い箱にすることを目指している。意識への与件というまさにその考え自体が、意識の状態や出来事の少なくともいくつかは客観的世界の一瞥であるという考えと相互依存的なのだ、ということを説得力あるものにしようとしているのである。その場合には、心の内容から始めて最後には客観的実在を築き上げるにいたると考えることは意味をなさない。カントは、私が前回の講義（第3節）でウィトゲンシュタインのいくつかの読み方と絡めて言及したような、伝統的哲学の逆転した形式をとくに考察しているわけではない。それは、自然的世界から出発して、そのなかに心とその内容のための場所を空けることを目論む哲学のことであった。しかし、カントはそれも同じく却下すると私は思う。

すでに指摘したように、カントの洞察が申し分のない姿となるのは第二の自然主義という脈絡においてだけなのだが、カント自身はこの考え方を手にしてはいなかった。経験と意図的行為の主体は、そうしたものであるというだけですでに客観的実在を所有していることになる、というのがカントの求める考えである。概念能力の行使は、世界を手元に取り戻すのに哲学を必要とすることなどないような主体によって引き受けられるものとしてはじめて理解できる、というのが彼の望みである。しかし、第二の自然という示唆に富む豊かな観念が彼には欠けており、かつ自発性を法則の領界の内部で自然化しようとする傾向も持ち合わせていない以上、経験し行為する主体として彼が提案できるのはせいぜい、「私のあらゆる表象に伴い」うるのでなければならない「私は考える」の「私」に彼が認める単に形式的な指示対象くらいである。そのような主体は、世界のうちに実体として存在するようなものではありえず、せいぜいのところ視点でしかない。これはつまり、私が主張したように、伝統的哲学をお払い箱にするという称賛すべき目標をカントは達成しえないということである。デカルト的思考は、主体としての実体をどのように客観的実在に関係づけるかについてのおなじみの困難に直面するが、この困難を受け継いでいるように見えるものがカントの考え方にはつきまとっている。「私」によって指示されるが、世界のうちに幾何学的にしか存在しないようなものから始めてしまうならば、実体として存在するもの、つまり知覚し行為する身体的存在を築き上げるのは不可能だと思われるのである。

もし第二の自然という真剣な使用に値する観念をカントに与えるならば、事態は違って見えてくる。そうするなら、彼が追究している洞察に申し分のない姿をとらせることができる。自発性に属する能力の行使を生の過程の要素とみなすことができるようになるのである。経験し行為する主体は生き物であって、能動的であれ受動的であれ本当の意味で自分自身のものであるような身体能力を備えている。すなわち、その主体自身が身体を備えており、自分が経験しかつ働きかける世界のなかに実体として存在する。こうした枠組のもとでこそ、伝統的哲学に引導を渡すことが本当に可能な反省にとりかかれるのである。

前講義で述べたことは以上のように要約できるが、それはある哲学的な企図を描いたものでもある。すなわち、完全ではないにせよ伝統的哲学をお払い箱にする寸前にまで行ったカントという巨人の肩に乗って、それを成し遂げるわれわれなりの道を見いだすことである。このように描写するのがもっともふさわしい業績を残した哲学者は、これまでに二度ほど言及したが、私が育った哲学的伝統においてはほとんど留意されることのない人物、すなわちヘーゲルである。(1)

3

私は経験を、世界に対して開かれてあることとみなすことができると主張してきた（第一および第二講義）。そのなかで、経験がわれわれを欺きうるという事実に立ち戻ることを約束した（第一講義第4節、第二講義第2節）。欺かない経験でさえも、本当の意味では実在に対して開かれてあることたりえないと結論づける傾向がある。そのような場合には、伝統的認識論の不安を回避するために、開かれてあるというイメージを私が提案したような仕方で利用することはできなくなる。つまり、次のような反論がなされるかもしれない。「経験が欺いている可能性があることを君は認めている。それは要するに、君が好んで『世界の一瞥』と呼んでいるものが、額面どおりに受けとったら惑わされることになるがゆえに世界の一瞥たりえないような状態や出来事から、主観的には区別できないということを認めることだ。したがって、伝統的認識論の諸問題がこれまでとまったく変わらず差し迫ったものであることは疑いない。君の用語で言えば、それらの問題は次のようになろう。つまり、自分がある時点で享受しているものが、世界についての本物の一瞥であって、ただそう思われているだけなのではないこと、これをどうしたら知ることができるのかという問いとして現れるのである」。

だがこれは的を射ていない。私の目標が伝統的な懐疑的問題に答え、伝統的哲学の窮状の解決に尽力することであるとすれば、この手の反論は有効であろう。この窮状にあっては、われわれはともかくも手に入る何らかの意識与件から始めて、それら与件がじっさいに客観的世界についての知識を生み出しているのを確証するまでになんとか漕ぎ着けるということになっているからである。かりにそれがわれわれの置かれている窮状であるならば、まずは伝統的な懐疑的問題に答えたうえでないと、世界に対して開かれてあることについて語ることができないのは当然である。しかし、開かれてあることについて私が語るのは、伝統的な窮状を拒否するためなのであって、それに応じようとしてのことではない。

伝統的認識論は、知覚が誤りうるという事実に重大な意義を認めている。この事実は次のようなことを示しているとされる。すなわち、客観的世界の布置が主体に対して顕わとなることがそのまま主観的事態であるなどということは、知覚者の認知態勢がどれほど良好であろうとも理解できるものではないということである。額面どおりに受けとったら主体が欺かれることになるようなものは実在の一瞥ではないが、反論者が主張するように、そうしたものも欺かない経験と主観的には（少なくともそのときには）区別できない。そしてこのことが、知覚が成立している場合の真に主観的な事態は、知覚者が欺かれた場合のそれを超えるものではないということを示すと考えられているのである。

これは、実在の一瞥という考えそのものを理解しがたいものとする。知覚が生み出しうる最良の認知態勢とはいかなるものかを明確にしようとする場合にそうした材料だけしか手に入らないのなら、望めるのはせいぜいのところ、環境の布置に関する何らかの事実を予感すること——とはいえ、なぜそれが真実を告げるのかは説明がつく——くらいでしかなくなってしまう(2)。事実それ自体が知覚者に印象づけられることが不可能となるのである。これは少なくとも現象学的には不適切に思われるが、それに抵抗するには、事実を直接つかむという考えが、つまり開かれてあるというイメージが告げているような立場が理解できさえすればよい。たしかに、われわれが任意のどの場合にも事実に対して開かれてあるということを立証することはできないし、いずれにせよ、断固たる懐疑論者が満足するまでに立証することはできない。というのもそうした懐疑論者はつねに、あくまでも可謬性を楯にとって、目下の事例が欺きの事例ではないことをわれわれはいかにして知るのかという問いを切実なものに思わせることができるからである。しかしこれは的はずれである。事実に対して開かれてあるという考えそのものが理解不可能だということがそれによって示されるのだとしたら問題であろうが、そんなことは示されていない。私の目下の目的にとっては、その考えが理解可能なものであるという だけで十分である。その考えが理解可能なものであるなら、懐疑的問題からは、それがわれわれを悩ますためには不可欠の切迫感が失われる。この切迫感が生じるのは、主体の認知態勢がどれほどよいものであろうとも、それは事態が主体に直接あらわになることではありえ**ない**、という厄介な事実が懐疑的問題によって浮き彫りになると思われるからなのだが、そもそもそのような事実は存在しない。

ここでの目標は、懐疑的問題に答えることではなくて、常識がこれまでずっと望んできたような仕方でそれを無視し非現実的なものとして扱うことがまっとうな知的態度であるのはどうしてか、これを理解する道を開くことなのである。

開かれてあるというイメージにこだわることは、次の論点を印象的に表現する方法のひとつである。それは、可謬性から出発して、われわれの主観的状態の「最大公約数的な捉え方」と私が呼ぶものへといたるよい論証は存在しないという論点である。この捉え方によれば、ことが順調に運んだ場合であっても、認知的に言えばわれわれの主観的状態というのは、そうした場合とそうでなかった場合とに共通なものでしかありえない。これは、認識をめぐるわれわれの窮状についての伝統的描像を表現する方法のひとつである。それは避けられないことではないし、可謬性という事実があってもそのことは変わらない。この節の最初に挙げた反論で示唆されていたのとは違って、「自分が享受しているものが世界についての本当の一瞥であることを君はいかにして知るのか」と問うことができるからといって、それだけで伝統的認識論を支持することはできない。ある特定の場合に誰かがあくまでもそう問おうとするなら、それに適切に応答するには、「どうして君がその問いをとくに切迫したものと考えるのかは分かるが、それは差し迫った問いではないのだ」というように始めるのがよかろう。もしもそれでもその問いがまだくすぶっているのなら、それに答えるにあたってとくに哲学的なことは何も要求されていないのである。(3)

4

前回の講義で論じたカントのテーゼを今回の講義でも先ほどとりあげたが（第2節）、その一部はこう表現することができる。客観的世界は、自己意識的主体、すなわち経験を自分に帰属させることができるような主体にとってしか現前しない、あるいは、主体が経験を自分自身に帰属させることができるという、その能力の文脈においてはじめて経験は世界についての意識でありうる、と。さてこれによってわれわれは、第三講義（第3節）で注意を喚起したある制限へと連れ戻されることになる。世界と自己の両方を見えるようにするのは、悟性の自発性、概念的思考の力である。概念能力をもたない生き物には、自己意識も、そしてこれと一体である客観的実在についての経験も欠けているのである。

このような制限をすると単なる動物の知覚能力について疑問が生じることになる、ということを私は認めた。単なる動物がカントのテーゼの射程内に入ってこないのは、それが悟性の自発性をもたないからである。単なる動物を、経験が引き渡すものに合理的に応答して絶えず世界観を作り変えていくものとみなすことはできない。何が何に対する理由であるかを再評価したり、それに応じて自分の応答傾向を変える用意があって、自分の思考に責任をもてる主体が、合理的応答という考えによって要求されているのならば、そうみなすことは不可能である。したがって、私が勧めてきた「外的経験」の見方によれば、単なる動物は「外的経験」をもつことはできないということになる。そしてこれによって私が、けものは自動機械であるというデカルト的な考えに肩入れせざるをえなくなると思われるかもしれない。

こうした考えは、私がエヴァンズのうちに見いだしたのと同じ種類のものである（第三講義第7節）。われわれが単なる動物と知覚を共有しているのは歴然たる事実である。これを論拠のひとつとしてエヴァンズが主張するのは、知覚可能な世界についての判断をおこなうときわれわれは、単なる動物と共有しているような経験内容を、したがって非概念的でなければならない内容を概念的形式へと転換しているはずだ、ということである。第三講義でこれを論じた際には、エヴァンズの結論を許容しないカント的枠組の一面を引き合いに出した。私の主張はこうであった。すなわち、経験判断は非概念的内容に基づいていると論じるエヴァンズはある種の所与の神話に陥っていることになるが、これを一方の極とする無益な揺れ動きからわれわれを救い出すことこそカントの目標だった、というものである。さていまや、エヴァンズの結論がカント的枠組にどうしてもそぐわないのはなぜなのか、すなわち、概念的とまではいかないがすでに世界に関わっているような内容を感性が独力で産出する、という想定がその枠組で不可能となるのはなぜなのかを、また別の角度から見ることができる。自発性を欠いているのなら、自己が見えることはありえず、同じ理由から、世界が見えることもありえないのである。

単なる動物は本当の意味では感覚を備えていないという明白な誤りをこのことは含意するのではないか、という懸念をどう考えるべきだろうか。この懸念に対応するために、環境のうちで営まれる単に動物的な生と世界のうちで営まれる人間的な生との差異についての特筆すべき記述を、ハンス・ゲオルク・ガダマーから借用したいと思う。(4)目下の目的にとってこの記述が重要なのは、カントのテーゼがわれわれに強いている差異を保持しつつも、人間とけものに共通のものを認めることがどうすればできるのかを、それが詳細に示しているからである。

単なる動物の場合、感覚性は、直接的な生物学的要請だけから形づくられているような生に寄与するものである。このことは、そうした生が個体と種を存続させるための闘争に制限されるということを含意するわけではない。たとえば多くの動物に見られる遊びの衝動などのように、生存や生殖との関係がせいぜい派生的でしかないような直接的な生物学的要請も存在しうる。(5)だがそうした制限を設けずとも、単に動物的な生を形づくるのは、生物学的な力からの直接的な制約のもとで当の動物の行動をそのつど制御する目標であると言うことができる。単なる動物は、理由を考量したり、何をすべきかを決定したりしないのである。ところでガダマーのテーゼはこうである。そのような仕方で形づくられているだけの生は、世界のうちで営まれているのではなく、環境のうちで営まれているにすぎない。そういった形態の生しかもたない生き物にとって、おのれが生きている場は困難や好機の連続以上のものではありえず、しかもそれらが困難や好機として現れるのは生物学的要請によるのである。

われわれが概念能力を獲得するとき、われわれの生には、直接的な生物学的要請によって困難や好機として現れるものを克服したり活用したりすることだけでなく、自発性を行使すること、すなわち、どう考えどうすべきかを決定することも含まれるようになる。このように表現することができるのは、第二の自然の自然主義のおかげである。そうした自由の行使は、われわれの生の営みの一環であり、生命であるがゆえに自然に属するような存在としてのわれわれの来歴の一部をなしているということ、これは別の種類の自然主義の脈絡であれば問題になるであろうが第二の自然の自然主義では難なく認められるのである。もちろん、われわれが自分たちの生の営みに責任をもっているということが生物学を超越している証になる、と考えるべきではない。それでは、威丈高なプラトニストが抱く幻想の一種のようになってしまう。しかし、われわれの生の形態はもはや直接的な生物学的力には規定されていないのだという言い方をするなら、われわれが威丈高なプラトニズムに陥ることはない。悟性の自発性を獲得するということは、ガダマーが表現しているように、「世界からわれわれへの干渉として迫ってくるもの［すなわち、生物学的要請によって困難や好機として現れるものの連続］を乗り越えて」(*Truth and Method*, p. 444)、「自由で離れた態度」(p. 445) をとることができるようになる、ということである。そしてこの態度は、それが自由であるという事実、つまりそれが生物学的要求として迫ってくるものを超えているという事実によって、世界への態度として特徴づけられる。自発性の能力を備えた知覚者にとって環境とは、困難と好機の連続以上のものである、つまり、客観的実在のうち知覚的かつ実践的に到達できる部分である。環境が知覚者にとってそういったものであるのは、環境をそうしたものとして示すような仕方で知覚者が環境を理解することができるからなのである。(6)

単に動物的な生しかもたない生き物にとって、その生が営まれる場は困難と好機の連続以上のものではないと言うからといって、その生き物が自身の環境を困難や好機の概念によって理解していると私は言っているわけではない。もしそう言っているのだとすれば、十全な主観性を単なる動物に帰属させようとしていることになってしまうだろう。その場合、動物の主観性には概念的に媒介された態度が含まれることになるが、この態度は、概念的に媒介されたものである以上、どうしても世界への態度とみなさざるをえない。では、問題の概念を、生物学的要請と一定の関係をもつことで物事が充足する概念に制限してはどうだろうか。だがそうした制限を設けることは、そもそも世界への態度であるために必要な自由と距離がその態度には欠けているということを認めることである。ただ環境のうちに生きているだけというのと世界のうちに生きているというのを区別する眼目はまさに、単なる動物に十全な主観性を認める必要はまったくない、つまり、そのように制限されたものであれ、そもそも世界への態度を認める必要はないということにほかならない。これは、知覚している動物にとって環境の特徴は無であるということを意味するわけではない。それどころか私が述べてきたように、環境の特徴はその動物にとって困難であったり好機であったりすることができる。ただ、このように言うことと、動物が環境の特徴を困難や好機として理解していると言うこと、この二つはぜひとも区別しなければならないのである。

　環境の特徴が動物にとってどういうものであるかをこのように語るなら、主観性という観念に似たものが表現されることにはなる。それは、われわれの描像のなかにデカルト的な自動機械説など存在しないという保証が得られるくらいには似たものである。動物は自動機械などではない。動物の注意深い自己運動的な生の営みを、つまり動物が自分の環境に見事に対応するまさにその仕方を理解するためには、環境の特徴に対する動物の感応性に訴える必要があるからだ。しかし、あれこれに対する感応性という観念を「環境に棲息する」という考えの脈絡に置くことで、たとえ行動という観点からのみ概念化された世界であるにせよ、世界への態度を単なる動物に認める必要はないという保証も得られる。主観性についてカントが要求した構造との隔たりを明確にするために、ここで問題となっているのは主観性というよりもむしろ原主観性であると言ったほうがよいかもしれない。

単に動物的な様態の生においては、生きることは一連の生物学的要求に応じることでしかない。これと対照をなすものをガダマーが「自由で離れた態度」と特徴づけるとき、行動を生み出す要求からの解放という響きがそこにはあるが、これは理論的なものという考えを示唆するかもしれない。またたしかに、単に動物的な生の様態について冷静に考えるなら、世界全体に対する態度であれ、そのなかの個々のものに対する態度であれ、無私の観想的態度などは思いも及ばないはずである。だがここで言いたいのは、自発性が備わることによって、生の活動には行為することに加えて理論化することも含まれるようになる、ということなのではない。単に動物的な生の営みに特徴的なのは自由が欠如しているということだが、これは理論的なものと対比される実践的なものへの隷属ではなくて、直接的な生物学的要請への隷属である。「自由で離れた態度」へと解放されることによって、理論的活動のみならず意図的な身体的行為も登場するようになるのである。ここで十全な主観性ということで描かれているのは、世界について観察し思考するがそのうちで行為することのない観察者にして思考者などではない。じっさい、そうした存在者がそもそも理解可能であるかどうかも疑わしい。

環境のうちで営まれる単に動物的な生は、世界のうちで営まれる人間固有の生とどのように異なるのか、これについてガダマーがおこなっている説明は、マルクスが一八四四年草稿において疎外された労働に関して述べていることのいくつかと著しい一致を見せている。(7)（ガダマーはこの一致に言及していない。）この符合は、受動的観察者という考えを払拭する一助となるはずである。(8)マルクスにとってはもちろん、人間に固有の生は能動的でなければ無である。そうした生の営みには、「自然、つまり感覚的外界」（p. 135〔邦訳八八頁〕）を生産的に改造することが含まれる。生産活動が人間固有のものであるのなら、それは原理的には自由に世界中に波及しうるものである。これは、単に動物的な生とは対照的である。ガダマーが描くのと同じように、単に動物的な生を営むということは、環境が投げかける一連の困難や好機に、すなわち生物学的な要求や動因によって困難や好機として現れるものに対処するということである。賃金奴隷制度における人間性の非人間化に対するマルクスの嘆きはいまなお注目に値する。人間の生のなかでも人間性をもっとも表現するはずの部分、すなわち生産活動が、単に動物的な生を営むための条件へと、つまり単に生物学的な要求を満たすことへと切り詰められる。自由こそが人間の生に人間特有の性格を与えているにもかかわらず、賃金奴隷制度によって自由は生の単に動物的な側面へと限定され、かくして、その生が人間の生であるとしてもそれは付随的なことでしかなくなってしまう。「自分が能動的に活動していると人間（労働者）が感じるのは、食べたり、飲んだり、子を産んだりという動物的機能において、あるいはまたせいぜいのところ居住や衣服においてでしかなく、人間的に機能している場合には自分を動物だと感じてしまうのである」（pp. 137–8〔邦訳九二頁〕）。

マルクスは、人間固有の生とはどのようなものであるかについての自身の展望を、疎外がなければ「自然の全体」[9]は「人間の非有機的身体」である（p. 139〔邦訳九四頁〕）という印象的なイメージで要約している。このイメージを、世界は人間が生を営むところであり人間が慣れ親しんでいるところであるというように表現するなら、ガダマーとの符合が浮き上がるだろう。対して、環境が動物の生にとってどういう関係にあるか考えてみてほしい。環境のうちに住む生き物は本質的にそこから疎外されている。言い換えれば、環境は「世界から［動物へ］の干渉として迫ってくるもの」の源泉である。単に動物的な生が不断の闘争であるのに対して、人間に特有の生の営みは格別に容易であるということではない。ガダマーと同じくマルクスにとっても要点は、人間固有の生が容易であるということではなく、むしろその生には独特の自由があるということである。そしてこれは、人間に固有の生は環境に対処することではなく世界のうちで営まれるものである、というのと同じ事実を指しているのである。

もちろん、世界を所有することとただ環境に棲息しているだけであることを対比するからといって、世界を所有するようになると環境をもつのをやめることになるといった馬鹿げた考えを抱いてはならない――それではまるで、人間であることによって、特定のどこかに存在する必要がなくなるかのようである。当然ながら、どこかよそに行くという単純な意味で目下の環境を離れるということならば、単なる動物にとってもすでに可能である。そうしたことは、たとえば食物が不十分であるとか、生殖の相手がいないとか、さまざまな種類の脅威などといった、目下の環境が動物に加える圧迫に対するひとつの反応である。世界を所有するようになるということは、ひとつには、すでに手にされているこうした行動可能性を支える諸事実を概念化する能力を獲得することでもある。これによって目下の環境は、世界のなかで感覚的かつ実践的に現に到達できる領域として理解されるようになる。すなわち、自分がたまたまいる場所として、自分がいることもできた他の場所と対比されて理解されるようになるのである。

もちろん、世界を所有するようになるということはそれに尽きるものではない。たとえば、目下の環境で典型的に手に入るがとくに役立つわけでもない詳細も人間は知ることができるが、これもまた世界を所有するということのひとつの現われである。通常の成人の視野がどれほど豊かであるかを考えてみてほしい。そこには、単に動物的な要求に対処する能力にとって重要でありうる一切のものをはるかに越えたものが含まれている。マルクスは、人間は「美の法則に従って」(p. 140〔邦訳九七頁〕) 生産をおこなうという点で無比であると述べているが、労働に関する先の言明において彼が打ち出している論点がここにも現れており、われわれの意識に固有の特徴を指し示している。われわれの経験は本性上世界についての経験として成り立っているが、この本性から見るなら、われわれの経験そのものが芸術にとってもっとも重要な条件のひとつを、すなわち有用性という要求からの自由という条件を備えているのである。

5

第三講義（第3節）で指摘したように、これまで論じてきた抱かれがちな懸念は、単なる動物は「外的経験」をもたないという主張によってのみ引き起こされているわけではない。私が勧めてきた「内的経験」の捉え方からすれば、単なる動物は「内的経験」をもつこともできない。したがってここでもまた、単なる動物の感覚性を私がもみ消しているのではないかという懸念が生じる。しかし、「原主観性」というラベルのもとに要約できるような考察が、「外的経験」の場合に生じる懸念を取り除くことができるのであれば、「内的経験」の場合に生じる懸念も取り除くことができるはずである。

単に動物的な生についてガダマーが述べているように、その営みは、環境によって課される「圧迫」への対処から成り立っている。これまで主張してきたように、そうした営みのうちに世界への態度を見いだすことを拒否したからといって、環境の特徴に対する原主観的な知覚的感応性がそこに含まれることまで否定しなくてはならないわけではない。それとまったく同じように、単に動物的な生には痛みや恐怖などが含まれると認めることができる。外的世界についての気づきは十全な主観性と同時にしか成り立ちえないというのが、私の擁護してきた主張であって、環境に対する知覚的感応性を外的世界についての気づきと同じものと考える必要はない。痛みや恐怖を感じることについても似たところがあり、それらを内的世界についての気づきと同じものと考える必要はない。それゆえ、動物はいかなる内的世界ももたないと主張しながらも、無感覚で無感情なものだとはみなさないですむのである。

感覚や感情などは、われわれの主観性にとっては内的世界のうちに存在する。このように語ることは、実在の一領域に存在する経験の対象という考えに訴えることである。第二講義（第5節〔「第6節」の誤記と思われる〕）で主張したように、経験の対象という考えをこのように適用することはひとつの限界事例であると理解すべきであって、というのもこの場合、気づきの対象が気づきと独立には存在しないからである。それゆえ、限界事例であるにせよ、内的世界という考えは実在の一領域という考えのひとつにほかならない。他の場合と同じく、われわれの感性がこのようなかたちで現実化する場合にも概念能力は受動的に引き出されて働いており、この場合には一人称現在時制という様式で働いている。しかし、当該の概念能力がここで働いていると認めることができるのは、それが一人称現在時制の様式に限定されないという理解がこの働きのうちに組み込まれているからにほかならない。すなわち、概念的な力のこうした働きを通じてわれわれが気づくのとまさに同じ状況が一人称現在以外でも思考可能である、という理解が組み込まれているからなのである。こうして、内的経験にも気づきと対象という構造を適用することができるようになる。この場合における気づきの対象はじっさいにはその気づきそのものにほかならないとしても、当の状況が一人称以外の視角を本質的に許すものと理解されている以上、それに対する一人称的視角を何かについての気づきの一事例とみなすことは可能なのである。

さて、このように複雑な構造が必要とされるのは、内的世界は実在の一領域であるという考えを維持するためなのだから、その構造を組み込みながら単に動物的な生のあり方を記述しようとすることは馬鹿げている。また、感覚や感情は単なる動物の原主観性に対して現前するのだと言おうとしてみたところで無駄である。単なる動物にとって感覚や感情は環境が投げかける困難や好機と同じ仕方で存在する、という主張には見込がなかろう。というのもそれは、次のような主張に繋がるからである。すなわち、単なる動物に内的世界を認めないとしても、(「内的環境」という言い方はとうてい許されないので) これをなにか他の内的なもので、つまり原主観性にとって本質的な仕方で動物が感知している外的環境にともかく似ているもので埋め合わせることができる、という主張である。「内的環境」という表現は意味をなさないのであって、別の名前を慎重に選択したとしても、その主張に意味があるとこじつけることができるとはとても思われない。だがいずれにせよ、私が内的世界について述べてきたことによって、単なる動物は痛みや恐怖を感じることができるということを認められなくなるわけではないのである。

痛みや恐怖を感じることが、気づきの限界事例、すなわち、かろうじてながら自存性を保つ内的事態についての気づきであるのは、十全な主観性にとってでしかありえない。それが気づきと対象という構造の限界事例であると言ってもよいのは、その気づきが悟性によって構成されているからこそである。しかし痛みや恐怖の概念のうちには、これらの概念が適用されうるのは悟性が存在するところ、それゆえ十全な主観性が存在するところだけである、ということは含まれていない。痛みや恐怖の概念が一人称以外の仕方で適用できるのは、それらを一人称で自分自身に適用できるものに対してだけである、などと想定する理由はないのである。

6

ここで、第三講義（第4節）で述べたことをふたたび強調しておきたい。私が拒否しているのは、単なる動物が環境に対して知覚的に感応しているという事実を描写する際に、その感官が生み出す内容は概念的とまではいかないがすでに世界を表象しているとすることである。ここで拒否されているのは、知覚という状態や出来事が動物にとっていかなるものであるかに関する描像である。他方で、動物の知覚機構の働き方に関する科学的問題に取り組む場合に何が見えてくるのかについては、私は何も言っていない。世界を表象するが私の言う要求の強い意味で概念的ではありえない内容という考えを使うことなしに、こうした問題に取り組むことができるとはとても思えない。というのも、動物の知覚機構は（われわれのものですら）悟性の自発性をもたないからである。私は、認知科学でおこなわれていることに異を唱えているつもりは毛頭ない。

　私が拒否したいのは哲学上の立場のひとつであって、この立場をとる者たちが私の用語法に同意してくれるならば、それは次のように表現することができよう。すなわち、主観性の輪郭を描くことと原主観性の輪郭を描くこととはほぼ同じ種類の仕事であって、両者の違いは、それぞれが異なった様態で世界への態度を含んでおり、したがってそれぞれが含む内容は種類を異にするという点だけだとする立場である。この立場にしたがえば、どちらの仕事も、世界が知覚者にどう映るかを述べることを課題とする。（これは中心的な課題であって、もちろん主観性ないし原主観性の別の側面、たとえば感覚や感情などについても、その特徴を述べる必要があるだろう。）ただそのうち一方の場合には、世界が知覚者にどう映るかということで問題となる内容が非概念的であるというにすぎないのである。

　このような哲学的立場の好例としては、トマス・ネーゲルが「コウモリであるとはどのようなことか」という問いにどれほど意義を認めているかを考えてみるとよい[10]。まずは、それとは別の「われわれが反響定位の感覚能力をもっているとしたらどのようであろうか」という問いについて考えてみよう。この問いがわれわれの想像力に突きつける挑戦は途方もないものだ。われわれは、自分たちの主観性の一部が異なるあり様をしている別の可能世界へと想像力を羽ばたかせねばならないわけだが、この問いがわれわれに多くを求めるのは、想像の上でこうした推定に向かうための感覚的基盤をわれわれがもっていないからである。さてこれを、「コウモリにとって反響定位をするとはどのようなことか」というネーゲルがじっさいに提起している問いと比較してみよう。ネーゲルの考えでは、この問いはまさに同じ挑戦をわれわれの想像力に突きつけるものであるが、しかしこの場合にわれわれがその挑戦に応じることができないのは、彼によれば、単なる可能性を概念化できないからではなく、現実世界がもつ布置の一部をどうやっても理解できないからなのである。つまりネーゲルは、私の用語で言えば、原主観性でしかないものをあたかも十全な主観性であるかのように扱っているのである。彼の描像は、コウモリは十全な主観性をもっているがその形態はわれわれの概念の及ぶ範囲を超えているのだ、というものなのである。

　われわれが犬や猫と共有していない感官はひとつもないのだから、コウモリであるとはどのようなことかという問いのほうが犬や猫であるとはどのようなことかという問いよりも手強く感じられる、などとは私には思えない。そうした問いに答えるために必要なのは、当該の生き物の生を組織化する生物学的要請についての説明と、その生き物がそうした要請に適った仕方で自分の環境に応答できるようにする感覚能力についての説明である。猫の場合のこうした回答の一部として、猫の視覚は緑と青を感知するが赤は感知しないと述べることができるが、これとほぼ同じようにコウモリの場合も、コウモリは獲物や洞窟の壁の位置をソナーによって特定できると述べることはその回答の一部となりうる。たしかに、コウモリや猫であるとはどのようなことかが問われている場合には、その生き物の視点に沿った特徴づけを与えようと努めねばならない。しかし私の考えている説明は、理解できるぎりぎりのところまでそうした特徴づけを与えようと努めるが、われわれの理解をすり抜けるような事実が少なくともコウモリの場合には存在すると考えてもよいという余地を残さない。この説明は当該の生き物の原主観性の特徴を捉えるわけだが、この特徴こそがその生き物が自分の環境を感知する特有の仕方なのである。

われわれは、色を見るとはどのようなことかを「内側から」知っている。つい陥りがちな考え方は、このことによってわれわれは、猫の色覚がいかなるものかに関する十全に主観的な事実を把握できるのであり、この事実をわれわれは、猫は緑や青を見ることはできるが赤を見ることはできないと言うことで報告するのだ、というものである。この考え方にしたがうなら、コウモリの反響定位に関する十全に主観的な事実も同じく存在するはずだが、われわれにはその事実は理解しえない、ということになる。しかしこれは、別のかたちの所与の神話にほかならない。要するに、こう考えられているのだ。すなわち、単なる動物も、世界を一定のあり様をしているものとして映す知覚経験をすでにもっており、そしてわれわれも彼らと同じように、すでに世界を表象しているが概念的であるわけではない内容を経験において受容するのだが、われわれが悟性をもつことによって生じる違いはわれわれがその内容に概念的形式を賦与できる点だけである、と。すると、コウモリにまつわる先の問題とは、反響定位能力の生み出す内容の場合にはいかにして概念的形式への転換がなされるかということにまでわれわれの想像力が及ばない、という点にあることになる。こうして、単なる動物は所与を受容するだけであるが、他方でわれわれはそれを受容するだけではなく概念的形態へともたらすこともできる、という描像が生まれるのである。このように考えることは、周知の哲学的徒労に身を投じることである[11]。

7

悟性の自発性を備えた動物はどのようにして存在することになったのか。こういう疑問が出てくるのは至極もっともだ。理性的動物が存在しない時期はあったのだから。自然のなかで働いていることが明らかな種々の力が、いかにして概念能力をもつ動物への進化へと繋がることができたのか、ということがうまく説明できたとしてみよう。その場合、あるかたちの威丈高なプラトニズムが確実に回避されることになる。種としてのわれわれを特殊たらしめるもの、つまり意味に呼応する能力は、自然の外からの賜物として獲得されたのだという考えが、それである。かりにこうした考えを真面目に受けとるとしたら、こう想定しなければならないだろう。すなわち、のちの世代が手ほどきを受けて意味に応答できるようになる際に起きるのは、自然外的要素を発達させるための潜在能力が、つまり、進化の過程の一部とされる自然外的出来事を通じて人間という種に植え込まれた潜在能力が、育成によって現実化することであると。

しかし、何らかの進化論的筋書きをこのように求めずにはいられないなどと思う必要はない。進化についての思索は、威丈高なプラトニズムのようなものがとくに魅力的に見える文脈であるわけではない。個人としての人間の「陶冶」についてよく考えてみるならば、私が勧めてきた自然化されたプラトニズムを威丈高なプラトニズムから区別するには十分であるはずだ。そしてその場合、ひとりの人間が参入することになる文化を進行中の営為とみなすことができる。文化そのものの起源は言うまでもなく、文化の歴史についてなにか発見したり思索をめぐらせたりすべき特別な理由は存在しないからである。人間の幼児は単なる動物であり、ただその潜在能力の点で特有なだけなのであって、人間がふつうに育成される過程でなにか不可思議なことが起こるわけではない。プラトニズムといっても、こうした事実を軽視せずに「陶冶」を説明するという文脈のうちに置かれるならば、それは威丈高なプラトニズムになりようがない。人間の文化がそもそもいかにしてこの地上に生まれたのかということについて知らないからといって、文化への参入が人間の自然外的な潜在能力を現実化するにちがいないと論じるための格好の糸口が与えられたことになるとは、とうてい考えられないのである(12)。

またいずれにせよ、いかにして動物は子供を文化に参入させることがその一環としてあるような生を営むまでに進化できたのだろうかとじっさいに思索をめぐらす場合には、われわれは、それがわれわれ自身の営為であることに自覚的でなければならない。意味への応答を含む第二の自然は人間がふつうに成熟するなかで獲得されるという事実を進化論的に説明することは、意味に応答できるとはどういうことかを構築的に説明することとはまったく別であろう。何らかの進化論的筋書きを求めることが正当であるということは私も認めているわけだが、だからといって、前講義（第3節）で構築的哲学流の意味の説明としてとりあげた立場に譲歩していることになるわけではない。そうした立場の狙いは、意味にふさわしい理解可能性を、第二の自然を欠いた自然主義にとっても害のないものとすることである。そもそもこれ自体がそれほど出来のいい考えではないのだから、進化論的思索を持ち出してもなんの助けにもならないのである。

8

マイケル・ダメットが主張してきたところによれば、分析哲学の基本精神とは、思考（thought）についての哲学的問いは言語を通じて取り組まれるべきだというものである。[13] この講義で私が扱ってきたのも思考である。つまり、思考がいかにして世界と関わるのかについて考えるにあたって、どうすれば周知の哲学的不安に陥らないですむかを詳らかにしようとしてきたのである。ところが私はこれまでほとんど言語には触れなかった。それゆえ、ダメットが言う意味での分析哲学の反対者として私が名乗りをあげているかのように思われるかもしれない。

しかし、そういった印象はまったく皮相なものでしかない。

私はカントにならって、思考を悟性の行使、すなわち「心が自ら表象を生みだす力、知識の自発性」[14]の行使とみなしてきた。自発性の力は合理的に結び合わされた概念能力のネットワークからなるが、個々のそうした結び合わせが本当に合理的であるかどうかは本質的に批判的反省に対して開かれている。経験的内容がそもそも可能であることが理解できるためには、経験は判断と合理的関係にあるのでなければならないということ、そしてさらに、経験と判断のあいだの合理的関係を理解することができるのは、概念空間と理由の空間が一致する場合だけであるということ、これが私の主張であった。思考が経験的実在に関わることができるのは、ひとえに、そもそも思考者であるとは理由の空間に住み着いているということだからである。そして理由の空間に住み着いているとは、あれこれのものに反応して自分の心理的態度を変更する一連の傾向をもっているというだけでなく、あれこれのもののうちどれを説得的と考えるべきかを問えるような反省的態度をとる用意がつねにあるということでもあるのだ。

ところで、生まれつき理由の空間に住み着いている生き物が存在しうるという想定は、理解可能なものであるかどうかさえ明らかではない。いずれにせよ人間はそうした生き物ではない。人間は単なる動物として生まれ、成熟してゆく過程で思考者にして意図的行為者へと変容してゆくのである。この変容が謎めいて見える危険はある。しかし、人間がふつうに成熟する過程で中心的役割を果たす「陶冶」というものを考えるに際して言語の習得にもっとも重要な位置づけを与えるならば、その危険を切り抜けることができる。言語への手ほどきを受けることによってひとりの人間がそこへと導かれることになるものは、概念間の合理的連関であるかどうか、すなわち、理由の空間の布置を構成しているかどうか問える連関を、そのひとが生まれる前からすでに体現しているのである。これは、すでに進行中の営為としての理由の空間に参入するとはどういうことかを記述する方法のひとつである。このような仕方で記述できるものによって個人としての人間が単に動物的な様態の生から解放されて、十全な主観性を備え世界に開かれるようになる、ということがいかにして可能であるかについては謎めいたところなどない。単なる動物を動かすようなものだけに動かされ、単なる動物でもできるような工夫だけを駆使しているかぎり、単なる動物が独力で自分を解放して悟性を所有するまでにいたるということはありえないだろう。だが人間は、成熟することによって理由の空間に住み着くようになり、あるいは同じことだが、世界のうちで自分の生を営むようになる。このことを理解するには、ひとりの人間が最初に手ほどきを受ける言語が、心のあり方をすでに体現しているものとして、つまり世界への態度をとる可能性を体現しているものとして、その人間の前に屹立しているということに目を向ければよいのである。

このような仕方で分析哲学の基本精神を受け入れることは、ダメットが考慮しているどの受け入れ方からも距離を置くことになろう。ダメットは、「コミュニケーションの道具」と「思考の媒体」という言語の二つの「主要機能」に焦点を合わせる。彼の結論は、そのうちのどちらかが第一のものであると考えるべきではないというものである。(15) しかしそれは、彼が言語のそれらの機能をどちらも根本的なものと考えているからである。私が提示している描像では、そのどちらも二次的なものである。言語の本当に重要な特徴はむしろ次のことである。すなわち、人間が最初に手ほどきを受ける言語である自然言語は、伝統の貯蔵庫、すなわち、何が何の理由であるかについての知恵が歴史的に蓄積されたものという役割を果たしている、ということなのである。伝統は、それを受け継ぐ各世代がおこなう反省的修正に開かれている。じっさい、批判的反省に取り組む義務がつねにあるということ自体が、受け継がれた伝統の一部をなしている。(第一講義第5節、第二講義第7節参照。) しかし、ひとりの人間が、伝統の継承の一翼を担う潜在能力をそもそも現実化するためには、あるいは同じことだが、心というものを、すなわち思考し意図的に行為する能力をそもそも獲得するためには、その人間が既存の伝統に参入することがなによりまず起きなければならないのである。(16)

後記

第一部

デイヴィドソンとその文脈

1

講義のなかで私がデイヴィドソンの斉合主義をとりあげたのは、経験について私が勧めている見方の引き立て役としてでしかなかった。ここで私は、経験的思考の認識論に関するデイヴィドソンの考えを、ある歴史的文脈のうちに置いてみようと思う。その文脈とは、アメリカン・プラグマティズムの伝統のここ最近の展開に見られるある潮流によって形づくられているものである。そうすることで、講義でははっきりしなかったことが明らかになればよいと考えている。それは、私がどの程度までデイヴィドソンを敵対者ではなくむしろ味方とみなすことができるかということである。

2

経験主義の二つのドグマとは、いわずと知れたW・V・クワインの論文の題名だが、そこで彼が攻撃したドグマとは次のようなものであった。第一は、意味（meaning）だけによって真であるという意味で分析的な言明と、その真理が意味だけでなく世界にも依存しているという意味で綜合的な言明とのあいだには「根本的な分裂」（p. 20〔邦訳三一頁〕）があるという考えであり、そして第二は、「経験的有意味性（empirical significance）」は、経験的世界についてのわれわれの見方を表現する言明全体のなかのひとつひとつの言明に振り分けることができるという考えである。

クワインによれば、第二のドグマを斥けてわれわれが言うべきなのは、「経験的有意味性の単位は科学の全体である」（p. 42〔邦訳六三頁〕）。これが、私が第二のドグマを右のように表現した所以である）ということである。あるいは、「外的世界についてのわれわれの言明は、個々独立にではなく、ひとつの団体として、「経験の法廷に立つ[1]」（p. 41〔邦訳六一頁〕）と定式化することもできる。もしもこの二つが同じ考えを別様に定式化したものなのだとすると、クワインは暗黙のうちに、経験の法廷に服するという観点から経験的有意味性を説明していることになる。そうすると、「経験的有意味性」についてのクワインの考え方は、私が講義のなかで擁護している考え方と、すなわち経験的内容についての、あるいは経験的世界に関わるとはいかなることかについてのカント的な考え方と一致するものであるかのように見えてくる。この考え方によれば、何かが、たとえばある信念や——もっとクワインに同調して言うなら――ある世界観全体が、物事のあり方に関してとられた一見解となっているという意味で世界に関わっているという事実は、それが受容可能かいなかの判決が世界によって下されるということに依存しているのであり、しかもその判決は、経験を通じてしか言い渡されえないのである。

クワインが拒絶した第一のドグマの言い分は、綜合的言明の真理が意味と世界という二つの要因に依存しているのに対して、分析的言明とは「世界」要因がゼロであるような言明のことだ、というものである。ところで、真理の依存する要因のこの二元性は、クワインの積極的な描像のうちにも保持されている。彼は、「一般に、真理が言語と言語外の事実の両方に依存するということは明白である」(p. 36〔邦訳五五頁〕)と言っているからである。クワインの主張は、そうした二つの要因は存在しないということではなく、その二つを言明ごとに分離することはできないということにすぎないのである。見たところ問題のない経験主義の脈絡に置いて見るなら、「世界」要因とは、応じる責任があるということにほかならず、これをひとことで言ったものが「経験的有意味性」である。こういうわけでクワインは、第二のドグマを退けるテーゼを表現するにあたって、真理が言語と言語外的事実の両方に依存するのは「明白」であるということを次のように言うことで定式化できるのである。すなわち、「科学は、全体として見られたとき、言語と経験の両方に依存している。だが、この二元性は、個々別々に考えられた科学的言明においては有意味な仕方では見いだせないものである」(p. 41〔邦訳六二頁〕)と。

これによって、クワインの論文が元々その構造からして与えがちだった印象がけっして間違いではなかったことが明らかとなる。それは、第二のドグマを退けることこそが第一の眼目なのではないかという印象である。この論文でのクワインの積極的な思考は、経験的有意味性の単位は科学の全体であるというテーゼに要約される。要因の二元性が保持されていると、第一のドグマは、第二のドグマが正しい場合にのみ正しくありうるものという役割を与えられることになるので、両方を斥けるためには第二のドグマを退けるだけで十分だということになる。第一のドグマは、その「世界」要因——経験への依存性という要因、つまり「経験的有意味性」——がゼロであるという意味で分析的であるような、真なる言明が存在するというテーゼである。「経験的有意味性」を個々の言明に割り振ることがどうあってもできないのだとしたら、「経験的有意味性」をもたない言明という考えそのものが掘り崩されることになる。「それ自体の経験的有意味性はない」という場合がもしあるとすれば、それは「それ自体の経験的有意味性がいくらかある」の特殊事例にすぎないだろう。個々の言明にはそれ自体の「経験的有意味性」が一定量そなわっている、すなわち、その言明が部分的に表現する世界観全体の「経験的有意味性」を一定量分有している、と想定することが意味をなさないのだとすると、その量がゼロであるような言明が存在するかもしれないと想定することも、同じように意味をなさないのである。(1)

3

すでに述べたように、クワインの積極的な描像である「ドグマなき経験主義」(p. 42〔邦訳六三頁〕）は、分析性という考えを明確にする際に登場した例の二元性に対応するものを保持している。すなわち、真理――いまやこれは、なによりまずひとつの世界観全体が所有するものと考えねばならない――には、「言語」に依存する部分と「経験」に依存する部分があるということである。ここで「言語」と呼ばれるのは、経験的信念の体系が形成される際に働く内在的要因のことであり、これは、「経験」ということで言われている外在的要因から――体系全体を単位としてでしかないが――区別可能である。こうした外在的要因を認めることによってわれわれが銘記しているのは、信念は、世界について真であることを目指しており、「経験の法廷」を通じて世界から影響を受けるということである。したがって「言語」は、クワインの全体論的な脈絡のなかで、「意味」に対応する役割を演じることになる。つまり、いま論駁されたばかりの、「意味だけによって真」（世界から影響を受けない仕方で真）と「意味と世界のあり方の双方によって真」という対比において用いられている「意味」に対応する役割を演じているのである。

「経験的有意味性」は、この対比における外在的要因のことを、つまり、体系の外部のものに応じる責任があるということを指している。そして、クワインの積極的な思考のなかで意味という古い観念にもっとも近いものは「言語」であり、これは、クワインが保持している二元性の反対側にある内在的要因のことである。「経験的有意味性」とは、意味だけによって真であるような言明が存在しうるという考えのうちに登場していた意味のことなのではない。だから「経験的有意味性」とは、そのように解されたものとしての意味の機能を、クワインの全体論という新しい環境のなかで受け継いだものではなくて、旧来の二元性においてまさに意味と対比されていたものの機能を、クワインの全体論のなかで受け継いだもののことである。

クワインの「経験的有意味性」は、旧来の二元性に対応する全体論的二元性の一方の側に属する、ということの事実が意味しているのは次のことである。すなわち、経験の法廷に立つというクワインの表現と、直観から合理的影響を受けるという私の表現のあいだには一致がみられるにもかかわらず、クワインの「経験的有意味性」を、私が使う意味での「経験的世界への関わり」によって説明することはできないということである。というのもそれを私は、ある信念や世界観を採用する場合にひとは世界における物事のあり方についてどういう見解をとることになるのか、という意味で使っているからである。クワインにとってその二つの要因は、たとえ体系全体を単位としてでしかないとしても、やはり区別可能である。そしてこれが意味するのは、ある世界観の「経験的有意味性」とは、その世界観を採用することによってひとは経験的世界において物事がどうであるとみなしているのかという意味での経験的内容のことだ、とは言えないということである。そう言えるためには、もう一方の要因である内在的要因も必要となるのである。

これだけであれば、クワインの「経験的有意味性」という語句が術語として奇妙だというだけで話はすむかもしれない。じっさい、「経験的有意味性」とは、経験的世界での物事のあり方についてどんな見解をとるのかという意味での内容のことではない、というのがクワイン自身の論点である。翻訳は不確定であるというテーゼは、「二つのドグマ」の教訓を彫琢するためのものとして意図されているが、クワインがこのテーゼを提唱する目的は、世界観の形成において「人間の概念的主権の及ぶ範囲」(2)を強調することにある。すなわち――クワインをはっきりとカントに結びつけて表現するなら

――世界観の内容はどの程度まで、受容性の提供するものに制御されることなく自由に働く自発性の産物なのかを強調することにある。そしてクワインの観点からすれば、「経験的有意味性」という観念の利点とはまさに、彼の受け継いだ二元性において、意味という古い観念を受け継ぐ側には属していないということである。クワインは意味という古い観念には敵対的である。そして、それを受け継ぐ観念、つまり内在的要因としての「言語」という観念も、「人間の概念的主権」と結びついているために、古い観念がもっていた知的に胡散くさい面をクワインの思考にいくらか残している。対照的に、「経験的有意味性」は知的にまともな観念である。というのもそれは、自発性の自由に汚染されず法則に支配された受容性の働きとして完全に解明可能だからである。よりクワインらしく表現するなら、「経験的有意味性」は科学的に探究できるものである。「人間の概念的主権の及ぶ範囲」、つまり、ある世界観の内容が自らの「経験的有意味性」をどの程度まで超えるものであるかは、こうした内容に関する観念がどの程度まで科学の射程外にあるか、それゆえどの程度まで第一級の知的活動の射程外にあるか、ということにほかならない。

だが「経験的有意味性」が、クワインの二元性において意味という観念を受け継ぐ側にないということは、単に言葉遣いの問題にすぎないわけではない。クワインのレトリックのせいで、一見したところ彼の「経験的有意味性」という観念が経験的内容というカント的な観念に対応するかのように思われるが、そうしたレトリックを文字通りに受けとってはならない。クワインは経験の法廷に立つという言い方をしており、これは、経験に基づく合理的批判を受けるということを含意しているように見える。(3) だが経験ということで彼が考えているのは「感覚受容器における刺激」のことである。そして、経験をそうしたものとして考えるなら、経験が信念や世界観と合理的関係に立つ余地はもはやなくなる。経験の法廷に立つという文句の現金価値は、感覚神経末端の刺激が異なれば主体が受容する言明体系への干渉も異なる傾向があるということでしかありえず、経験の進み方が異なれば主体がどんな言明体系を受容すべきかについての合理的含意も異なるということではないのである。法的なレトリックを用いているにもかかわらず、クワインの考える経験は、法則に支配された出来事の秩序と対比される正当化の秩序に登場しうるようなものではない。このことは、「経験的有意味性」は自然科学の主題であるという考えと完全に調和している。

「二つのドグマ」のある箇所（p. 43〔邦訳六四～六五頁〕）でクワインはこう書いている。「ある種の言明には、(…) 感覚的経験と独特の緊密性（germaneness）があるように思われる。しかも、それは選択的な仕方で、つまり、ある言明はある経験と、別の言明は別の経験と、といった具合にである。(…) だが、この「緊密性」という関係で私が考えているのは、しつこく反対してくる経験が生じた場合に、改訂されるものとしてどの言明を実際上われわれが選ぶかについての、他の言明と相対的に評価された見込みを反映するような、ゆるい関連のことにほかならない」。経験と言明の受容とのあいだに彼が認める唯一の結びつきは、主体が言語を学ぶ際に条件づけされる単に因果的でしかない連関である。しかじかの経験に照らせば自身の信念体系をかくかくに改訂することが正しいというのではなく、自分の経験がそうした進み方をしたならば十中八九生じるであろうものがその改訂である、というにすぎない[4]。クワインの考える経験は、正当化の秩序としての理由の空間の外部にしかありえないようなものになっているのである。

これでもまだ、クワインが非難されるべきはせいぜい不適切なレトリックを用いたということくらいでしかないと思われるかもしれない。しかし、経験の法廷に立つというクワインの文句は、ただ口が滑っただけであってその気になれば簡単に除去できるものだ、というわけではない。むしろそれは、クワインの思考の深部にまで達する根深いものである。われわれは、経験が正当化の秩序に属さないのであれば「経験的有意味性」は本当の意味で有意味性の一種ではないのだと確認するだけにしてクワインの思考の内実は手つかずのままにしておく、というわけにはいかないのである。

経験が正当化の秩序に属さないのなら、それは、世界観が超越したり凌駕したりするものではありえない。しかしそうしたものこそが、クワインに「人間の概念的主権の及ぶ範囲」という言い方ができるためには必要なのである。ある世界観によって超越され、その意味でその世界観を採用することが自発性や「概念的主権」を行使することになりうるようなものとは、その世界観を決定的に支持するにはいたらない証拠である。しかし、経験が世界観の形成において正当化の役割ではなくただ因果的な役割しか果たさないのであれば、それはそもそも証拠としての働きをしない。

そして、世界観に対する経験の関係が理論に対する証拠の関係ではないのだとすると、クワインの描像のなかにそもそも世界観というものを描き込むことができるかどうかが怪しくなってくる。たしかにクワインは、世界観という考えが知的には二流のものであることを暴露したいと考えている。しかし、それを完全に放棄してしまうことは彼の希望ではない。それを放棄することは、「人間の概念的主権の及ぶ範囲」という言い方をすることで彼が提示しようとしている論点を放棄することになるからである。もしも、われわれはある世界観に到達するというのではなく、一定の発声に満足する傾向性を獲得するのだとしか語ってはいけないのだとすると、翻訳の不確定性のテーゼが何についてのものなのかがさっぱり分からなくなるだろう。自発性——「概念的主権」——と受容性の相互作用という考えはそれ自体としてはカント的なものだが、それが世界観の採用という考えを許容するようにそもそも見えるためには、受容性の引き渡すものが、採用された世界観と同じく正当化の秩序に属すると解される必要がある。かりに、「概念的主権」の行使は経験の進行から因果的な影響を受けるだけであって経験の進行に合理的に応じる責任をもたない、としてみよう。その場合、「概念的主権」が産み出すものは経験的世界についてのものである、つまり、経験的世界での物事のあり方に応じてそれを採用することが正しかったり正しくなかったりするような見地のことである、という考え方にはもはやなんの実質も残されない。そして、もしこの考えが失われるなら、そこで働いているのは「概念的主権」であるという考えにもなんの実質も残されないことになる。「概念的主権」の行使のうちで形成される世界観という観念は、世界からの干渉と主体の内部から働く何らかの力——この力がどう働くかは世界からの干渉によって部分的に（あくまで部分的に）決定される——との連携によって産出される動揺という観念などではまったくないのである。[5]

もしも法的なレトリックを消去することでクワインの表現を浄化するならば、彼から「概念的主権」という考えそのものを奪うことになり、またその結果として、われわれがそもそも経験的世界に触れているという考えが脅かされることになる。こうした読み方をすると、われわれは世界についてひどい間違いを犯しているかもしれないという時代遅れの懐疑論者のような主張をクワインがしていることになる、というわけではない。そうではなくて、「法廷」というレトリックとそれに伴う「概念的主権」という考えは、クワイン自身の見地に照らすなら厳密には不当なものであることが発覚したのだが、それらなくしては、われわれがそもそも世界を視野に入れているという考えそのものがクワインにおいては疑わしくなるのである。要するに、われわれがおこなうどんなことも、世界のなかでの物事のあり方に照らして正しかったり間違っていたり、それどころかひどく間違っていたりするような見解をとることにつながる、という考えそのものが疑わしくなってしまうのである。(6)

4

二つのドグマのうち第一のものを退けることで彼が何をしているのかについては、ある魅力的な解釈ができるにもかかわらず、その魅力は、クワインの思考において経験が上述のようなぎこちない位置を占めていることによって損なわれている。講義において私は、経験において〈与えられる〉(Given)〉ものは世界観を形成する活動の外部に由来するという考えの拒絶をセラーズから引き出し、さらにそれをカントにまで辿った。いま言った魅力的な解釈に従うなら、クワインはこの拒絶と対になる論点を提示していることになる。(7)つまり、悟性の構造そのものの内部から何かが〈与えられる〉という考えを拒絶していることになる。

セラーズが言うには、「経験的知識が、それを精巧に拡張したものである科学と同様に合理的であるのは、それが基礎をもっているからではなくて、すべてを一挙にではないとしても、どの主張をも危険に晒すことのできるような自己修正的な企てだからである」(8)。われわれは経験的合理性を動的な仕方で、つまり経験の干渉のもとでの絶えざる適応調整という観点から考えねばならない。

外在的所与（exogenous Given）という考えを拒絶することは、ひとつにはこの原則に従うことである。すなわち、ある信念体系に課せられる経験の要求は、その体系を適応調整するという活動の外部から、発展中の体系の目下の状態だとかこれからの発展によってその体系が到達するかもしれない状態とは独立に構成された何ものかによって課されるものだ、と考えることを拒絶することである。体系にどのような適応調整が求められるかは、経験が何を明らかにしているとわれわれがみなすかに依存しており、そしてそれをわれわれが把握できるのは、発展し続ける当の体系に含まれている概念と概念理解を用いることによってでしかない。経験が語っているとわれわれがみなすものはすでに体系の一部なのであって、体系に外から課される制約なのではない。

これはつまり、発展し続ける信念体系の外部から〈与えられる〉ものなど何もないということである。そしてこれと対になる主張――信念体系を形成するという絶えざる活動のうちで働く知的能力としての悟性の内部から〈与えられる〉ものなど何もないという主張――も、セラーズには見いだされる。それは、科学の合理性に関する彼の見解としてたったいま引用した言明のうちに伏在している。たしかにセラーズは、所与の神話を細部にわたって論駁する段になると、外からの制約とされるものにもっぱら重点をおくのだが、しかし「経験主義と心の哲学」の冒頭（pp. 253-4〔邦訳一一二頁〕）では、経験において何かが〈与えられる〉という考えはもっとずっと一般的な考え方の適用事例のひとつにすぎないと述べている。すると、内在的所与（endogenous Given）を拒絶するためには、私の引用した文でセラーズが言っていることをわれわれも言う必要がある、と考えるのは自然であろう。すなわち、知的にまともな信念体系であればかならずや体現しているはずの諸構造についての信念——経験に応答して信念体系内での適応調整を陰に陽に支配しているような信念——も含めて、われわれの信念のいずれもが改訂を免れない、と言わねばならないように思われるのである。そしてこれにはまぎれもなくクワイン風の響きがある。

ところが、クワインをこのように、つまり発展し続ける体系の内部からも〈与えられる〉ものはないと主張していると読むことには、ひとつ間違いがある。それは「も」という語である。外部から〈与えられる〉ものという考えにセラーズが重点的に取り組んだのと同等の仕方でクワインは所与への攻撃を実行しているのだとは、なんの留保もなしに言えることではない。そのように読もうとするときの障碍は、クワインの法的レトリックのあやふやな身分に由来する。ある観点からみると、クワインは外から〈与えられる〉ものを問題のないものとして放置している。というのも彼の公式見解では、所与の神話が言うのとは違って、経験が信念に合理的に関わることはないはずだが、しかし「法廷」のレトリックは、それがただのお飾りでない以上、どうしても経験と信念との合理的連関を含意するからである。クワインの思考がぎこちない組み合わせに見えるのはこういうわけである。つまり彼は、外在的所与をきちんと拒まないまま内在的所与を拒もうとしている。クワインの描像では、「人間の概念的主権」の自由な働きには内側からなんの制限も課されていないが、しかしそれは、自身の領分の外部から設けられた制限のうちで働くことになるのである。

講義において私はデイヴィドソンの斉合主義を批判の的としたが、彼にそれを推奨させることになった洞察自体は正真正銘の重要なものである。それは、いま私がクワインに関して述べた論点と同じであると言ってよい。その論点とは、自発性と受容性を（事実上）もてあそんでいるクワインは二兎を得る――経験を信念に対して判決を下す法廷とする考えを利用しながらも、経験を正当化の秩序の外にあらざるをえないようなものとして考える――という無理な試みをしているというものであった。デイヴィドソンもまた、われわれはそもそもいかにして経験的世界に触れることができるのかという問題を呼び寄せてしまうような哲学には敵意を抱いており、これは私の観点からすれば称賛すべきことである。そして私が主張してきたように、クワインの哲学はまさにそうした哲学なのである。

デイヴィドソンは、クワインの「ドグマなき経験主義」のうちに生き残っている内在的要因と外在的要因の二元性は「それ自体が経験主義のひとつのドグマであり、第三のドグマ」であると論じる。[9] 彼は、この生き残りの二元論、すなわち「概念枠［クワインの「言語」］と経験的内容［クワインの「経験的有意味性」］との二元論」[10]の両側面に対して攻撃を加えている。

「概念枠という考えそのものについて」では、攻撃は内在的要因に向けられている。外在的要因に部分的にしか制約されない自由としての「概念的主権」というクワインの考えを鮮明に表現しているのは、相互に理解不可能であるような世界観が複数存在しうる――「概念的主権」の行使が著しく異なればそれだけの差が生じうる——というテーゼである。これに対してデイヴィドソンは、相互に理解不可能な世界観という考えは意味をなさないと論じる。

「真理と知識の斉合説」では、攻撃は反対側に向けられている。そこでデイヴィドソンが論じるのは、経験は「われわれの信念の及ぶ範囲外にあって知識の基礎となるもの」(p. 310〔邦訳二二五頁〕)ではありえないということである。この議論はセラーズを彷彿とさせる。私が使ってきた用語で言い換えるなら、デイヴィドソンの論点はこうなる。すなわち、経験は、もしも「知識の基礎」であるとするなら理由の空間の内部にあるのでなければならないし、もしも「われわれの信念の及ぶ範囲外に」あるとするなら彼の言うように理由の空間の外部にあるのでなければならないが、当然ながら経験が同時に理由の空間の内部にも外部にもあることはできない、というものである。

ところで、関連した主題をもつこの二つの論文でデイヴィドソンが目指しているのは、経験的世界への思考の関わりを——意図的ではないにせよ——謎めいたものに思わせることになるような思考様式を祓うことである。彼は「概念枠という考えそのものについて」を次のように結んでいる。「枠組と世界〔すなわち、経験においてわれわれの思考作用に対して思考の外部から課される要求の源泉として考えられた世界〕の二元論を放棄することで、世界を放棄するわけではない。なじみの対象たちとの直接的接触をふたたび確立するのであり、またそうした対象たちのおどけた仕種が、われわれの文や意見を真や偽にするのである」(p. 198〔邦訳二一二頁〕)。この主張だけをとるならば、私が講義のなかで勧めているイメージ、すなわち思考を取り囲む境界線はないというイメージがデイヴィドソンにぴったりであることが分かる。思考は境界線に取り囲まれ世界から隔てられているというのが私が拒絶したイメージであるが、これは、思考そのものとその対象との関係には哲学的な問題があるという考えを視覚的に表現したものであると言えよう。このイメージを拒絶するということは、不可避と見えるのはじつはただの見せかけにすぎない一連の哲学的前提によってわれわれとなじみの世界との「直接的接触」が脅かされるがままにはしないということなのである。この点から見るなら、クワインに残る枠組と世界の二元論に対してデイヴィドソンが見せた反応は、私にとって模範たるべきものであるように映る(11)。

たしかにそのとおりだが、それは完全な模範とは言えない。思考がその対象に関わるということが哲学のせいで謎めいたものに思われるのを許してはならない、という肝心の点をデイヴィドソンが主張していることは、私も喜んで認めよう。さらに、クワインは二兎を得ることはできない、すなわち、クワインが考えているようなものとしての経験は法廷たりえない、とする点でもデイヴィドソンは正しい。しかし、その謎を解消したいと望むこととそれを実現することとはまったく別のことである。私の目から見ると、彼はクワインのうちに見いだした緊張を間違った方針のもとに解いており、その結果まさに、彼の解消しようとしている哲学的問題がわれわれの手元にそっくり残されることになるのである。

経験的知識の体系は自発性と受容性の協働の結果であるという考えをきちんと活かしながらも整合的でいられる手だてはクワインにはない、ということはデイヴィドソンにはよく分かっている。私の目から見てデイヴィドソンが誤っているのは、だからそうした考えにはもはや見るべきところはなく、所詮は役立たずの二元論の反映でしかない、という結論を下してしまう点である。すでに（当部第3

節）述べたように、自発性と受容性が相互作用すると考えることで、その作用の結果が信念ないし信念体系——経験的世界での物事のあり方に応じてそれを採用するのが正しかったり正しくなかったりするようなもの——であるのが理解可能になる、とそもそも考えられるのは、自発性の構成するものが受容性の引き渡すものから合理的影響を受けることができる場合だけである。クワインはこうした描像の一種を目指しているが、その目論見を台無しにしているのが経験についての彼の公式見解である。そしてこの経験観をデイヴィドソンも共有しているのである。デイヴィドソンにとって、受容性は理由の空間にその外側からしか干渉できないが、これは、受容性の引き渡すものから合理的影響を受けるようなものなど存在しないと言うのと同じことである。(12) デイヴィドソンとクワインとの違いは、デイヴィドソンのほうはそのことにはっきりと気づいていて、世界に対する思考の関わりを自発性と受容性の相互作用という点から理解することはできないという帰結を引き出すほどには目先が利いている、という点にしかない。引き続きカント的な用語を使うなら、自発性の働きがその外部から合理的な制約を受けることはないとわれわれは言わねばならないのである。じっさいデイヴィドソンの斉合主義はこのように定式化できる。

もちろんデイヴィドソンのように考えたとしても、経験的思考は経験の進行から合理的影響を受けるという考えのあらゆる形態が無効になるわけではない。「経験の進行」が意味するのは、物事がしかじかであることが自分に現れるといった状況の継起のことだと解せるし、じっさい現われは、自分の世界観を形成するという活動に対して合理的に干渉する。デイヴィドソンの立場からしても、こう言ったからといって混同を犯すことにはならない。というのも、物事がしかじかであることが自分に現れるということが、そうしたものである以上すでに概念空間の内部にあり、それゆえその空間の他の住人と合理的関係に立つ資格をもつからである。しかしデイヴィドソンによれば、われわれの感官に対する世界からの干渉としての感覚印象がわれわれの経験的思考に合理的要求を課すと言うなら、混同は避けられない。あるいは、そう言っても混同を犯したことにならないとすれば、それは「課す」に複雑な意味合いを込めたためでしかない。おそらく感覚印象は、物事がしかじかであることが主体に現れることの原因となるであろうし、その現われは、主体が何を考えるべきかに影響を与えることだろう。しかし、デイヴィドソンが考えるかぎりでの感覚印象それ自体は、主体が考えるべきことに対して合理的関係に立つことができないのである(13)。

以上の考えはデイヴィドソン自身の用語で表現されたものではない。デイヴィドソンは現われについては語っていないし、現われに果たすことができると私が主張してきた役割を果たせるのは信念だけであるかのような書き方をしている。たとえば、私が講義のなかで引用した「ある信念を抱くための理由とみなされるものは他の信念以外にはありえない(14)」(p. 310〔邦訳二二四頁〕)という言明によって自身の斉合主義を表明している場合などがそうである。根拠づけの役割を現われに認めたいとデイヴィドソンが考えているのであれば、このようにもっぱら信念だけを論じるのは、少なくとも用語の問題としては不適切と思われる。物事がしかじかであることが私に現れるということを、私が何かを信じていることと同一視できるかどうか明らかではない。少なくとも、物事がしかじかであると私が信じていることと同一視できないのは明らかだ。たしかに、物事がしかじかであることが私に現れるとき、ふつう私は(少なくとも)物事がしかじかであることが私に現れていると信じてはいる。しかしその現われがその信念と同じものであるというのは明らかなことではない。またそれらが同じであろうがなかろうが、私が何を考えるべきかに対して現われそのものが合理的含意をもっていると認めることにはなんの支障もない。しかし私の当面の目的からすれば、これはさほど重要な問題ではない。デイヴィドソンの言葉遣いは、彼が自分の斉合主義の立場のために選んだ定式化に合ってはいるが、いかんせんこの定式化は単純にすぎるきらいがある。かりに次のように言っていたとしても、目下の論点を述べることは同じように可能であったろう。すなわち、ある信念を抱く理由とみなされうるものは、同じく概念空間のうちにある他のもの——たとえば、物事がしかじかであることがある主体に現れるというような状況——をおいてほかにはないと言ってもよかったのである。（これよりももっと重要な問題点がデイヴィドソンの定式化にはあるのだが、それについてはあとで論じる。）

ここには、以前に触れたセラーズの反響を認めることができる。[15] セラーズは「経験主義と心の哲学」の一部を、感覚印象の観念を擁護するために割いている。[16] その擁護の主眼は印象を所与から区別することにあり、この区別をセラーズは、どんな直接的な認識論的価値も印象に帰属させないよう慎重を期することによって果たしている。たとえば物事がしかじかであるのを見るとか、自分には物事がしかじかであるように見えるといった、直接的な認識論的価値をもつ状況が印象なくしては不可能になるという意味では、印象は間接的な認識論的価値をもつ。しかし、経験的思考が経験の進行に合理的に応答できるという脈絡のうちに印象が入ってくるのは、あくまでそういった間接的な仕方においてである。経験的思考が経験の進行に合理的に応答できるという考えをわれわれは無害なかたちで解釈できるのだが、しかしそれは、「経験の進行」が意味するのは印象の継起ではなく現われの継起であると解することによってのみなのである。

印象とは、定義上そうだと言ってもよいであろうが、受容性の働きのことである。したがって、セラーズとデイヴィドソンに共通の描像は次のようになる。受容性は、発展する世界観と共に正当化の秩序に属する諸状況を説明するという場面で登場する。ところが受容性それ自体が、クワインのレトリックに含意されているような仕方で自発性と合理的に相互作用することは不可能なのである。もっともクワインの場合にしてみても、受容性に関する彼の公式見解はそうした相互作用を許さないものなのであるが。

これに対して私の主張はこうだ。世界観を自発性と受容性のあいだの合理的相互作用の産物として描こうとするクワインの中途半端な試みは、デイヴィドソンの見るとおり受け入れられないものではあるが、だからといってこれは、両者の合理的相互作用という考えそのものを放棄する理由とはならないのである。困難の根はその考え自体にあるのではなく、その中途半端さにある。すなわち、問題のレトリックでは相互作用が合理的なものとして描かれているにもかかわらず、クワインの考える受容性は、何かに合理的に干渉することなどできないようなものとされているという事実のうちにある。だがこの考えはきちんと貫徹することができるのであり、それは次のように言える見通しがついた場合である。すなわち、世界がわれわれの感官に与える印象、つまりわれわれの受容性が引き渡すものとは——そうしたものとしてすでに——現われ（あるいは少なくともそのうちのいくつか）なのであり、この現われは、すでに概念空間のうちにあるわけだから、デイヴィドソンとセラーズも同意するとおりわれわれの世界観と共に理由の空間に属するものとみなして支障はないのだと。こうすれば、クワインが中途半端な仕方でしか受け入れられなかった魅力的な考えを手放さないですむようになる。自発性の行使が所有する経験的内容というものが謎めいたものではないと分かる見通しが本当の意味で立つのは、デイヴィドソンとセラーズが却下し、クワインもその公式見解からすれば却下しているも同然の方向で経験的内容を考えることができる場合である。もしも、経験において世界が主体にどう印象づけられるかに「概念的主権」が合理的に応じるべきであるのなら、「概念的主権」の行使がいかにして経験的世界に関わりうる――物事のあり方に関してある見解をとることたりうる、すなわち、世界の配置がどうなっているかに応じてそれを採用することが正しかったり正しくなかったりするような態度をとることたりうる――のかについては、なんの問題もないはずなのである。

セラーズとデイヴィドソンの許しを得て、世界観の形成における「概念的主権」の行使は主体にとっての現われの継起に合理的に応答すべきであると言うだけでは十分ではない。それが間違っているというのではない。そうではなくて、もしもセラーズとデイヴィドソンに従って現われを印象から遠ざけたままにしておくなら、彼らが許してくれたことをわれわれが言ったとしても、思考が世界に関わるということに哲学的な謎を感じないですむ資格を得ることにはならないのである(17)。

デイヴィドソンとセラーズによれば、信念と合理的関係に立つとみなしても整合的でありうるように現われを概念空間内に位置づけることができるのは、われわれの感官に対する世界からの干渉と現われとを区別することによってでしかない。現われはむしろ信念と同じ種類のものにほかならない。つまり、経験的内容をもつものとして経験的世界に関わるものの一種なのである。だがそうなると、現われと信念との合理的相互作用を云々したとしても、それによって「(たとえば)信念はいかにして経験的内容をもちうるのか」という問いの緊急性が低下したように見せることなどできない。本当の問題は、「なんであれそもそも何かが経験的内容をもつことはいかにして可能なのか」ということなのであって、現われは経験的内容をもつという事実を持ち出すだけではなんの役にも立たない。

これに対して、信念が現われに合理的に応答すべきであるとは信念が受容性そのものに合理的に応じるべきであるということだ、と考えるのにわれわれが成功したとしたら事態がどう見えてくるかを考えてみよう。この場合、経験的内容に感じられる謎を信念から現われへとただずらしているだけだとわれわれが非難されることはありえない。いまやいかなる謎も存在しないのである。もしも、信念が合理的に応答すべき相手が、受容性それ自体であって、それを説明する場面に受容性が登場するという点だけで受容性と繋がっているものにすぎないわけではないのだとすれば、「概念的主権」の行使が経験の法廷に立つ際に合理的に応じるべき相手は世界それ自体だということになる。(経験とは世界に開かれてあることだというイメージを思い起こしてほしい。)もしも世界観の形成が、経験における開かれを介して世界それ自体に合理的に応じるべきであるのなら、物事のあり方に関する見解とは世界の布置に応じてそれを採用することが正しかったり正しくなかったりするようなものである、という考えに問題などあるはずはないのである。

経験についてのこうした考え方は、それを世界からの使者のようにみなす考え方とは対照的である。デイヴィドソンが言うには("A Coherence Theory", p. 312〔邦訳二二八〜二二九頁〕)、もしも経験を使者のようなものとして描き、それが世界についての情報をわれわれに伝えると考えるなら、われわれは問題を抱え込むことになる。なぜなら、「その情報は嘘である可能性があるし(…)仲介者に誠実を誓わせることはできない」からである。しかし、経験を仲介者とみなすことの本当の問題は、そのようなものとして考えられた経験が、真実であれ嘘であれわれわれに何かを告げると称することさえ理解できないということなのである。受容性それ自体が信念に合理的に干渉するとみなすなら、経験を世界に開かれてあることとして理解できるようになる。するといまや、経験が内容を帯びていることを理解できるようにするという問題は消え去って、誠実さの問題は別の様相を呈するようになる。もしも通常の哲学的な思わくから、すなわち、われわれの思考がその主題と目されているものに触れているのかどうかについて問題らしきものをあげつらうために、なにか懐疑的な問いが投げかけられたとしても、肩をすくめて終わりにする知的権利をわれわれは獲得するのである。もちろんわれわれは経験において誤りうるし、経験がわれわれを誤らせる場合には、ある意味ではわれわれと世界とのあいだに経験が介在することになる。しかしその事実があるからといって、世界に開かれてあること——誤りうる開かれ——という考えそのものを手放さざるをえなくなり、その代わりに、真実を言っているか嘘を言っているか分からない使者という考えに乗り換えねばならないかのように考えてしまうことは、致命的な誤りである。現われがわれわれを誤らせるという観念のうちには、経験的内容すなわち世界への関わりといったものが具現されているが、そうしたものが理解できるのは、世界それ自体がわれわれに顕現することによって現われが成り立つという観念が理解できるからこそである。経験によって誤らされていないとき、われわれは世界のなかの事態そのものに直面しているのであって、たまたま本当のことを言っている仲介者の饗応を受けているわけではない。(18)

こういった角度から見るなら、「ある信念を抱くための理由とみなされるものは他の信念以外にはありえない」というデイヴィドソンの定式化は単純にすぎるというだけではないことが分かる。私はすでに修正案を提示した。ある信念を抱く理由とみなされうるものは、同じく概念空間のうちにある他のものをおいてほかにはない、というのがそれである。じっさい、このように言い改めれば私の目から見ても問題はない。この言い方であれば、講義のなかで私が「制約なき斉合主義」と呼んだものを、すなわち、自発性の行使には外部からの合理的制約は存在しないというテーゼを表明するものにならずにすむ。このように言い改めることで、事実が経験において顕現する場合にはその事実によって自発性の行使が合理的に制約されうるという余地が生じる。それは、講義で述べたように、自発性の行使の外部からの――思考作用という活動の外部からの――制約ではあっても、思考可能なものの外部からの制約ではなく、したがって概念空間の外部からの制約ではないからである（第二講義第3節）。しかし、この外的制約という考えが本当に有効であるのは、自発性との合理的な連携が受容性それ自体の側にあることをきちんと承認できた場合だけなのだが、ところがデイヴィドソンの考えではそれは不可能である。だから、信念と合理的関係に立てるのは信念だけだとデイヴィドソンが言うとき、それは単に、私が先に無視した術語上のぎこちなさ――現われも信念であるという簡単に切り捨てることのできた含意――の問題にはとどまらない。デイヴィドソンの定式化はもっと根深いものを反映している。彼は自発性の行使に対する外からの合理的要求を容認できないのであり、だから彼の斉合主義は本当の意味で無制約なのである。たとえ彼の使う「信念」という言葉をさほど真剣に受けとらないにしても、彼が話を信念に限定しているということは何かを物語っている。それは、発展する世界観と共に理由の空間に属するのは主観的なものだけだ、とでも言えるような考えである。それは破綻せざるをえないというのが私の主張である。つまり、そうした考えのもとではかならずやわれわれは、信念であれ他のどんなものであれ、たとえば現われであれ、それが経験的世界に関わるということを謎めいたものに思わざるをえなくなるのである。

セラーズとデイヴィドソンに共通のやり方で印象を考えれば、ひとが信ずべきことに対して印象が間接的な関係はもつことになるが、そのことを抜きにしても、彼らのように考えるからといって印象が完全に認識論の領分から追い出されるわけではない。世界と信念のあいだを印象がどのように因果的に仲介するのかは、それ自体が信念にとっての潜在的な主題となるのだから、そうした信念は他の信念に対して根拠づけの関係に立ちうる。ある対象にある観察可能な属性を帰属させている信念について考えてみよう。主体と世界との因果的相互作用において印象がどういった役割を果たすかに関する合理的に採用された理論があるとして、この理論の脈絡では、印象についての信念がそうした信念の合理的な根拠となりえよう。十分な根拠のあるその理論によれば、問題の属性を有する対象は適切な状況下では（たとえば通常の照明の下で）あるタイプの印象を引き起こすことになっているが、まさに自分はいまそのタイプの印象をもっているという事実によって、問題の対象が当該の属性をもつと信じることは正当化されるというわけである(19)。

しかし、ある対象がある観察可能な属性をもつという信念が、印象それ自体を、すなわち事実が主体に印象づけられることを根拠としうると言うのは、それとはまったく別のことである。そして、デイヴィドソンとセラーズの描像と違い、そう言えるのが私の描像なのである。私の描像では、印象はいわば透明である。対するセラーズとデイヴィドソンに共通の描像においては、印象は不透明である。

これはつまり、もしも世界と自分との因果的連関について十分な知識をもっているなら、この連関から論証によって世界について結論を得ることはできるが、しかしその連関自体が世界を自分に開示してくれるわけではないということである。この因果的連関が認識論的価値をもつといっても、それは、器質性疾患の診断にあたって身体上の感覚がもつそれとたいして変わらない。そして、それは謎を解消するというデイヴィドソンの目的を台無しにすることになる、というのが私の主張なのである。印象を透明なものと考えることができないとすると、われわれの知覚的な生の営みから世界があまりに遠ざかってしまって、結果として、現われも含めてわれわれの概念的な生の営みのうちに経験的内容が編み込まれているという考えから謎めいたところをなくすことができなくなってしまうのである。

私がこれまで攻撃してきた思考様式においても、印象と現われはかならずしも原因と結果として切り離されるとはかぎらない。同じ描像のまた別の形態であれば、現われは（少なくともそのいくつかは）印象であるという主張を何らかの意味で許容するかもしれない。にもかかわらずこの描像が私の攻撃している描像の一形態であるのは、何かが現われであるということは、何かが（おそらくこの形態においては、その同じものが）印象であることからは概念的にかけ離れているはずだということにそれがこだわっているからである。同じものを印象と現われのいずれとも同一視するということは、二つの根本的に異なる様式の概念化を分かつ境界線をまたぐということになるだろう。つまり、あるものが現にあるとおりの現われであるのは、それが現にあるとおりの印象であることによってなのではない、と主張せねばならないことになるだろう。こちらの形態の描像のほうが、私がこれまで扱ってきた形態の描像、すなわち、印象は現われを説明する場面で登場するという描像よりも、デイヴィドソンには合うのかもしれない。後者はむしろセラーズにこそふさわしいように思われる。

それを同じ描像の一変種とみなしていることからも示唆されるとおり、このような仕方で印象と同一視したとしても主要な論点についてはなんの違いも生じないというのが私の考えである。以上のように理解されたかたちで両者を同一視するという脈絡においては、印象が印象であるかぎりでは不透明であることに変わりはないだろうからである。印象であるところの事象に経験的内容が認められるのは、他方でその事象が現われでもあると言われるからだとすると、それが経験的内容を有しているのはそれが現にあるとおりの印象であることのおかげではないと考えられていることになる。これでは結局、自発性と受容性そのものの合理的連携を認めることをまた別の仕方で拒んでいるにすぎないのだし、私が思うにそれではまだ、経験的内容に謎を感じないですむ資格をわれわれが得るにはいたらない。[20]そのために必要なのは、印象が印象として現われでありうるということ、すなわち、世界が主体に現れることによって成立する状況でありうるということを納得するための方途を見いだすことなのである。

私の勧める描像においては、世界は概念空間にとって外的ではないけれども、自発性の行使にとっては外的である。思考と世界のあいだに開いた深淵を象徴する境界線は消去すべきではあるが、それでもわれわれの描像には、内外基準線（in-out dimension）が描き込まれている。より内側にあるものとより外側にあるものとのあいだに繋がりがあるということは、合理的根拠づけが得られるということを表しており、そして世界は――つねにいちばん外側にあるものだから――正当化の秩序において究極のものである。私がデイヴィドソンとセラーズに抗して主張してきたのは、印象、すなわち受容性が引き渡すものは、この基準線上のどこかに位置づけられねばならないということである。印象は正当化の秩序のうちに登場しなければならないのである。もちろん、それに沿って心的事象と世界との連関をたどれるような基準線は他にもあるし、「感官への世界からの干渉」といった表現も、解釈の仕様によっては、そうした他の基準線上でしか心と世界のあいだに位置づけられないような事象に適用されるようにすることもできる。だがやってはならないのは、セラーズとデイヴィドソンに倣って、受容性の引き渡すものという考えに意味をもたせられるのはその手の解釈だけだなどと考えることなのである。

6

デイヴィドソン本人以上に私の批判の明確な標的となるのは、「プラグマティズム・デイヴィドソン・真理」においてローティが読むかぎりでのデイヴィドソンであろう。そこでローティがデイヴィドソンの思考から選り抜いて称賛している諸側面は、まさに私が反対してきたものばかりだからである。それらの側面を誇張することで生みだされる読み方は、デイヴィドソンの思考の他の側面を許容しないようなものとなる。そしてその結果として与えられるのは、伝統的哲学の抱く知的責務という錯覚から解放されるためにやってはいけない仕方を示す格好の例である。

この解放が目的であると前提するなら、「デイヴィドソンは（…）懐疑論者の問いを拒絶する者としてではなく、それに答える者として登場するという事実」（p. 342〔邦訳二三九頁〕）を割り引いて考えるローティは正しいと私は思う(21)。また私は、知識の可能性についての哲学的関心は、いかにして内容が可能かについての哲学的関心と根の部分では同じ不安を表現しているのだとも思っている。それは、心と世界のあいだに感じられる隔たりに対する不安である。デイヴィドソンとローティがたいてい前者の関心を焦点としているのに対して、私の焦点は後者の関心にある。だが私の見るところでは、基礎にある考えはいずれも、感じられているギャップを架橋する努力をするよりはその距離感を祓うべきだというものなのである。

伝統的哲学の責務とされているものが錯覚であるというローティの確信は非常に強く、そのことには私も共感を惜しまない。私がデイヴィドソンに反対しているのは、何かが経験的内容をもつことはいかにして可能なのかという問いに彼が答えていないからなのではなくて、むしろ、その問いは切迫したものではないということを彼が請け合いたいと思いながらも請け合えていないからである。ところが、ローティが彼の確信を表現するその仕方は、この論点を台無しにしてしまうようなものである。彼はデイヴィドソンがある考え方を推奨していることを称えているのだが、よく調べてみれば、その考え方に従うかぎり、経験的内容は謎めいたものではないということがいかにして可能なのかが理解できなくなってしまうことが分かる。たしかにローティは伝統的哲学の甘言には乗らないが、しかし彼の前提している枠組が災いして、そうしないでいるために彼はセイレーンのあいだを航行するオデュッセウスよろしく耳を塞ぐしかないのである。

ローティは、自分が支持するデイヴィドソンの斉合主義の要点を次のように表現している。すなわち、われわれは、「フィールド言語学者が見る場合のように、外側から（環境との因果的相互作用として）見られた」信念の見方と、「前認識論的原住民が見る場合のように、内側から〔行為規則として〕見られた信念の見方とを区別しておかねばならない（p. 345〔邦訳二四六頁〕）。われわれは「信念を見るための第三の見方――つまり、外側からの見方と内側からの見方、記述的態度と規範的態度とを、何らかの仕方でひとつにするような見方――の可能性を放棄」せねばならない[22]（p. 345〔邦訳二四六頁〕）。外側からの見方、つまりフィールド言語学者の見方は、記述的である。それは信念を、信念主体の環境内の対象や状況と、因果的な諸関係からなる構造のうちで結びつける。（外側からの見方では、信念は「環境との因果的相互作用として（…）見られる」のである。）内側からの見方は規範的である。それは「真理の熱心な追求者の（…）観点」（p. 347〔邦訳二五二頁〕）であり、この観点からすれば、信念は、それが理に適っていることの保証とされるものと結びつけられる、要するに、理由の空間のうちに位置づけられるのである。

ローティは、この二つの観点には真理の観念のそれぞれ違った用法を割り当てることができると考えている。彼はデイヴィドソンを、「プラグマティズムに対する貢献」を果たしたということで称賛するが、その貢献は、「『真』にはジェイムズの捉えた規範的用法に加えて、引用解除的用法があるということを指摘した点にある」（p. 342〔邦訳二三九頁〕）とされる。右で見たようにローティは内側からの見方と「規範的」とを繋げているわけだが、この「規範的」との対比で考えるなら、「真」の引用解除的用法は、記述的な見方、すなわち外側からの見方に割り当てられると読むことが許される。

いずれにせよこれは、外側からの見方をローティがフィールド言語学者の見方と同一視しているという事実とも整合的である。デイヴィドソンのフィールド言語学者は、特定の言語のための真理理論をタルスキ流のやり方で構築することを目指しており、そのような理論は「真」を、拡張された意味で引用解除的に使用する。タルスキ流の真理理論の諸定理が、その理論の扱う言語を最小限だけ拡張したものによって定式化される場合、そこでは厳密な意味での引用解除がなされることになる。これが、『雪は白い』が（日本語において）真であるのは、雪は白いときかつそのときにかぎる」という有名な例を挙げながらデイヴィドソンが「雪に埋もれ動かしがたい中立的な自明事(23)」と呼ぶものである。この場合の引用解除とは、定理の左辺から、右辺に入るべきものへと移行するためにおこなう必要のあるものである。しかしこの考えは、意味論的上昇を失効させるという考えへと容易に一般化される。というのも意味論的上昇は、厳密な意味での引用解除の場合とは違って、かならずしも、そこから上昇がなされるのと同じ言語のなかでの処置によって引き起こされるとはかぎらないからである(24)。デイヴィドソンのフィールド言語学者は、一般化された意味で引用解除的であるような定理をもつ真理理論を目指している。そうした定理は、同一言語内の場合には「雪に埋もれ動かしがたい中立的な自明事」として登場するものの間言語的な対応物である。そしてローティの考えは、そうした理論が構築され理解されるのは、外側の観点から、つまり「真理の熱心な追求者」の規範的な関心と対置される記述的な関心をもつ観点からである、というものなのである。

ところが、このように二つの観点を分断することは、それ自体としても、またデイヴィドソンの読み方としても、大きな不満を残すものである。

この分断がそれ自体としてどれほど不満を残すものであるかは、ローティがヒラリー・パトナムに反対してどんな手を打っているかを考慮すれば分かる。パトナムはかつて、ローティがデイヴィドソンのうちに見いだし称賛している立場に似たものに反対して次のように述べた。

> もし［音の産出であるかぎりでのわれわれの言語行動に関する］原因－結果記述が、行動科学的観点だけでなく、哲学的観点からしても完全であるとすれば、つまり、もし言語について言うべきことが、言語はある因果的パターンに従って音を産出すること（と心のなかで声を発することと）に存するということだけだとすれば、つまり、もし因果的な話が規範的な話であってはならず、しかも規範的な話によって補完される必要のないものであるとすれば、（…）その場合（…）われわれが発する音が単なる「われわれの主観性の表現」以上のものであるような事態は、存在しないことになる。[25]

私がすでに一部を引用した文章で、ローティは次のように応答している。

> 私が傍点を付した部分は、人々について語るべき話はただひとつしかない――それは行動主義的な話である――と引用解除主義的真理論者たちが考えていることを、示唆している。しかし、引用解除主義的真理論者は、なぜ、そうした話を「規範的な話」で補完することを考慮してはならず、またじっさいそれを力説してはならないのか。フィールド言語学者の観点が外側からのものだとしても、なぜそうした観点の存在が、真理の熱心な追求者の内側の観点をけっしてとらないよう推奨しているとみなさなければならないのか。私の見るところでは、パトナムはまだ「Xに関する哲学的

説明」をある種の通観的な見方と、すなわち、他の可能なすべての見方を何らかの仕方で綜合し、外側の観点と内側の観点を何らかの仕方でひとつにするような見方と考えているようである。

最後の文の前までは、この文章はパトナムの関心に耳を傾けまいとしているように見える。ローティが引き合いに出している文章ではその関心がうまく表現されていないのはたしかである。しかし、パトナムが何を目指しているのかは、ほんのちょっとでも気を利かせてやれば分かることである。人間の発声と環境とのあいだの因果関係について話をしようとするやいなや、もうそれだけで、発声者を、思考を表現し、主張をおこない、物事を正しく把握しようとする者として描くような話を考えることすら不可能になる、などとパトナムは考えているわけではない(26)。パトナムが反対しているのは、私がローティから引用した文章の最後の文が実質的に承認しているように、まさにローティがデイヴィドソンのうちに見いだし称賛しているテーゼ、すなわち二つの話は切り離しておかねばならないというテーゼなのである。ところがその承認は遅きに失している。パトナムの不満の矛先をすり替えることによって、ローティは、一方の話が他方の話を排斥するわけではないという主旨の非難をパトナムに向けることが正当であるかのようになんとか見せかけようとしているが、こうした非難は的を射ているると思い込まれているだけで、じっさいには関係のない論点である。結局のところローティは、それを疑問視することがパトナムの真意であるところのテーゼ、すなわち二つの話は分けておかねばならないというテーゼを論証もせずに再確認しているだけなのである。

どちらの話も語られるべきだと言い張るだけでは、パトナムの懸念を拭い去ることはできない。この懸念は、両者を一緒に語ることはできないというテーゼにこそ向けられたものだからである。このテーゼが含意しているのは次のことである。すなわち、信念が視野に入ってくるような観点をわれわれが占めているとしても、そこでは信念の対象やそれとわれわれとの因果的な関わり合いもまた同時に視野に入っているのだとしたら、その同じ観点からは、信念を探求の規範に従わせることはできないということである。そしてこのことにパトナムが懸念を感じるのはもっともである。なぜなら結局のところ、われわれが話題としているものがそもそもいかにして信念でありうるのか、すなわち、世界のなかの物事のあり方に対する態度でありうるのかが謎めいたものになるからである。ここでローティのように、信念が探究の規範に従っているものとして見えるようなまた別の観点が存在するのだと言い張っても役には立たない。この第二の観点から見えるもののうちに信念主体とその信念の対象との因果的相互作用が含まれているということが認められない――というのもそうした相互作用は、分けておくべき外側からの見方の領分に属するのだから――のだとすると、第二の観点の主題を構成しているものを探求の規範とみなす資格をわれわれがどうやって得られるのかがまったく謎となってしまうのである。

以上の点は、ローティが引用解除をどう扱っているかを見ればはっきりと分かる。厳密な意味であれ拡張された意味であれ引用解除というものと、物事を正しく把握するという明快な観念とのあいだには、明白な連関がある。「La neige est blanche」がフランス語において真であるのは雪が白いときかつそのときにかぎるからこそ、雪がじっさいに白い場合に、私が「La neige est blanche」と言うことによってフランス語で信念を表現するならば、私は物事を正しく把握していることになる。引用解除についてのローティの一連の発言においては、引用解除できるという意味で信念が真であるかどうかという問いに答える責任が、外側の観点に立つフィールド言語学者に負わされている。ある信念が引用解除できるかどうかという問いは、規範的とは反対の意味で記述的な問いであると想定されており、この問いをローティの描像は、われわれが「真理の熱心な追求者」という立場で——自分たちが探求の規範とみなしたいと思うものに応答しようと努力するなかで——提起するいかなる問いとも別物だとみなしている。だがこれによって、われわれが探求の規範への応答性とみなしたいと思っているものが、物事を正しく把握するという明快な観念とのあらゆる結びつきを断たれてしまうことになる。またその結果として、問題になっているのが探求の規範であるということがどうして可能なのかが理解不可能になってしまう。だが、探求の規範が探求の過程にとっての規範であるのは、引用解除できるというのが探求の結果にとっての規範であるからこそなのである。

まったく驚くべきことに、ローティはどうやら、われわれが探求の規範とみなしたいものを、引用解除できるという観念と連関している明快な観念、すなわち、物事を正しく把握するという観念から切り離すことは、当たり前のことにすぎないと考えているようである。彼は三三六頁〔邦訳二二四頁以下〕であっさりとこう言っている。すなわち、「探求の理想的終着点において、岩が存在するというわれわれの主張が正当化される」が「岩が存在する」を含意するという主張は「逆説的に見える」、というのも「われわれがおこなっている言語ゲームの進展が、それを除いた世界のあり方となにか特別な関係を有しているとすることに、明確な理由があるとは思われない」からである、と。しかしこれは常軌を逸した言い草である。探究の規範という考えは、「それを除いた世界のあり方」についてわれわれが正しいという見込みは探究の規範に従うことによって高まるはずだということに、そのすべての眼目があるからだ。もしも、探求の規範として通用しているものに従っても世界についてわれわれが正しいという見込みが高まらないことが判明したならば、それは単に、探求の規範についてのわれわれの考え方を修正する必要があるということを示しているにすぎない。ローティは、その手の発言は伝統的哲学の魅力への屈服であると言いたげである。しかし、二つの観点をローティのように分離することは容認できないという考えを以上のように表現するにあたって私がここで引き合いに出している世界とは、デイヴィドソンに従って「枠組と世界の二元論」を拒絶するなら失われてしかるべきだとローティが見ているあの世界のことなのではない(27)。それは、岩があったり雪が白かったりする完全に日常的な世界、デイヴィドソンの表現で言えば、「そのおどけた仕種がわれわれの文や意見を真や偽にするなじみの対象たち」の住む世界のことである。われわれの思考が関わるのはこの日常的な世界なのだが、この関わり方が、二つの観点をローティのように分離するかぎりあいかわらず謎めいて見えるのである。これは、この分離によって、世界へと関係づけられてあることが、何かに関わる――しかも合理的に関わる――という考えが意味をなすのに必要とされる規範的な脈絡から切り離されてしまうからにほかならない。引用解除できるということから探求の規範を引き離すときにローティがわれわれに与える脅威とは、この日常的な世界が失われるということなのである。

こうした結果をもたらす思考様式をいちど採用してしまうと、哲学特有の居心地の悪さが表明されるたびに耳を塞いだところでもう手遅れである。われわれが望むべきなのは、思考が世界に触れることはいかにして可能かをめぐる哲学的問題が錯覚であると暴かれることである。ところがローティは、そうした態度をとる権利を自ら放棄してしまっているのである。彼自身の思考のせいでそうした問題が切迫したものになっているのだから、たとえそれに取り組むのを彼が拒もうとも、それは勝手にそうしているのであって、あえて耳を塞いでいるだけのことである。ある意味では、それを拒むことは十分に正当化されている。というのもローティは、そうした問いに取り組もうとするならわれわれの窮境がどれほど絶望的となるかを、じつに見事に理解しているからである。しかしまた別の意味では、それを拒むことはあまりに勝手である。なぜならローティ自身の思考が、そうした問いが持ち上がらないような仕方で形成されているどころか、その問いがもっているように見える切迫さを積極的に助長さえしているからである。

引用解除できるという意味での真理をローティが外側の観点に割り当てていることも、デイヴィドソンの読みとしてはおおいに不満を残す。

たしかに、デイヴィドソンのフィールド言語学者がある言語の根元的解釈に着手するときに入手できるデータは、発声行動や他の推定上の言語的振る舞い、ならびにそれらと環境との因果的連関だけに限られている。それが言語だとして、その言語が解釈されなくても、その話し手は環境がどんな状況にあるときにどんな発声や他の推定上の言語行為をするよう刺激されやすいのかについては、この言語学者も観察できる。しかしその言語の解釈に取り組まないかぎり、話し手が何を何の理由とみなしているかについては、なんの手がかりも得られない。解釈者がこうした段階にあるかぎり、問題となっているものがそもそも言語行動であるかどうかすらまだ解釈者にとっては決まりきったことではありえない。それは、その行動が解釈可能であると——すなわち、理由の空間のうちに無理なく位置づけることができると――判明するかどうかにかかっている。

だがこうした事情は、根元的解釈の開始時のものにすぎない。フィールド言語学者の目的は、右のような因果的に連関したデータをコード化するとか、あるいは同種の別の連関を要請するような理論を構築したりすることによって、自然科学の理論が自身の依拠するデータを理解可能なものにするのと同じ仕方でそうしたデータを理解可能なものとするとかいうことには尽きない。けっしてそうではない。デイヴィドソンのフィールド言語学者の目的は、研究対象の言語を構成する諸規範をなんとか内側から理解できるようになることである。つまり、その言語ゲームの規則によればいつ何を言うことが正しいのかについての特有の感覚を身につけることである。これを手に入れることが、フィールド言語学者がその言語に対して拡張された意味で引用解除的な理論を構築することの目的である。その言語学者はまずは外側の観点に立つ者として出発するが、しかし目的が達成されたあかつきには、被解釈者が最初からずっととっていた内側の観点から物事がどう見えるかを、部分的にであれ自分自身の言葉で表現することができるようになるのである。対してローティによれば、フィールド言語学者の努力の成果が依拠している真理の観念は、規範とは無縁なものであり、したがってたとえば、真理とは信じてしかるべきものであるとする考え方（「ジェイムズの捉えた規範的用法」）から――二つの観点のあいだに開いているとされる深淵によって――切り離された観念である。こうして彼は、手探りの状態から始めて解釈の達成にいたる変化の意義を消し去ってしまうのである。

ローティの考えるかぎりでの外側の観点とは、傍からの観点である。（このイメージについては第二講義第4節を見よ。）デイヴィドソンの根元的解釈者は、被解釈者と世界との関係に対して傍からの見方をとるところから出発する。しかし彼が最終的に手に入れる理論は、まさにそれが傍からのものではないということにこそ、その眼目がある。つまりこの理論によって彼は、被解釈者が世界に対してもっている関係のいくつかを、被解釈者のではなくむしろ彼の言葉によってではあるにせよ、被解釈者自身の観点から捉えることができるようになるのである。内側の観点をこのようにして手に入れるのに利用できるという点こそが、拡張された意味での引用解除という観念の美点にほかならない。当の言語の話し手が「真理の熱心な追求者」としてとっている観点から引用解除を切り離すことでローティは、解釈の成果を要約するのになぜ真理の引用解除的な観念がうってつけなのかをすっかり見失っているのである。(28)

7

二つの観点は分けておかねばならないとローティが主張するとき、そこに現れているのは自然と理性の二元論の一種である。この二元論がいまのようなかたちをとるとき、自然は外側からの見方の主題として登場し、理由の空間は、内側からの見方で見られた場合に物事がもつ規範的構成として登場する。二元論的なのは、この二つの様式の構成を統合することはできないということへの固執である。

講義において私は、自然と理性の二元論こそが、伝統的哲学が直面している見せかけだけの困難を生み出す源泉だと指摘した。私の見るところ、この二元論はデイヴィドソンの思考においても働いている。これによって、自発性は受容性と合理的に相互作用するという考えに対して彼がとっている態度も説明がつく。だから私は、ローティのデイヴィドソン読解を完全に退けることができるわけではない。しかしながら私の読み方では、自然と理性の二元論に流されているのはデイヴィドソンの欠点である。それは解釈についての彼のもっとよい思考とは折り合いが悪いし、また伝統的哲学の不安を祓うという目的もそのせいで失敗する定めにある。これに対してローティは、デイヴィドソン読解の中心に自然と理性の二元論を置き、それを伝統的哲学の強迫観念から逃れる道として――本当はそんなものではないのに――称賛するのである。(29)

私がこうした言い方をできるというのは皮肉なことである。ローティは「プラグマティズム・デイヴィドソン・真理」をプラグマティズムの賛美で始め、デイヴィドソンをその仲間に数え入れたいと思っているのだが、そこでプラグマティズムは、「さまざまな二元論を白日の下に晒しそれらが生み出した伝統的諸問題を解消することに専心してきた運動」(p. 333〔邦訳二一七頁〕)として描かれている。ところがローティ自身の思考は理性と自然の二元論を中心として構成されているのだから、これは要するに、ローティは自身の言う意味でのプラグマティストたることにせいぜい部分的にしか成功できていないということである。したがって、伝統的諸問題を解消しようという彼の試みが、本当の意味でそれらの問題を生じさせないような思考方法を提供するという姿勢ではなく、むしろいまだにしつこく良問でなければならないかのように見える問いに耳を塞ぐという姿勢をとっていることは、なんら驚くべきことではない。

もちろんローティは、自然と理性についての自分の見解を二元論だとは見ていない。たとえば彼は、「規範と記述は別物であるということを根気よく説明する」(p. 347〔邦訳二五四頁〕)といったことを口にしている。これを見るかぎり、彼は冷静に区別をおこなっているように思われる。それは二元論に固執する哲学者に特有の、何かに取り憑かれたような口調ではない。しかし私が主張してきたように、ローティが命ずるとおりの考え方をしようとしても、われわれは彼が避けたがっている哲学的不安から抜け出すことはできない。醒めた口調をいくら洗練させたところで、哲学的強迫観念は場違いだと請け合うには不十分なのである。

私は、パトナムは「他の可能なすべての見方を何らかの仕方で綜合し、外側の観点と内側の観点とを何らかの仕方でひとつにするような通観的な見方」を欲しているというローティの主張を引用した。ローティは、伝統的哲学の壮大な野望を抱いているというかどでパトナムを責めているつもりであり、この野望をわれわれは捨てるべきだと考えている。それは、思考をその対象と、心を実在と連繫させるべきだという野望である。ローティは、二元論を白日の下に晒し問題を解消するという点でプラグマティズムを称賛しているが、私が主張してきたのは、外側の観点と内側の観点をひとつにすること（「何らかの仕方で」ではない、これでは謎が残る）はまさにそれと同じ種類の処置だということである。そうすると、私が講義のなかで勧めているものは、ローティの言う意味でのプラグマティズムの一種であると言うこともできるだろう。たとえ、それを表現するにあたって私が依拠している思想家たちが、たとえばカントのように、ローティがきわめて疑わしいと思っている思想家たちであったとしてもである。(30) そして私が主張しているのは、プラグマティズムの何たるかについてのローティ自身の説明によって設定される基準からすると、彼自身のプラグマティズムこそ中途半端だということなのである。

8

経験主義の第三のドグマに対するデイヴィドソンの批判とはこうである。すなわち、経験主義は、感覚印象がわれわれが経験的世界に近づくための通路であると論じようとしながらも、われわれが世界から切り離され、われわれと日常的対象との「無媒介の接触」が妨げられざるをえないような仕方で印象を考えている、というものである。さてローティはこの考えを一般化して、われわれと世界のあいだの仲介者となりうるものを十把一絡げに拒絶するのだが、そこで彼が根拠とするのは、そうした仲介者を受け入れることは、われわれと世界との繋がりについて無用な不安を背負い込む結果になるだけだ、というものである。彼は、「デイヴィドソンが言うところの『概念枠、ものの見方、視点』(もしくは、意識の超越論的構成、言語、文化的伝統)のような第三のもの」(p. 344〔邦訳二四四頁〕)という言い方をしている。

講義において私は、どうすれば印象という観念が無害になりうるかを説明した。伝統的経験主義の諸問題の真の源泉となっている枠組を、すなわち理性と自然の二元論を拒絶するならば、自発性は受容性から合理的影響を受けるとしながらも、受容性がわれわれと世界のあいだに割り込んでくるように見えるという歓迎されざる帰結を避けることができる。十全なプラグマティズムの脈絡においては、印象は、世界に開かれてあることの一様態であってこそ本領を発揮できるのである。そして似たようなことは、ローティの挙げる他の「第三のもの」の少なくともいくつかにも当てはまる。概念枠や視点は、枠組と世界とに分裂した二元論の一方の側に属していなければならないというわけではない。このように無害なかたちで考えられるなら、枠組や視点は、言語や文化的伝統のうちに具現されたものとして見ることができる。こうして言語や伝統は、世界を把握するわれわれの力を哲学的に問題あるものとするおそれのある「第三のもの」としてではなく、われわれがなんの問題もなく世界に開かれていることを成り立たせるものとして働くことができるのである。[31]（このガダマー的な伝統の捉え方は第六講義の最後で重要な役割を果たしている。）ローティは、「志向性の諸概念」は、まさにそれ自体が不健全な哲学的懸念を生む（「君と世界とのあいだに架空の障壁を挿入する」）ものだと主張している（p. 344〔邦訳二四五頁〕）。だが、ローティのものほど中途半端でないプラグマティズムの脈絡ならば、そうした主張が馬鹿げていることが露呈するだろう。[32]

9

私の考えでは、われわれがデイヴィドソンに従って経験主義の第三のドグマを拒絶するなら、それは結果としてクワイン哲学のかの有名な礎石を破壊することになる。ここが、私がはっきりとデイヴィドソンと袂を分かつ地点である。分析的と綜合的の区別、ならびに意味の不確定性に関しては、彼は自分が「クワインの忠実な弟子」であると宣言しているからである（“A Coherence Theory of Truth and Knowledge”, pp. 312-3〔邦訳二二九～二三〇〇頁〕）。

翻訳は不確定であるというクワインのテーゼは、彼の「概念的主権」という観念を鮮明に表現するものである。この不確定性によって明らかとなるのは、「経験的有意味性」にまつわる科学的に処理可能な事実は「概念的主権」の産物をとうてい確定できないということであるとされている。ところでクワインがここで提示しようとしている論点は、内在的要因と外在的要因（「概念的主権」と「経験的有意味性」）の根深い二元論と解きがたく結びついているのだが、この二元論こそ、デイヴィドソンが第三のドグマとして拒絶しているものである。クワインの論点はまさに、意味ということで直感的に解されるものを、すなわち世界への関わりを外在的要因はとうてい確定できないということにこだわることにある。第三のドグマを放棄するなら、この論点がクワインの望むようなかたちで理解可能と思われるための枠組そのものを放棄することになる。そうすると、意味が「経験的有意味性」――と呼ばれているもの――によって確定されなくとも別段驚くにはあたらないということが分かるだろう。それは単に、「経験的有意味性」は本当はそもそも有意味性といったたぐいのものではありえないという事実の反映にすぎない。というのも「経験的有意味性」は、「概念的主権」に二元論的に対置されるものとして考えられることによって、すでに正当化の秩序となんの関係ももてなくなっているからである。

意味が無条件に不確定であるとすれば、それはたしかに興味深いことであろう。しかし、意味は「経験的有意味性」によって確定されないという事実にそれを示す力などない。その事実がこうした力をもつためには、われわれの求めているのが、「経験的有意味性」の領域外にわれわれを連れ出すような種類の理解であるとき、すなわち、われわれ主体の生の諸現象がいかにして理由の空間という正当化の秩序のうちで組織化されうるかを見ることを要求するような理解であるとき、そこに消せない遊びの余地があることが必要であろう。もし意味がこの興味深い仕方で不確定であるのなら、それはクワインから学べるようなものではない[33]。

分析的と綜合的の区別はどうかと言えば、ここでクワインは真の洞察の手がかりを得てはいる。しかし、ひとたびその洞察が適切に定式化されると、クワインのようなやり方でそれを表現しようとすることは不可能となる。その洞察は、クワインに対してデイヴィドソンがおこなった修正のなかではじめて明確になる。つまりその洞察は実のところ「枠組と世界の二元論」という第三のドグマの拒絶なのである。分析的言明が疑わしいとされるのは、それが、二元論的に世界に対置されるものという疑わしい意味での概念枠を構成していることによって真であると考えられているからである。世界は、こうした言明の真理を説明するにあたっていかなる役割も果たさないのに対して、それ以外の真理を説明するのに役立つとされる。だがこれは、ひとたびわれわれが内在的要因と外在的要因の二元論を放棄するなら、意味によって真であるような言明という考えのよい解釈であるとはもはや思えなくなる。意味は内在的要因と同一視されるべきではない。講義のなかで私が勧めている描像においては概念領域は外部との境界線をもたないので、もしわれわれがこの描像を採るなら、われわれが何を信じるべきかの決定に意味が与える影響は外在的ではなく内在的なものだというのは理解不可能なこととなる。（その影響が内在的ではなく外在的だというわけでもないし、その両者が結びついたものだというのですらない。この種の事柄を決定せよという要求がそもそも消え失せるのである。）要するに、意味とは二元論的に考えられたものとしての枠組の素材となるものだと考えることは、枠組と世界の二元論を拒絶することによって不可能となるのである。しかしだからといって、意味という考えそのものがわれわれから奪われるわけではない。したがって、じつはクワインの洞察はこの二元論が受け入れがたいことをかすかにであれ感じ取ったものであるという私の見解が正しいのであれば、意味によって真である言明という考えは、おそらくこの真の洞察を軽視することなく復権させることができるのである。

もしも、私が主張したように（第8節）、概念枠という観念がかならずしも二元論に属するわけではないのだとすると、意味が無害な意味での枠組の素材となることは可能である。何が意味をなすかには限界があるという考え、ジョナサン・リアの言い方をかりれば、[34] われわれの心のあり方には必然的な構造があるという考え、これを脅かすことなく例の二つの要因を拒絶することができるのである。理解可能な概念枠ならどんなもののうちにも一定の構造が見いだされるはずだと考えるからといって、かならずしも枠組を、枠組と世界の二元論の一方の側にあるものとして描かざるをえなくなるわけではない。そして（定義によって保証された「未亡人は夫を亡くした女性である」〔2〕のような自明の理だけではなく、興味深い意味での）分析的真理はまさに、そうした必然的構造を描写する真理でありうる。[35]

こう言うからといって、セラーズ的な思想の正しい点として私が先に第4節で考察した考えを撤回せざるをえなくなるわけではない。セラーズは、〈与えられる〉ものなど何もないと論じ、外在的所与という考えに詳細な反論をおこなっている。そこで私が話題としたのは、分析性へのクワインの攻撃についてのある読み方であったが、それによればクワインの主張は、内在的に〈与えられる〉ものもないというものであった。要点は、この「も」に問題があるということであった。それは、外在的所与を断固として拒むという点でクワインがセラーズと一致するという誤った示唆を与えてしまうのである。

十全な意味でのセラーズ的な思想とは、外在的にも内在的にも〈与えられる〉ものはないというものである。これは、分析性という考えを私が主張したような仕方で復権させることとはかならずしも矛盾しない。理解可能な概念枠にとって必然的なものは、外在的であれ内在的であれ所与であるがゆえに固定されているのだと考えるとするとすれば、それは間違いであろう。そうした区別自体がもはや存在しないのである。セラーズはあらゆる形式の所与性が克服されるべきだとヘーゲル的な精神で主張し、デイヴィドソンは内在的要因と外在的要因の二元論を拒絶する。これはおそらく、同じ洞察に対する二つの違った表現にすぎないだろう。そうだとするとセラーズの思想は、一般的であるとは言っても（「あらゆる形式の所与性」）、われわれの考えることはどれひとつとして改訂を免れないと主張するよう彼自身に要求していたわけではないことになる。何が起ころうとも改訂を免れているというのが所与性のしるしであるのは、それが例の二つの要因という観点から理解されている場合のみである。だが、そのように理解される必要はない。

理解可能な概念枠ならどんなものにも一定の必然的な構造があるという考えには、注意が必要である。もしも、その枠組は必然的だという考えを、自分たちの思考が正しい方向に進んでいるにちがいないという安心を与えてくれるものとみなしたいとわれわれが思っているとすれば、私の考えでは、伝統的哲学の諸問題を解消するというよりはむしろそれを解決するという方向へとわれわれは迷い込んでしまったのである。私の見るかぎり、こうした安心を与えることが、後期ウィトゲンシュタインのうちにリアが見ている退縮した超越論的観念論の眼目である。(36) おおざっぱに言うと、われわれの思考の主題である世界はわれわれによって構成されるのだから、われわれがこの世界について根本的に間違っていることはありえない、と断言することによって安心を与えるのが十全な超越論的観念論である。リアの言う退縮した超越論的観念論は、それと同じ安心をまた別のかたちで、つまり「われわれの概念枠」という考えのうちに登場している「われわれ」が「消失する」のだと断言することによって与える。なぜなら、「われわれ」が消失することによって、われわれが物事のじっさいのあり方だと想定しているものについて全般的な懸念を感じることが、すなわち、(まるで他にもまだやり方があるかのように) これは単にわれわれのやり方にすぎないのではないのかという懸念を感じることが不可能になるからである。消失する「われわれ」というこの考えには正しい点があると私も思う。しかし「われわれ」の消失には (たしかにこの二つの超越論的観念論の区別は見事なものだが)、まるで安心を与えてくれるものであるかのような外見をもたせるべきではなく、むしろ、安心を与える必要があるなどと本当は思わなくてもよかったのはなぜなのかを説明する理由のひとつという役割を与えるべきなのである。

意味をなすものの限界を発見するひとつの手として、後期ウィトゲンシュタインに特徴的なある活動を挙げることができる。すなわち、思考実験のなかでそうした限界に迫ってゆき、どこまで行けば足がかりを失ったのが分かるかを見極めることである。このイメージは、「ウィトゲンシュタインと観念論」と題されたバーナード・ウィリアムズの論文[(37)]から借用したものである。「われわれのやり方」がウィトゲンシュタインにおいて果たしている役割を見れば彼の見解が超越論的観念論の一形態であることが明らかになる、とリアは信じているが、これはウィリアムズに従ったものである。しかしリアのこの解釈は辻褄を合わせるのが難しい。「われわれのやり方」というのは、リアがわれわれの心のあり方として描くものの簡潔な導入となっている。するとわれわれはまず手始めに、世界と心ないし心のあり方は互いに対して超越論的に作られているといった考えをウィトゲンシュタインのうちに見いだそうとするかもしれない。そうした考えのカント流のものを「観念論」と呼ぶのがなぜ適切なのかといえば、またもやおおざっぱに言うなら、世界と心のこの調和を構成するのは心の超越論的な働きであるとされているからである。もちろん後者のほうの心は、世界との構成された調和という関係にある経験的な心ではなくて、舞台裏の超越論的な心である。ところがウィトゲンシュタインのうちにはこれに相当するものなどないのである。「われわれのやり方」がまさにわれわれの心のあり方のことなのであり、これは仮定により、われわれの世界との構成された調和という関係にあるものであって、いわば外側からその調和を構成するものなのではない。そうだとすると、この調和を構成するものなどウィトゲンシュタインの描像のうちには何もないと考えざるをえない。ウィトゲンシュタインは退縮した超越論的哲学の一種を奉じているという見かけを押しとおすことは無理なのである。

第2節で私は、分析性の観念をクワインが拒絶するのは、「経験的有意味性」を個々の言明に割り振ることはできないという彼の主張からの当然の帰結だと主張した。もしも個々の言明の「経験的有意味性」というようなものが存在しないのだとすると、「経験的有意味性」がゼロであるような言明が存在すると考えることも意味をなさなくなるからである。ところが、ひとたびクワインの「経験的有意味性」の観念が特異なものであることが分かるならば、「経験的有意味性」を個々の言明に割り振ることはできないという前提と、分析性というものに意味をもたせることはできないという結論のあいだに乖離のあることが見えてくる。分析的言明とは、経験から影響を受けることのない言明のことであるはずである。だからたしかに、個々の言明はそれぞれが経験から影響を受けるという考えに意味をもたせることができないのだとしたら、経験から影響を受けることのない言明という考えにも意味をもたせることはできない。しかしわれわれとしては、「経験から影響を受ける」を、合理的に応じるべきであるということから解釈する必要がある。経験の法廷に立つという言い方をクワインがするとき、それはまるで経験に合理的に応じるべきという考えを表現しているかのように聞こえるが、しかしデイヴィドソンが見逃さなかったように、そのレトリックには実質がない。したがって、クワインの言う意味での「経験的有意味性」を個々の言明に割り振ることはできないとしても、だからといって、経験に合理的に応じる責任を個々の言明に割り振ることはできないということまでもが示されたことにはならない。

それどころか経験は、本当に法廷となることのできるようなものとしてひとたび理解されるなら、それに合理的に応じる責任を個々の言明に割り振ることができるようなものとして考えられざるをえない。ある経験の内容が「ここに黒い白鳥がいる」によって部分的に捉えられるとしてみよう。こうした経験は、黒い白鳥は存在しないという言明ないし信念に対して合理性の問題を突きつける。つまりこの両者のあいだの緊密性という関係は、クワインの描くところとは違って、信念のほうが放棄される公算が高いというだけのものではないのである。

翻訳の不確定性を導くクワインの論証は周知のデュエム的論点に訴えているが、この論点は、経験から受ける影響をひとつの理論内の個々の言明に割り振ることはできない、というように表現できる。

経験から影響を受けるというこの言い方が、ただの空虚なレトリックであるのではなく、ある合理的関係を示唆しているのだとすれば、たしかにこの主張は、意味の不確定性を導く論証のうちで一役買うことができる。その論証がうまくいくのは、いわば経験がすでに理論の言語を話しているということがないように、経験を捉えるための言語を理論の言語から分けておくことができる場合だけである。こうした場合、その理論の個々の言明は理論の基盤となる観察言明との関係では意味において不確定である、と述べることでデュエム的論点を表現することができる。そうだとすると、理論が経験に基づいていると考えられるような数ある脈絡のなかには、たしかに、理論の言語を観察の言語から分けておくことが可能であるような脈絡が存在するかもしれない。ゆえに、この路線上にあるかぎり、個々の理論的言明の観察的有意味性は不確定だと論じることは可能である。しかし以上の考察から、意味というのは一般に不確定だということを引き出すことはできない。それを引き出したいと望むのは自由だが、そのかわり経験主義の第三のドグマという混乱に陥る代償をともなう。この場合、言語を分けることの限界事例を一般的レベルで手にできる。すべての意味を理論のなかに押し込んで、経験にはそもそもいかなる言語も――比喩的にすら――話させないようにするというわけである。しかしこれは、はじめの望みを打ち砕くことになる。というのもそれによって、不確定性のための説得力あるデュエム的論証のうちで一役買っている合理的関係が消去されてしまうからである。その論証に説得力があるといっても、それはせいぜい局所的なものでしかない。したがって、第三のドグマを避ける道をわれわれが進むのであれば、デュエム的論点には分相応の地位に甘んじてもらうことになるのである。

第三講義補遺

1

講義全体を通じて私が主張したのは、経験が判断や信念と合理的関係に立ちうることはなんら不整合に陥らずに認めることができるが、それは、自発性がすでに受容性のうちに織り込まれている、すなわち経験が概念的内容をもっていると考える場合にかぎられるということであった。エヴァンズの見解はこの主張に対するひとつの障碍として立ちはだかる。彼は経験を概念領域から排除しながらも、それを判断の合理的基盤として捉えようとしているからである。第三講義（第4節）では、彼の立場は所与の神話の一種である以上容認することができないと論じた。

この議論は支持できないと思われるかもしれない。表象内容という考えはそもそも正誤の観念と切り離せないものである。すなわち、ある特定の内容をもつものが正しいのは、それによって表象されるとおりのあり方を物事がしているときそのときにかぎる、と言える意味がなければならない。こうした正しさを「真理」と呼ばないもっともな理由があるとは、私には思えない。だが、概念的内容をもつものがこの意味で正しい場合にだけ「真理」という名称をとっておくべき理由があるとしても、ある内容を有するものが表象するとおりのあり方を世界がしているということと、また別の内容を有するものが表象するとおりのあり方を世界がしているということと、この二つのあいだには内容の種類を問わず合理的連関が成り立ちうると考えることは、至極当然のことのように思われる。

『概念の研究』においてクリストファー・ピーコックは、この至当な考えを活かそうとして、ある種の判断や信念は経験のもつ非概念的内容を合理的根拠とするというエヴァンズ的な立場を唱えている。ピーコックは八〇頁で、彼が経験に認めた非概念的内容が、判断や信念に対して「単に理由ではなくもっともな理由」を与えることができるという主張を擁護している。あるものが正方形であると判断するための経験的基盤を含んでいる事例を代表例として、彼はこの主張を次のように擁護している。「思考主体の知覚システムが適切に機能しており、その結果、主体の経験のもつ非概念的な表象内容が正しいならば、そうした経験が生じているときその思考の対象はじっさいに正方形であろう」。これをピーコックは次のように解説する。「なぜ問題の連関が合理的連関であるのかをこのように記述するさい私は、所有条件［主体が概念〈正方形〉[1]を所有するための条件］が訴える非概念的内容は世界についての正合条件（correctness condition）をもつという事実を本質的に利用している。問題の特定の連関が合理的連関であることを説明するのは、この非概念的内容の正合条件が満たされるなら対象はじっさいに正方形であろうという論点なのである」。

しかしこの所見は、ピーコックにとって必要なことを示すまでにはいたっていない。必要とされているのは、経験に認められる非概念的内容は何かを信じる主体の理由として理解しうるものである、ということなのである。

ある主体が置かれている状況（たとえば、あるひとが何かを信じているという状況）を説明するのに、よく知られたやり方がある。ここで私が念頭においているのは、被説明項が合理性の観点から見てあるべきあり方をしている（たとえば被説明項が信念である場合なら、それが真である）のはどうしてかを明らかにするタイプの説明である。ところがこの種の説明自体は、被説明項となるものが何であれ、それをする主体の理由を挙げることではない。主体は理由をもってすらいないかもしれない。たとえば、熟練した自転車乗りがカーブを曲がる際におこなう身体調整を考えてみよう。十分な説明であれば、そうした運動が合理性の観点から見てあるべきあり方をしているのはどうしてか、つまり、望ましい軌跡を描いて進みながらバランスを保つという目的に適っているのはどうしてかを明らかにしてくれるであろう。だがこれは、こうした運動をする自転車乗りの理由を挙げることではない。一般に運動と目的との連関は運動をする理由となりうる種類のものではあるが、熟練した自転車乗りは、そうする理由を必要とせずにそうした身体調整をおこなう。経験がピーコックの言うような非概念的内容をもつのだとすれば、どうして経験と判断に関しても同じようなことが言えないわけがあろうか。

先に述べた至当な考えが示しているのは、ピーコックのように経験を捉えるかぎり、経験と信念とのあいだに合理的連関があるとしても、それは、バランス維持の要件として考慮すべき事柄と自転車乗りのおこなう調整とのあいだの連関が合理的連関であるという意味においてでしかない、ということである。だがこれでは、非概念的内容をもつものが、この後記（第一部第5節）ですでに言及した内外基準線上に位置づけられうるものとして理解できるということは示されない。言い換えれば、至当な考えは、判断と信念を経験「に基づく」ものと語る資格をエヴァンズに与えないし、同様にピーコックの場合にも、経験が現にしかじかのあり方をしているということが理由になって信念が形成されると語る資格を彼に与えないのである。(1)

ピーコックの描くような筋書きに見られる経験が、なぜ主体が信念を形成するのかという理由の一部であるだけではなく、信念を形成する主体自身の理由を与えるものでもあるという保証は、どうすれば手にできるのだろうか。

ひとつの方法は、主体がその筋書きを受け入れており、何を信じるべきか決定する際にそれを使う、あるいは少なくとも、必要とあればそれを引き合いに出す傾向をもっていると主張することであろう。あるひとが眼前の対象は正方形であると結論したのは、それを見ているときの自分の経験が特定の非概念的内容をもっているという前提からなのだ、と言われているとしよう。経験がその内容をもつのであれば、この内容には、眼前の対象が正方形であるという信念と合理的に連関した正合条件がなければならないが、この連関はピーコックが至当な論点に訴えるときのあの合理的連関である。そして、この場合の正合条件はその対象がじっさいに正方形であるというものである。このように解釈された筋書きでは明らかに、非概念的内容をもつ経験が与える理由から概念的内容をもつ信念を形成する者が描かれる。しかし、これはピーコックが必要としている描像ではない。そうした主体であれば、非概念的内容について語るためのものとしてピーコックが用意している少し込み入った概念装置を、つまりシナリオ内容や原命題的内容といった概念を使いこなせるのでなければならないであろう。しかし、経験を合理的根拠とするという考えをピーコックが使おうとしているのは、ごく普通の主体の観察判断で用いられる概念能力についての説明においてであって、哲学的に見て事情に通じている者だけに限定されているわけではないのである。[2]

さらに、経験とのそうした合理的連関が役割を果たすとされるのは、だれであれそのひとが特定の観察概念を所有するとはいかなることかを説明する場面においてであるという事実を度外視してさえも、こうした理論をもつことは主体に要求すべきことではないと思われる。もしも経験と判断ないし信念とのあいだの合理的連関を媒介するために理論が必要とされるのであれば、私の言う内外基準線上で信念と世界とのあいだに経験を置くということの眼目そのものが損なわれるであろう。経験的思考において経験の果たす役割を、しかるべき理論を知っていれば経験からの推論によって世界について結論を得ることができる場面だけに限定してしまうならば、経験それ自体が世界への通路となると考えることはできなくなる。印象についてセラーズとデイヴィドソンが共有している考え方を論じた際に（後記第一部第5節）やはり同様の文脈で述べたように、世界についての論証の前提を与えるという役割を果たすものは不透明なものでしかありえないだろう。

ピーコックが必要としているものから至当な考えがいかにかけ離れているかがいったん明らかになれば、彼の立場がじっさいにはどれほど魅力に欠けるものであるかが分かる。われわれの属している思想伝統において、理由と言説（discourse）の結びつきは由緒あるものである。それは少なくともプラトンにまで遡ることができる。つまり、「理由」と「言説」をプラトンのギリシャ語に翻訳しようとすれば、両者に充てられるのはただひとつの語、つまり「ロゴス」であることが分かるだろう。ところがピーコックはこの結びつきを尊重することができない。彼は、じっさいに考えているように考える主体自身の理由と、そのように考える理由として主体が挙げることのできる理由とのあいだの結びつきを断ち切らざるをえないのである。主体が挙げることのできる理由は、それが言語的に分節化されうるものであるかぎりは、概念空間のうちにあるのでなければならない。

私は、なにか特別水準の高い言語的分節化が必要だと言っているわけではない。もしそのように言うとすれば、主体はピーコックの理論を使いこなせる必要があると言うのにおとらず説得力に欠けるだろう。だがここで、何らかの観察信念をもっている普通の主体に、たとえば自分の視野のうちにある対象が正方形であると信じている主体に、なぜそう信じるのかと尋ねる場面を考えてみよう。予想できる返答は「そう見えるから」というものであろう。これがその信念を抱く理由を挙げることであるのは容易に認められる。その理由が、なぜ主体はそうするのかという理由の一部であるだけではなく、そうする主体自身の理由であることになんの問題もないのは、言説によって主体がその理由に表現を与えているからにほかならない。

この種のもっとも単純なケースにおいて、主体の言っていることが自分の理由を挙げていることになるとみなされるのは、対象の見え方が主体がその対象のあり方だと信じているあり方だからである。もちろん他のケースでは、理由と信念の結びつきはこれほど単純ではないが、理由を求める要求に対して最小限の言語的分節化で返答する場合には事細かい返答である必要はなく、おそらく「その見え方のためだ」くらいでよいだろう。しかしだからといって、本質的な違いが生じるわけではない。ここでもまた、理由は（たとえ「そのように見える」というかたちにすぎないとしても）言語的に分節化可能なのであり、したがってそれは、それが理由となっているものにおとらず概念的でなければならないのである。

実のところ、至当な考えは、Pということが成り立っていることとQということが成り立っていることとのあいだに合理的連関がありうる（極端な場合には「Q」に代入されるものがそのまま「P」に代入されるものでありうる）ということ以上のものではない。だが、ここから次のことは帰結しない。すなわち何かが、Pという正合条件をもつという事実によって内容を与えられるとき、もうそれだけでその何かが、問題の内容が概念的であるかいなかを問わず、たとえばQと判断する主体の理由となりうる、ということは帰結しないのである。内容間の合理的関係――Pということが成り立っていることとQということが成り立っていることとのあいだの合理的関係――を考慮に入れることができるのは、判断を根拠づけるとされる内容を概念的に把握することによってだけなのであって、このことは、その内容をもつ事象が概念的な仕方では表象しないという理論を採用する場合でも変わらない。ピーコックが言うような理論からすれば、普通の主体がこれら二つの内容の双方を概念的に把握するとは認められないことになるが、私の見るかぎりこれでは、いかにしてPという非概念的内容をもつ事象がQと判断する主体の理由となりうるのかは依然として理解できないままなのである。(3)

2

なぜピーコックは、信念や判断が経験のうちに合理的根拠をもつという関係は概念領域とその外部にあるものとの連関でなければならないと確信しているのだろうか。

この確信を主として支えているのは、特定の概念を所有するとはいかなることかを説明することに対して彼が課す非循環性要求である。彼の言う意味での循環を避けるために要求されるのは、その説明のなかで当の概念をいっさい使用してはならないということではなく、ある概念的状態の内容を特定するにあたってそれを使用してはならないということだけである。この要求に反する説明は、「その解明に乗り出したはずの事柄を解明できずに終わることになるのである」(p. 9)。

さて、ある観察概念を所有するとはいかなることかを説明しようと思うなら、その概念を用いる判断や信念が経験のうちに合理的に根拠づけられるその仕方に言及しなければならないだろう。[4] したがって、もしも経験における現われの内容がすでに当の概念を含んでいると考えるなら、ピーコックの非循環性要求を満たすことはできない。たとえば、概念〈赤〉を所有するとはいかなることかの説明を試みるとしよう。この場合われわれは、概念〈赤〉を所有するためには主体は次のような傾向をもっていなければならないと述べることになろう。すなわち、視覚経験において現前している対象が自分に赤く見えるとき、かつこの理由から、その対象に概念〈赤〉を述定的に適用するような内容をもつ判断を――照明条件などが正常であるとみなした場合には――下すという傾向である。[5] しかし、

「赤く見える」をこのようなかたちで使用するということは、説明の聞き手の側に、聞き手がもっていても問題のない概念〈赤〉だけでなく、概念〈赤〉の所有という概念をも前提するということである。というのも、物事が自分に赤く見えるような現われをもちうるという考えのうちには後者の概念が示唆されているからである。だが、この概念こそ説明されるはずだったものである。判断や信念の根拠となる経験は概念的内容によらずに特徴づけられねばならないという考えを、以上の考察がどう動機づけているかは明らかである。

だが、これは問題のすり替えでしかない。概念を所有するとはいかなることかの説明をピーコックの非循環性要求にかなう仕方で与えることがつねに可能であると、どうして考えなければならないのだろうか。問題となっているのが、概念を所有するとはいかなることかを説明することであるということに注意してほしい。ある概念を所有するひとのすべてが、そしてそのひとたちだけが満たす条件を、その概念の所有という概念を前提しないで与えることはできるかもしれない。ひょっとしたら、概念〈赤〉を所有するひとをそうでないひとから区別する条件を、たとえば神経生理学的に特定できるのかもしれない。しかしこうした推測は、概念〈赤〉を所有するとはいかなることかの説明を約束するものではない。神経生理学的条件があるとしてもそれは、あるものが赤であると考えるときひとは何を考えているのかという問題とは無関係であろう。だがピーコックは、彼の説明をこうした問題に関係させたいと思っている。したがって、たとえ非循環性要求のせいでピーコック自身は、観察概念の使用の合理的基盤となる経験が概念空間の外部にあると考えざるをえないのだとしても、観察概念を説明するにはどうしてもその概念の使用を理由の空間のうちに位置づけなければならないのである。

第二講義第4節〔「第5節」の誤記と思われる〕と、この後記で先になされたローティに関する議論（第一部第6節）のなかで、「傍からの描像」が問題となったが、いま争点となっているのも、同じ意味での傍からの説明を概念について与えることがそもそも可能なのかどうかということである。というのも、非循環性要求とは要するに傍からの説明に固執するということだからである。第二講義で主張したのは、概念について傍からの説明を与えることはそもそも可能ではないということにほかならない。この主張が間違っていると考える理由をピーコックが挙げているとは私には思えない。そしてこれは、彼にとって都合が悪いことのように思われる。すでに第1節で主張したように、経験をピーコックのように考えるかぎり、経験がいかにして何かを信じる主体の理由となりうるのかは理解しがたい。これが示唆しているのは、傍からの説明は不可能だと私が主張したのは正しかったということである。つまり、そもそもの動機となっている考えが、動機づけられた考えの抱える問題によって無効にされるという結果になってしまっているのである。

たしかに、ピーコックの提案する説明は、特定の概念を所有するとはいかなることかの説明として提出されており、そこで語られる信念や判断は、当の概念が用いられた内容を有するものとして扱われている。しかしこれは、その説明が私の言う意味での傍からのものではないということにはならない。たしかにその説明は、思考主体、つまり概念の使用者を主題とすると称してはいる。しかしそれは、概念を使用しているとき思考主体が何を考えているのかについては語らない――それどころか、それを慎重に避けている。循環を避けようとするなら、思考主体が何を考えているかをもっぱら外部から突きとめることがその説明には要求される。つまりそれを、……であるときにひとが考えているものとして同定し、なおかつ、その「であるとき」の前には問題概念の所有にとって外的な条件が入るとする必要がある。その説明には、内部の観点があるという主張が織り込まれてはいるが、当の説明がその観点から与えられているわけではない。ピーコックは、内容を捉えるという企図がこうした外部性によって脅かされるのではないかという嫌疑を見過ごしてはいない。思考のための外的条件を「であるとき」だけでなく「であるという理由から（for the reason that）」と関連させることでこの脅威に対処できる、と彼は考えている。しかしながら第1節で強調したように、外部性が必要とされることで、この「であるという理由から」がそもそも理解不可能になってしまうのである。したがって私には、第二講義でおこなった主張を放棄したり制限したりする理由は見あたらない。非循環性要求にかなう仕方で概念の説明を与えることがつねに可能であると考える理由は見あたらないし、それどころかそう考えない理由には事欠かないのである(6)。

こうした考慮に従ったとしても、「であるとき、かつこの理由から」に先行する部分が、説明されている当の概念とは別の概念を含んだ内容をもつ概念的状態に言及しているような場合であれば、つまり、ある概念の使用の合理的根拠が他の概念の使用であるのはいかにしてかという観点から前者の概念を捉えることができるような場合であれば、非循環的説明は可能であるかもしれない。だがもちろん、観察概念の場合の実情はけっしてそうではない。そのような非循環的説明が与えられるとすれば、それは概念領域全体を傍から眺めることによってではなく、説明されるべき概念能力の外部から与えられるというだけのものであろう。これに対して、ピーコックが提案する観察概念の説明であれば、そもそも概念領域の外部から与えられることになろう。

ピーコックの要求をすべて満たすような説明に対して私が抱いている疑念は、ある種の蒙昧主義なのであろうか。そういった趣旨のことをピーコックは三五〜三六頁で示唆している。

文献を見渡すなら、一人称の観念や論理的観念をはじめとする個々の概念について、それを所有するとはいかなることかを扱う諸理論が発展しつつあるのが分かる。いまだ理解されていないことが多くあるし、また既存の主張がすべて正しいというわけではないが、こうした研究の目標がまったくの思い違いであるとはにわかには信じがたい。それどころか、扱われている概念に特有の現象のなかには、これらの説明によって解明されるものが多くある。マクダウェルであれば、そうした説明が当の概念を所有するとはいかなることかについての理論になっているとは言わせてくれないであろう。しかし私には、これらの説明がそれ以外の何でありうるのか分からないし、またそうした説明をあっさりと退けることなどわれわれにはとうていできない。

ここで重要なのは、「こうした研究の目標」がじっさいのところ何であるのかということである。選択肢は二つだけなのではない。すなわち、循環の回避をはじめとしてピーコックが概念の理論に課している諸要件のうちでこの退けがたい研究の諸前提が明確化されるということを認めるか、さもなくば、たとえば一人称的思考と経験に特有の合理的連関について何か言うべきことがあるという可能性を認めないか、このいずれかしかないというわけではないのである。

この事情についてはもう少し立ち入って考察するに値する。ピーコックが指摘するように（p. 72）、一人称の概念とは「〈Fm〉かいなかの判断から、〈Fm〉が成り立っていると表象する経験への一定の可感性が見てとれるような、そういった概念〈m〉である」と言ったところで、一人称の概念は個別化されない。しかし任意の主体に関して、問題の判断を、〈F（自分）〉が成り立っていると表象する経験への一定の可感性が見てとれるような判断として規定するのであれば、そのような問題は生じない。もちろんこれは非循環性要求に反している。しかしそれに反したままでも、「一定の可感性」の特性を具体的に探求してゆく余地は十分に残すことができる。私の手直しした定式化があまりに単純だというのは、たしかにそのとおりである。しかし、循環はそのままにしつつも具体的な探求をその「一定の可感性」のうちに見込めるということにも、十分意味があるだろう。ピーコックはここで、自分が構想しているのと同種の説明を目指した研究の例として、一人称に関するエヴァンズの議論を取り込もうと目論んでいる。しかし私の見るところ、エヴァンズの関心はおもに「一定の可感性」にあるのであって、とくに循環の回避にあるわけではないと読んだほうがはるかに適切である。

3

エヴァンズは色を例にとって、われわれの視覚経験の内容が概念的であることを可能にするのに十分な数の色概念をわれわれはもっていないと主張している。この主張に反対して私が第三講義第5節で論じたのは、われわれの色経験がどれだけ細かな肌理をもっていようとも、それを捉えるのに必要な概念は「あの色合い」という発話によって表現できるということであった。たしかにわれわれは、そうした概念のすべてをあらかじめもっているわけではない。しかし、そうした概念のどれが必要であろうとも、それが必要となるまさにそのときにわれわれはそれを手にするのである。「あの色合い」という発話の意味は見本となる色合いの同一性によって決まる。規則を設けるとすれば、あるものがあの色合いをもっているとみなされるのは、示された見本と色が区別できないときまたそのときにかぎる、というものになろう。(もちろん、じっさいにこうしたことが言えるのは見本が目の前にある場合だけである。)

ところが、ここでおなじみの落とし穴が待ち受けている。というのも、次のような第二の規則を付け加えたくなるかもしれないからである。それは、あるものがある色合いをもっているとみなされるのは、その色合いをもっているとみなされる他のものと色が区別できないときである、という規則である。だがこのように言ってしまうと、われわれはソリテス・パラドクスに直面することになる。つまり、色の区別不可能性が推移的ではないことから、「あの色合い」という発話がそもそも確定した意味を表現できるという考えが無効とされてしまうのである。巧妙に並べられた見本があれば、元々の見本から出発して第二の規則を繰り返し適用して進んでいくと、そのかぎりでは問題の色合いをしているとみなさざるをえないが第一の規則に反して元々の見本の色と区別ができるような見本に達する、ということがありうるだろう。つまり、この二つの規則は整合的ではないのである。

したがって、採用されるべきは第一の規則だけであり、第二の規則を認めたいという衝動は抑えなければならない。あるものがある色合いをもっているからといって、それがすぐにその色合いの見本とみなされるわけではない。つまり、それと区別できないものならなんであれその色合いの外延に含まれるというわけではない。そうみなすことが先の破綻へと繋がるのである。見本の地位、すなわち、「あの色合い」をしかるべく使用することで表現される概念の外延を確定するものという地位は、元々の見本のために、あるいは少なくとも、見本の地位に昇格したとしても当の概念の外延にずれが生じる要因とはならないようなもののために、取っておかねばならない[7]。

ある色合いの概念の所有を成り立たせている再認能力が持続しているかぎり、のちに発話される直示句「あの色合い」の指示を固定するものが経験によって与えられる機会がある場合には、あとからでもその概念に明確な表現を与えることができる。これを私は第三講義で認めていた。だが、たったいま指摘した論点に鑑みれば、この考えの扱いにはやや注意が必要である。元々の見本とは区別ができたのに新たに指示を固定するものとは区別ができないようなものが存在する場合、その新たに指示を固定するものを（元々の見本と色が区別できない以上）問題の色合いの一例として再認することは間違いではないとしても、それが元々の色合いの見本として通用すると考えるのは間違いであろう。他方で、「あの色合い」の発話の指示を固定しているそれが、どんな色合いの見本としても通用しえないというのは考えにくい。この事例が明らかにしているのは、再認に基づくとされる概念能力が消失する可能性があるということである。ある再認能力を用いていると自分では思っていても、それは、再認だと思っているものにいたるまでの自分の傾性が変化を被ってしまったための思い違いであるかもしれない。そして、こうしたことが起こりうる状況のひとつが、不適切な例を第二の見本の地位に昇格させてしまう場合なのである。こうしたケースでは、のちに「あの色合い」と発話されても、元々の色合いの概念は表現されない。主体は知らないうちに元々の色合いの概念を失ってしまったのである。

4

元々の見本が経験において現前することで得られるものが概念であると言えるのは、記憶能力のおかげである。講義で私はそう主張した。ひとは、あの色合いをしているものとして事物を再認する能力を保持できるのであって、ごく短期間であるかもしれないにせよこの再認能力が持続するかぎり、当人はまさにその色合いを思考において捉えることができるのである。(私の言葉遣いでは、「概念的思考」と言うのは冗長である。) この種の概念能力が獲得されたのちにそれがもっとも直接的に発現するのは、当の能力となっている再認能力をそのまま用いる判断においてである。つまり、のちに見られたものが問題の色合いをしていると判断される場合である。しかし、思考においてまさに特定の色合いを捉える、記憶に基づくこの種の能力は、現に生じている経験と連動しているのではない思考においても行使できる。たとえば、もう自分の視界のうちにはないバラの色を思い出しながら「あの色合いで部屋の壁を塗れたら」と考えているひとを思い浮かべてみるとよい。

ここで私が念頭に置いている種類の思考は、「しかじかの機会に私が見たバラの色合いで部屋の壁を塗れたら」といったかたちで表現されうる思考とは区別される必要がある。後者のような思考をもつことができるために、当の色合い自体を思い出す (これは自然な表現である) 必要はない。そうした場合でも、それがある色合いの薄あんず色であったことや、それが自分の部屋の壁によく似合うと感じられたことが思い出されていることもあろう。私が念頭に置いているのは、当の色合い自体が心に抱かれている（これも自然な表現である）ケースであって、それがある記述的特定に適合するものとして思考において登場しているだけのケースなのではない。このことをうまく表現する方法のひとつは、ひとは心の目で当の色合いを見るのだと言うことである。

元々の見本が眼前にあるとき、ある色合いの概念をもっている主体は、色の合致を直接調べることによって、当該の色合いをしている物とそうでない物を分類できる。元々の見本が視界から消えたあとでも、少なくともしばらくのあいだは、直接調べられるおかげで下せていたような判定と一致する分類をおこなう能力をわれわれは保持できる。（それどころか、元々の見本がまだ視界のうちにあるとしても、当の色合いかどうかが問題となっているものと元々の見本とを一目で見渡せるように並べることができない場合には、この記憶能力が働いている。）記憶を伴う能力による判定もしくは可能的判定は、直接の比較に基づいて下されていたような判定と一致するとわれわれは確信できるし、またそれにはまっとうな根拠がある。そしてこの事実が、少なくとも部分的には、「私は心の目でそれを見ている」といった言い回しがいかに自然であるかということの根拠になっている。あたかも見本がまだそこにあって、当の色合いかどうかが問題となっているものと比較できるかのようになっているのである。

「心の目で見る」といった慣用表現は、色合い自体を心に抱くことと、記述的特定を介して自分の思考を色合いに関わらせることとの区別をつけるのにふさわしい方法である。しかしそれには、周知の疑わしい哲学的思考を招き寄せる可能性もある。それによれば、その慣用表現の正しさが明白だということは、保持される分類能力が働くためのメカニズムが存在することの証しである。つまり、色合いの内的見本が保持されていて、それを主体がいま自分が見ているものと比較することで後者にその色合いを帰属させる、と考えられるわけである。この場合に見本を見ているのは内なる目であるという点を除けば、これは、たとえば塗料メーカーの見本と色が一致するかどうかを調べることに似ている。こうした考えにウィトゲンシュタインは警鐘を鳴らしている（たとえば『哲学探究』第六〇四節を見よ）。「私は心の目でそれを見ている」と言うことは、色合いそのものを思考において捉える自分の能力、すなわち、その色合いが例化されているかどうか判定するにあたって――適切な機会が与えられれば――発揮されるような能力を請け合うひとつの自然なやり方である。だがその慣用表現は、そうした判定が下される際に働いているような心理機構を示唆するわけではないのである(8)。

5

確定した色合いを思考において捉える能力を成り立たせている再認能力は、何によってもたらされるのか。第三講義で私が考察したのは、当の色合いの事例と対面している場合だけであった。だがここで思い起こしてほしいのは、自分の色経験には一度も現れたことのないある色合いの観念を主体は純粋な思考において形成できるか、というヒュームの問いである(9)。ここから、別の可能性が候補として挙がってくる。色合いの概念をもっているというだけでわれわれはもうしかるべき種類のあらゆる概念を潜在的にはもっている、という主張に私はすでに踏み込んでいる。しかしヒュームの問いは、そのような概念を現実に所有できるかどうかを問題にしている。つまり示唆されているのは、主体はただ想像力を行使しさえすればその未経験の色合いを心の目で見られるようになるのではないか、ということである。

たしかにこれは可能であるかもしれない。だが、概念に関するヒュームの経験主義がこの可能性によって脅かされるように見えるのと違って、私にはそれによって脅かされるテーゼなどない。ともかく強調しておきたいのは、もしそれが可能だとすれば、それはただ、「私は心の目でその色合いを見ている」と言うことで請け合えるような再認能力がまた別の仕方でも発生する可能性があるということにすぎない、ということだ。問題の再認能力の行使は内的見本との比較に基づいているという考えに、ここで新たな論拠がつけ加わるというわけではないのである。(10)

第五講義補遺

1

クリスピン・ライトによれば、ウィトゲンシュタインは、意味についての一定の見方を彫琢しようとしているものの、彼自身の「静寂主義」が妨げとなって実行に移すことができていないという。第五講義第3節で私は、その見方から導かれるとライトが考えている帰結は容認しがたいと主張した。そこではこの主張に裏づけを与えるかわりに、むしろこう説いたのだった。すなわち、じっさいには哲学に対して実質のある仕事を課し、さらにはそれを成し遂げる術をも示唆している一連のテクストのうちに不幸にも「静寂主義」という厄介ものが顔を覗かせているかのように解釈したのでは、ウィトゲンシュタインの狙いを捉えそこねてしまうと。

テクストのうちに本当にそのような裂け目があるとは私には思えない。ウィトゲンシュタインの「静寂主義」をしっかりと理解すれば、ライトがウィトゲンシュタインのものとした学説はおのずと崩れ去るはずである。物事がいずれにせよしかじかのあり方をしている、つまり共同体の承認から独立したあり方をしているという考えに問題があるなどとは、哲学によって急き立てられたりしないかぎりだれも夢にも思わないだろう。

だがライトは、ウィトゲンシュタイン自身のうちにまさに哲学からのこうした強制が見てとれると考えている。ライトによるとウィトゲンシュタインは、意味はいかにして可能かという紛れもなく切迫した問いを提示している。それは哲学に特有の種類の問いであって、この種の問いに取り組むという活動は、その眼目からして、いざとなれば常識であろうと躊躇なく捨て去る覚悟と分かちがたく結びついている。そしてライトに言わせれば、ウィトゲンシュタインが彫琢している問題に対する答えとして意味についての何らかの見方が正当でありうるのは、物事がいずれにせよしかじかのあり方をしているという考えにまつわる常識として通用しているものを考え直すことを厭わない場合だけである。こうして、ウィトゲンシュタインの「静寂主義」は、彼が自分の哲学的業績の性格を認めるのを妨げる厄介もののように見えてくる。しかし、意味はいかにして可能かという問いをウィトゲンシュタインがまっとうな問いとして打ち出していると考えるのは誤りである。

むしろ本当に肝心なのは、実質のある哲学など必要ないとする「静寂主義」のほうである。「意味はいかにして可能か」といった問いは不気味な感覚を表現しているのであって、その不気味さに浸るべきではなく、むしろそれを祓わなくてはならないというのがウィトゲンシュタインの狙いなのである。この問いが切迫したものに思われるのは、意味に不寛容な世界観に立って見る場合であって、この世界観からすると、哲学の課題とは、意味についてわれわれが以前からもっていた見方にできるだけ近いものを世界のうちに押し込むことのように見える。だが哲学に課されているのは、むしろ、世界のうちに意味を住まわせるのは難しいという印象のもとになっている思い込みを取り除くことである。これが取り除かれるなら、われわれの生が形づくられるうえで意味が果たす役割はわれわれにとってなんら困難ではなくなる。われわれがわれわれ自身について考える際に意味をどこに位置づけるべきかに関して、何か構築的な正当化をおこなう必要はないのである。

ウィトゲンシュタインが疑いを投げかけようとしているのは、意味についてのある種の考え方がそれにふさわしくない状況に置かれると帯びてしまう謎めいた雰囲気に対してである。その考え方は次のようなものである。すなわち、ある数列を指定する命令、たとえば「二を加えよ」といった命令の意味は「その各ステップを前もって決定して」おり（『哲学探究』第一九〇節を参照せよ）、しかも――ライトの関心に直接結びつけて言えば――その数列の拡張のこのステップではこれこれが正しいやり方だという事実が、しかるべき共同体による承認、つまりその命令を理解しているとみなされる人々からの承認には依存していない、という考え方である。こうした考え方は、不可思議な力を意味に授けるかのようで異様に思われるかもしれない。ライトの誤りは、この考え方自体にウィトゲンシュタインが疑いを投げかけようとしていると思い込んでいることである。しかし、ウィトゲンシュタインの標的はその異様さという雰囲気なのであって、当の考え方自体はなんら問題ないのである。(1)

威丈高なプラトニズムと自然化されたプラトニズムを対比するなら、この解釈が可能であることがはっきりするだろう。ここで問題となっている考え方はプラトニズム的である。だから、もし威丈高なプラトニズムしか思い描けないとすれば、異様な雰囲気は避けられない。そうなると頼みの綱は、最初の見かけより控え目なかたちで客観性といったたぐいのものを哲学的に構築することだけになる。しかし、問題はこのプラトニズム的な考え方自体にあるのではない。自然化されたプラトニズムのうちであれば、この考え方は異様な雰囲気を帯びはしないのである。それゆえ、ライトの誤りを別の仕方で表現するなら、彼は自然化されたプラトニズムに盲目であると言うことができる。(2)

2

第五講義では、従来どおりの哲学が必要だというのは見かけにすぎないと見破ることがウィトゲンシュタインの望みであると述べた。この点については注意する必要がある。従来の哲学がもはや生じないような事態をウィトゲンシュタインが本気で思い描いている、などと言うつもりはない。従来の哲学が立ち向かう不安の知的根源はあまりに深いため、そうした事態はありえない。この論点は、ウィトゲンシュタインの後期著作に多様な声が登場するという、その対話的性格のうちにあざやかに現れている。宥められ正気へと呼び戻される必要のある声たちは、他人の声であるわけではない。それらは、ウィトゲンシュタインが自分自身のうちに見いだしている衝動、あるいは少なくとも自分のものとして想像はできる衝動を表現しているのである。「本当の発見とは、その気にさえなれば哲学するのを私がきっぱりやめられるようにしてくれる発見のことである」（『哲学探究』第一三三節）と書いているからといって、彼がポスト哲学的文化（ローティの思想にとって中心的な考え）を思い描いているなどと捉えるべきではない。彼は自分が哲学的衝動から完全に解放される未来といったものを思い描いてさえいない。この衝動が平安を見いだすとしても、それはときたまで一時的なことでしかないのである。(3)

しかしだからといって、ウィトゲンシュタインの精神に真にかなう仕方で考えれば、本講義で示したような診断的処置にはなんの役割もなくなる、と私は考えているわけではない。私が主張したのは、われわれの哲学的不安は、近代自然主義がわれわれの思考を捕らえてしまうという、その無理もない束縛に由来しているが、それを解こうと努力することはできるということであった。われわれの思考に働きかけて哲学的不安をもたらすような影響がきっぱりと払いのけられた心境を描いてみることは、たとえこの心境が永続的で安定したものとして可能だとは考えないとしても、この主張を鮮明にする方法のひとつである。そしてその心境が一時的なものだとしても、われわれが直面しているように思ってしまう困難の源泉をこのようにして突きとめることは、哲学的衝動の再発、いずれまた起きるのが分かっている再発を乗り越えるための手段のひとつとなりうるのである。

3

第二の自然の自然主義によって可能となる緩やかなプラトニズムを描写した際に述べたように、理由の空間の構造は人間に特有のものからきれいさっぱり切り離されて成り立っているのではない。こう述べるからといって「では理由の空間の構造を成り立たせているのは何なのか」という問いが生じるわけではない、ということを強調するのにうってつけの文脈が、正しく理解されたウィトゲンシュタインの「静寂主義」なのである。もし、そうした問いに取り組んでいるのだという自己理解がわれわれにあるとしたら、第二の自然に訴えるという私のやり方は、素描的で非体系的であるゆえに、せいぜいのところ本来の応答のための約束手形にしかならないと思われるだろう。しかし、これは私の主張を捉えそこなっている。「何が理由の空間を成り立たせているのか」と問われた場合、われわれはどう応答するのがよいのだろうか。私の考えでは、肩をすくめて終わりにすることが、われわれがその資格を手にするのを目指すべき応答である。そういった問いは、われわれが教育を受けた哲学においては当たり前のように問われるものであるからという、ただそれだけの理由で正当な問いであると安易に考えるべきではないということは、ローティによって見事に表現された思想である。伝統的な問いという身分をもつからといって、われわれがそれを真剣に受けとめねばならないいわれはない。むしろその問いが切迫したものとなってしまうような背景がそこには前提として存在している。私が第二の自然に訴える際に意図していたのは、こうした問いを差し迫ったものに見せている背景、すなわち、理性と自然の二元論を取り払うことなのであって、その問いへの答えを築き上げるための一手――せいぜい最初の一手でしかありえないようなもの――となることを意図したものではない。

4

第五講義第5節では、自己意識の連続性が表しているのは形式的なものとしての持続性にすぎないというカントの主張について論じた。この主張については、よく知られた一節（『青色本』pp. 66-7〔邦訳一二〇頁〕）でウィトゲンシュタインがおこなっている、「主体としての「私」の」使用」は指示をしないという主張と比較するとよい。そこでのウィトゲンシュタインの主張を、カントの考えとの類似性がはっきりするように定式化するなら、「私は歯が痛い」という文の指示‐述定構造は形式的なものにすぎないと表現できる。ウィトゲンシュタインにこう主張させる論拠は、「誤謬推理」でカントがよりどころとしている論拠と非常に似ているように思われる。だから、この場合もわれわれの評価は同じはずである。この主張の動機——自我のデカルト的な捉え方の土台を掘り崩すこと——は称賛できるものであるが、「私」を主体としてまともに使用できるようなより広い文脈をいったん理解すれば、この主張はその動機から切り離すことができる。私が「私」を主体として使用することで当の私であるひとりの人間が指示される、と考えられなくするような要因は何もないのである。(4)

5

第五講義第6節の個体指示に関する私の見解については、第二講義、とくに第3節で述べたことと引き合わせてみるといいだろう。

第二講義では、思考そのものと世界のあいだにギャップがあるという考えを挫くためにウィトゲンシュタインの言う「自明の理」に訴えた。これに対して次のような反論があるかもしれない。「成り立っている事柄を要素とするものとしてのみ世界を考えるかぎり、あなたの路線を観念論的でないように見せることはできる。たしかにこの脈絡でなら、あるひとの思考が真である場合そのひとの考えている事柄は成り立っている事柄にほかならないというのは自明の理にすぎない、という主張に訴えることができる。しかし、また別の意味では世界を占めているのは事物つまり対象であると言うことができる（そう言えないいわれはない）と認めようとするやいなや、思考の領界を取り囲む境界線を消し去るというあなたのイメージは、おそらく拡張された意味においてだが、観念論的な傾向をもたざるをえないことが明らかになるだろう。このイメージでなら、心と事実のあいだのある種の直接的な接触が可能となるだろうが、しかしそれは、放棄しようなどと思ってはならないある可能性を、つまり、思考の領界にとって外的であるのは間違いない対象と心のあいだの直接的な接触の可能性を消してしまっているのである。この可能性こそ、一般化された記述理論に対する反発としてわれわれが目を向けるようになったものである」。

ひとが考えている事柄と成り立っている事柄とが（そのひとの思考が真である場合には）同一であるとするなら、（『論考』第一節のように）世界とは成り立っていることのすべてであると考えることは、フレーゲにおいて意義の領界として登場するもののなかに世界を組み入れるということである。意義（*Sinn*）の領界には、考えるという働きないしエピソードと対比される意味での、すなわち考えられうるものという意味での思考（思考可能なもの）が含まれる。つまり同一であるのは、成り立っている事柄としての事実とこの意味での思考——成り立っている思考可能なもの——なのである。だが、対象が属するのは指示（*Bedeutung*）の領界であって意義の領界ではない。すると右の反論が言っているのは、ウィトゲンシュタインの「自明の理」によって心が結びつけられるのは意義の領界とであって指示の領界とではない、ということになる。

たしかに、私の講義全体の主たる論点のひとつは、意義というフレーゲの概念を用いてこう表現することができる。すなわち、周知の哲学的不安への免疫をつけるためにわれわれが思考と実在の関係について反省すべきであるのなら、それはこのフレーゲの概念の脈絡においてなのだと。これは、理由の論理空間というセラーズのイメージを使って講義のなかで表現した考えを別の仕方で表したものにほかならない。意義というフレーゲの概念が効力を発揮するのは理由の空間においてなのである。これは、意義という概念の眼目が次の原理によってそっくり捉えられるということだ。すなわち、二つの思考、つまり発話において表現されうる二つの意義に対して、あるひとりの主体が合理性の点で相反する態度（たとえば容認、拒絶、留保のうちのどれか二つ）を同時にとったとしても不合理だとは判定されずにすむならばその二つの意義は異なる、という原理である。意義を区別しなかったとしたら、同じ内容をもちながら合理性の点で対立する二つの態度を混乱のない合理的主体に帰属させざるをえない可能性が残るとしよう。その場合には、主体の構え全体は異なる内容の二つの態度からなるという記述ができるように、したがって、その構えの合理性を疑わしいものとしない記述ができるように、意義を区別しなければならないのである。(5)

私が想定したような反論をする者は、思考と実在は意義の領界で出会うというこのフレーゲの見解をとるなら、何らかのかたちの一般化された記述理論を受け入れないかぎりは、思考の対象への関係――指示の領界の住人と心との関係――が確保されていると称することはできない、と考える。これが正しければ、そうした理論では認められないような直接的な関係が心と対象のあいだにあるということにこだわってきた人々の洞察を、われわれは手放していることになろう。

さて、第五講義の最後で述べたことはこの手のあらゆる反論をあらかじめ封じ込めていると見ることができる。たしかにウィトゲンシュタインの「自明の理」は、思考と実在は意義の領界で出会うと言うことで表現し直すことができるが、フレーゲの道具立てを適切に理解するなら、私が第二講義でその「自明の理」に訴えた際には、一般化された記述理論に対する反発の正しい点がすでに認められていたことが分かる。事実からなる世界と思考との関係に問題を残さない描像のなかで意義が役割を与えられているかぎり、単称指示における意義を正しく理解すれば、この場合にもそもそも謎がないことが分かるのである。要するに、その反発を支持する者たちが正しくもこだわっている仕方で、つまり記述的特定によらない仕方で、思考が指示の領界の住人である個体に関わるのはいかにして可能なのか、ということをめぐる謎ははじめから生じようがなかったのである。

第四部

第六講義補遺

1

私がアリストテレスを無垢だと述べたことについては疑いが投げかけられるかもしれない。それはある明白な事実に、つまり、アリストテレスはいくつかの点で近代自然主義と驚くほど似た立場をとりあげて論じているという事実に反しているように見えるかもしれない。

たしかに（この反論にとっておそらくもっとも有利な事例を選ぶなら）古代の原子論者は、物事をもっとも根元的に理解することによって把握されるものという意味での自然について、多少なりとも近代めいた考え方をすでにもっている。彼らはこの意味での自然を意味と価値を欠いたものとみなしている。また、アリストテレスがそうした考え方に意識的に反対して自然をそれとは違う仕方で考えることにこだわったというのも事実である。だが、自然についての脱呪術化された考え方が古代において先取りされているとしても、その場合、自然が意味や価値を欠いているというテーゼは、それが近代的思考においてもっているのと同じ地位をもっているわけではない。それは、科学固有の探求が目指しているような種類の理解についての正しく確立された見識、つまり、教育ある者とみなされるためには当然視しなければならない事柄に含まれ反論の余地のない見識を、また別の仕方で定式化するという役回りをしているのではないのである。

本文で主張したように、科学固有の理解の領域は脱呪術化された領域であるという見方が一般に広まったのは知性のひとつの前進であったということ、これは認めねばならない。私が取り組んできた哲学的不安からわれわれが抜け出すのがかくも難しいのはそのためである。脱呪術化されたものとみなしてしかるべきものを自然と同一視しなければならないわけではないということは、えてして見落とされがちである。アリストテレスが無垢だというのは、彼の知性がこうした抑圧を受けていないということである。自然をもっとも根元的な理解の主題として取りだして見るならば、自然は脱呪術化される可能性があるということ、たしかにアリストテレスはこのことに気づいている。しかしそれは彼にとって、もっとも根元的な理解をそうも見ることはできる——そして彼の知的見地からすれば、そう見ることにはさほど論拠がない——ということを示しているにすぎないのである。科学的理解によって把握されるのだということをどのみち自分の知性が認めざるをえないものであれば、それに「自然」というラベルが貼られるのは許したいと思う、そんな誘惑に抵抗する必要などアリストテレスにはない。自然を科学的理解の主題と同一視するのならばそれを脱呪術化されたものと見なければならない、というのはまったく正しい考えだが、そんなふうに表現できる考えをアリストテレスはほのめかしてすらいないのである(1)。

2

第六講義第4節で私は、人間以外の動物に世界への態度を認めるのを拒んでいる。もっともなことだが、これはひとの神経を逆なでするものである。

私が単なる動物の場合に否定しようとしているのは、自発性を所有することと相関するものにほかならずそれ以外のものではない、ということを強調しておくのは有益かもしれない。第六講義では、私が動物に心性を認めていないかのような誤解が最小限になるよう心がけ、そのために、単なる動物の生を形づくる生物学的要請を狭く捉える見方を拒否した。しかし、たとえそうした見方を拒否しても、生物学的要請という言い方はそれだけで、私が必要とする以上の強硬な路線につながると見られるかもしれない。だが私が言いたいのは、もの言わぬ動物はカント的自由をもたないということだけである。このことは、動物が彼らなりの仕方で、賢く、機転が利き、好奇心があり、友好的であるといった可能性を認めることとまったく矛盾しない。私は彼らをなにがなんでも「からっぽ」だと言いたいのではない。じっさい、それとは正反対のことを言うための言葉を手に入れるということが、環境というガダマーの考えを取り入れた際に私が全体として狙っていたことであった。そしてこれは、もの言わぬ動物は自発性を欠いていても世界を所有できるということを、私が認めないことと矛盾しない。ここで重要なのは、私が彼らには欠けていると言っている自由がカント的な自発性にほかならないということ、そしてこの自由は、理由／理性の規範とされるものに反省的に応答することができるという点にあるということなのである。哲学的な思わくでも抱いていないかぎりは、たとえば遊んでいる犬や猫を見て、彼らの活動を自動機械の動作か何かの部類に入れようなどと本気で考える者はいないはずである。しかし、こうした光景を偏見のない眼でみる者にとっては当たり前の自己運動性を認める余地を十分残しながらも、カント的な自発性を否定することはできる。

哲学的不安に陥る危険性として私が講義全体を通じてとりあげてきたものはどれも、カント的な意味での自発性と相関するように世界への態度というものを考えることと関連して生じている。それらの危険性が生じるのはまさに、カント的な意味での自発性をめぐる特異な事情のゆえなのだが、その場合この自発性は、自然を脱呪術化された法則の領界とするおなじみの近代的な考え方に立って見られているのである。

世界に向けられていることを表す用語を使ってけものの心性について語れるようにするために、カント的な意味での自発性から切り離してなんとか世界への態度というものを考えたいというひとがいたとしても、それだけならば私の観点からでもまったく問題はない。現在の文脈を離れてまでも、単なる動物について何か言いたいとはまったく思わないし、彼らの生がわれわれと似ている点を軽視する気など私にはさらさらない。われわれもまた動物であって動物界の外部に足場をもつ存在者などではないということは、私が主張したいことの一部である。じっさいいくつかの点では、成熟した人間の生は単なる動物の生と端的に一致する。それゆえ、人間の生の営みに生じるあらゆるものが「陶冶」によっていわば変容をこうむる、などと考えるならそれは馬鹿げているだろう(2)。

私が反対したいと思っているのは、世界への態度についてこのような中立的な考え方をしておけばあらゆる目的にそれを使えるだろうという提案である。こうした提案は結局のところ、カント的な意味で特異であるような自発性について語ることをいっさい拒むことになるだろう。こうした拒絶の動機となっているのは、この種の特異性を承認することでまたぞろ哲学を始めることにつながるのを放置すれば、われわれの知性の置かれた状況は絶望的なものとなるという確信なのかもしれない。そして、私もこの動機には共感するということはすでに明らかにしてきたとおりである。だが、カント的な意味で特異な自発性がわれわれには備わっているということ、しかもわれわれが世界と触れあう特別な仕方にとってこの事実が決定的であるということ、どうすればこの両者を認めながらも哲学的苦境に陥らずにいられるかということが、講義全体を通じて私が示そうとしていることなのである。この種の哲学が自発性について騒ぎ立てていることにはなんの根拠もないとすることによって、こうした哲学をそれが始まる前に止める、などということをする必要はない（これと同じことは第四講義第4節でも述べた）。自発性がカント的な意味で特異であることを認めるからには、それによって無益な哲学的不安に陥る危険性がいかにして生じるかに当然注意を払うべきである。だが、この危険性がかならずしも現実のものになるとはかぎらない。この哲学的衝動は、ただ抑えつけるしかないものではなく、理解し祓うことができるものなのである。

自発性のカント的な特異性と相関するように世界への態度というものを考えることによって哲学的

な諸問題が引き起こされる、と思われてしまうのはどうしてなのかは理解できる。そう思われてしまうのは、自発性は非自然的でなければならないと考えるよう強いる例の力が働いているからである。しかし私は、哲学的課題があるというこうした外見が錯覚であることをどうすれば暴くことができるかを示そうとしてきた。「概念的主権」の行使として理解された経験的思考が、世界に関する知識を生み出すどころか、そもそもいかにして世界に関わることができるのかという問いに答えるために、精緻ではあるが一歩書斎を出れば信ずるに足りない哲学的道具立てに訴えかける必要はない。これが、実質的に十全な仕方で哲学的不安を祓うための処方箋である。というのもそれは、この不安の源泉となる思考そのものを掛け値なしに認めているからである。そして、われわれが問題の哲学的衝動と袂を分かたずここまで来られるのは、講義全体を通じて私がやってきたような仕方で自発性をもつ者ともたざる者とのあいだに一線を画す場合だけなのである。

3

第六講義の末尾で伝統を持ち出した際、私はこの話題への扉を開く以上のことをするつもりはなかったが、それについてもっと多くのことが言われる必要があるのはもちろんである。ここで、その話題だけのための議論をおこなうつもりはない。しかし、私のとる姿勢のために、講義のなかで明記したようにダメットとだけではなく、デイヴィドソンとも私が対立せざるをえないのはどういう点でなのか、いくつか説明を加えておくことは、私の意図する議論の趣旨を明瞭にする助けとなるであろう。

講義を締めくくるガダマー流の言葉遣いが伝えているのは、理解するとは伝統が構成する地平のうちに理解の内容を位置づけるということであり、そこで私が主張しているのは、言語について第一に言うべきことは、それが伝統の貯蔵庫という役割を果たしているということである。ある言語へと導き入れられるとは、理由の空間の布置についての現行の捉え方へと導き入れられるということである。このことが、単なる動物として始まった人間がどのようにして理由の空間の住人へと成熟するのかを理解可能にすることを約束する。この観点からすれば、共有された言語こそが理解の第一義的な媒体である。共有された言語は、その言語でのコミュニケーションに参加するすべての者の前に、彼らそれぞれからある種の独立性をもって屹立しているが、この独立性はその言語に払われるある種の敬意に適うものである。(3) 共有された言語のうちに具現された伝統によって地平の大部分が与えられる（所与としてではない！）この基本的な場合を起点として、手間のかかるかもしれない地平の融合が必要となる場合へと移行することで、伝統間の境界を越えたコミュニケーションを理解することができるようになるのである。

デイヴィドソンは、共有された言語という考えに対してこうした重要性をそもそも認めない。それどころかデイヴィドソンにとって、コミュニケーションにおける交流は、私が示唆した意味での媒体の役割を果たすものをまったく必要としない。（もちろんそれとは違う意味での媒体、たとえば発話や狼煙といったものは存在しなければならない。）デイヴィドソンの捉え方では、コミュニケーションの参加者とは自立した個人である。彼らは、自分をコミュニケーションの潜在的参加者に、あるいはさらに、概念能力を要する他のあらゆる活動の参加者に仕立ててもらうために、言語――理由の空間の形状を示す特定の伝統の貯蔵庫――を必要としない。デイヴィドソンの見方では、コミュニケーションの参加者のあいだで共有された言語という考えは、せいぜいのところ、個人言語間における説明できる範囲の一致の省略表現なのである。こうした一致があると、ふたりの人間のあいだで解釈のための仮説がより見つかりやすくなるかもしれないが、しかし言語を共有しているとわれわれが思っている人々のあいだの相互理解は、もっとも根元的な解釈と原理的にはなんら変わりはないのである。「共有された言語」は、それなしでも遂行されうる認知的活動における補助手段のひとつ以上のものではない。したがって相互理解の能力は、哲学的に興味深い背景を何も必要としないということになる。(4)

ここでは、この描像に正面切って反論することはできないが、ひとつの示唆をおこなわせてもらいたい。デイヴィドソンは、ここで問題となっている種類の他者理解を、私が講義でしてきたのとちょうど同じ仕方で、ということはつまり、ひとが考えおこなう事柄を（言う事柄も含めて）理由の空間のうちに位置づけるという観点から考えている。私がこうした仕方で考えるのを学んだのは、セラーズにおとらずデイヴィドソンからでもある。私がセラーズの理由の空間というイメージを用いるところで、デイヴィドソンは「合理性の構成的理想」という言い方をするが、考えられているものは明らかに同じである。（第四講義第4節ではこの対応関係が利用されている。）それゆえ、デイヴィドソンの言う相互に解釈する者たちは、すでに理由の空間の布置についての感触を備えたうえで、すなわち「合理性の構成的理想」が要求しているものを実質的に捉えたうえで、認知的な作業にとりかからねばならない。ところで、ある共有された言語への、したがってある伝統への参入に私のように訴えるといったことをわざわざしなくても、個々の人間にこうした備えがあると簡単に認めることができる、という考えは疑うべきであろう。この認知的な備えにはそうした背景は必要ないという考えは、所与性が別のかたちで露呈したものにほかならないと私は思う。外在的所与という神話に対してセラーズがカントに触発されておこなった攻撃にちょうど対応するように、内在的所与という神話を攻撃したいなら、これは分析性——つまり何が起ころうと訂正不可能であること——という考えよりもはるかに格好の標的となろう（この後記の第一部第4節、第9節を参照せよ）。ヘーゲル的な用語で表現すれば、所与性とは訂正不可能であるということそのものではなく、われわれの描像に媒介が不在であることの反映として訂正不可能だと思われているということなのである。そしてすでに見たようにデイヴィドソンは、互いを理解する人間の能力のために唯一利用可能な媒介を拒絶しているのである。

最近の著作でデイヴィドソンは、自立的な主体として相互解釈に取り組むふたりのあいだの「三角測量」から客観性という概念をつくりあげようと企てている(5)。これは、第五講義第5節で考察し第六講義第4節で再度考察した相互依存というカント的テーゼと衝突する。私の見地からすれば、主体がすでに位置についてからでは、客観性という概念を構成する準備にとりかかるのは遅すぎる。主観性は客観性という概念とともに、理由の空間への参入によって登場すると理解されねばならないのである。

4

おそらく取り越し苦労であろうが、ある危険を避けるために最後にひとこと述べておくことにする。それは、伝統を引き合いに出すことによって、何が理解可能でありうるかということに関して私が頑迷な保守主義に与しているようにみられるかもしれないという危険である。講義を締め括るにあたって、それ以前にいろいろな箇所で強調した論点を私はもういちど繰り返したが、その論点とは、どの時点であれそこで考えられているとおりの理由の空間を構成している連関が本当に合理的連関として信頼に足るものであるかどうかを再考する用意がいつでもなければならないという義務が、理由の空間を住処とするということのうちには含まれているというものであった。これは、現に存在する革新の芽をひとつとして摘みはしない。たとえばある発声行動が、ただ訳の分からぬ音を発しているのではなく、これまでにない新しい意見を述べていることになるためには、そうした意見を自分で述べることなど思いもよらなかった人々にもその行動が理解できるのでなくてはならない。ある種の独創性は、それを理解する人々に、理解可能なものの地形そのものについて彼らがそれまで抱いていた考え方を変更するよう要求する。こういった種類の独創性をもった意見は、たしかにこれまで誰も思ってもみなかったが、とはいえ少なくとも原理的にはすでに把握されていた可能性のうちにある、といったような一手なのではない。（たとえばチェスの場合には、どんな抜本的な革新でもそういった可能性のうちにある。）むしろそうした意見は、何が意味をなしうるかを確定する構造について聞き手が抱いている考え方を変えてしまうのである。しかしこうした事例でさえ、理解可能なものの地形についてのこれまでの考え方を変容させるということでしかありえない。何が可能であるかについて聞き手が抱いている考え方をある発話がまるごと刷新するといっても、理解しようとする心のなかにその発話が自分の居場所を一から築き上げることによってそれがなされるなどということはありえない。伝統を変革するような思考でさえ、変革される当の伝統に根ざしているのでなければならない。そうした思考を表現する発話は、既存の伝統のただなかにある人々に語られたときに理解できるものでなくてはならないのである。

原注

序文

(1) 両論文〔"Truth and Meaning", "On Saying That"〕とも、現在ではDonald Davidson, *Inquiries into Truth and Interpretation* (Clarendon Press, Oxford, 1984)〔ドナルド・デイヴィドソン『真理と解釈』、野本和幸・植木哲也・金子洋之・高橋要訳、勁草書房、一九九一年〕に再録されている。

(2) P. F. Strawson, *The Bounds of Sense* (Methuen, London, 1966).〔P・F・ストローソン『意味の限界』、熊谷直男・鈴木恒夫・横田栄一訳、勁草書房、一九八七年〕また*Individuals: An Essay in Descriptive Metaphysics* (Methuen, London, 1959)〔P・F・ストローソン『個体と主語』、中村秀吉訳、みすず書房、一九七八年〕にも言及しておくべきだろう。

(3) Gareth Evans, *The Varieties of Reference* (Clarendon Press, Oxford, 1982).

(4) Wilfrid Sellars, "Empiricism and the Philosophy of Mind", in Herbert Feigl and Michael Scriven, eds., *Minnesota Studies in the Philosophy of Science*, vol.1 (University of Minnesota Press, 1956), p. 253-329.〔W・S・セラーズ『経験論と心の哲学』、神野慧一郎・土屋純一・中才敏郎訳、勁草書房、二〇〇六年、一一一〜二五九頁〕

(5) Robert Brandom, *Making It Explicit: Reasoning, Representing, and Discursive Commitment* (Harvard University Press, Cambridge, Mass., 1994).

(6) Richard Rorty, *Philosophy and the Mirror of Nature* (Princeton University Press, Princeton, 1971).〔リチャード・ローティ『哲学と自然の鏡』、野家啓一監訳、産業図書、一九九三年〕

序論

（1）"Two Dogmas of Empiricism", in W. V. Quine, *From a Logical Point of View* (Harvard University Press, Cambridge, Mass., 1961; 1st ed. 1953), pp. 22–46, at p. 41.〔W・V・O・クワイン「経験主義のふたつのドグマ」『論理的観点から――論理と哲学をめぐる九章』、飯田隆訳、勁草書房、一九九二年、六一頁〕

（2）"Empiricism and the Philosophy of Mind", in Herbert Feigl and Michael Scriven, eds., *Minnesota Studies in the Philosophy of Science*, vol. 1 (University of Minnesota Press, Minneapolis, 1956), pp. 253–329, at pp. 298–9.〔『経験論と心の哲学』二〇七頁〕

（3）こうした立場の明確な記述としては"Empiricism and the Philosophy of Mind", p. 257〔邦訳一二九頁〕を参照せよ。

（4）"On the Very Idea of a Conceptual Scheme", in Donald Davidson, *Inquiries into Truth and Interpretation* (Clarendon Press, Oxford, 1984), pp. 183–98, at p. 189.〔「概念枠という考えそのものについて」『真理と解釈』二〇一頁〕

（5）とくに"Mental Events", in Donald Davidson, *Essays on Actions and Events* (Clarendon Press, Oxford, 1980), pp. 207–25〔ドナルド・デイヴィドソン「心的出来事」『行為と出来事』、服部裕幸・柴田正良訳、勁草書房、一九九〇年、二六二～二九八頁〕を参照せよ。本文中の引用は p. 223〔邦訳二八七頁〕からのものである。

（6）三二四～三二五頁の注で私も認めているように、「露骨な自然主義」は、こうしたかたちの洗練された動機をもつ立場の呼称としてはおそらく不適切であろう。にもかかわらず私がこの呼称をあえて使い続けたのは、本書の元となった講義において、主題のひとつとしての地位をそれに与えていたからである。

第一講義

（1）"On the Very Idea of a Conceptual Scheme",

in *Inquiries into Truth and Interpretation* (Clarendon Press, Oxford, 1984), pp. 183–98.〔「概念枠という考え方そのものについて」『真理と解釈』〕とくにp. 187（「枠組全体（あるいは言語）と解釈されていない内容の二元論」〔邦訳一九七頁〕）およびp. 189（「概念枠と経験的内容との二元論」〔邦訳二〇〇頁〕）を参照せよ。

（2）*Critique of Pure Reason*〔『純粋理性批判』〕, trans. Norman Kemp Smith (Macmillan, London, 1929), A 51/B 75.

（3）私がすでに引用した文章にいたるまでの箇所はこうなっている。「われわれの心の受容性が、すなわち、何らかの仕方で触発されるかぎりにおいて表象を受容する心の能力が、感性と名づけられるならば、自ら表象を産み出す心の能力、つまり知識の自発性は、悟性と呼ばれるべきである。われわれの直観は感性的なもの以外ではありえない、すなわち、直観はわれわれが対象から触発される仕方しか含まない、というようにわれわれの本性は構成されている。他方で、われわれが感性的直観の対象を思考することを可能にする能力は悟性である。これらの能力のどちらにも、他方に対する優位を与えることはできない。感性がなければ対象はわれわれに与えられないであろうし、悟性がなければいかなる対象も思考されることはないであろう。内容なき思考は空虚であり、概念なき直観は盲目である」。

（4）「あるエピソードないし状態を知ることとして特徴づける場合、われわれはそのエピソードないし状態の経験的記述をおこなっているわけではない。むしろわれわれはエピソードないし状態を理由の論理空間のうちに、すなわち自分が言っていることの正当化および正当化可能性からなる論理空間のうちに位置づけているのである」。これは、所与の神話に対するセラーズの古典的攻撃、"Empiricism and the Philosophy of Mind", in Herbert Feigl and Michael Scriven, eds., *Minnesota Studies in the Philosophy of Science*, vol.1 (University of Minnesota Press, Minneapolis, 1956), pp. 253–329 のpp. 298–9〔『経験論と心の哲学』二〇七頁〕からの引用である。何かを理由の論理空間のうちに位置づけるということは、そうしたものであるかぎり、それに経験的記述を与えることとは正反対のものであるというセラーズの考えには、以下の講義でおりにふれて疑いを投げかけるつもりである。とはいえ、物事を理由の空間のうちに位置づけるというテーマは私にとってもっとも重要なもののひとつである。

概念空間は理由の空間の少なくとも一部をなしていると私が言うのは、理由の空間は概念空間よりも広いかもしれないという余地を当面は残しておくためである。この考えに関しては、以下の本文を参照せよ。

(5) こうした考えに関する入念な議論としては、Robert Brandom, "Freedom and Constraint by Norms", *American Philosophical Quarterly* 16 (1979), pp. 187–96を参照せよ。

(6) P. T. Geach, *Mental Acts* (Routledge and Kegan Paul, London, 1957), §§ 6–11.

(7) 講義をおこなった段階では、いま「免責」という言い方をした箇所で「口実（excuse）」という言い方をしていた。ズヴィ・コーエン（Zvi Cohen）は、それでは私の望むような対比をなさないと指摘してくれた。私が望んでいるのは、誰かが出入り禁止の場所にいるところを発見されたとしても、竜巻によってそこに運ばれたのであればそのひとは免責される、という意味との類比である。そのひとがそこに来てしまったということは、当人が責任を負える範囲を完全に越えている。これは、そのひとには依然として責任はあるが処罰を軽減する根拠もある、ということなのではない。

所与の神話に惹きつけられているときのわれわれは、概念空間を取り囲むものとして描かれていた境界線を横断する関係、すなわち、もっとも基本的な経験判断と所与との関係が理由構成的でありうるようには気を配っている。それが、理由の空間を概念空間よりも広いものとみなすことの眼目である。ところが、理由の空間が独立の実在と接触を果たすことになる新たな境界線では事態がどうなっているのかを考慮するのは忘れているのである。われわれが望んでいたのは、自発性の行使が世界それ自体の課す制約に従うと考えながらも、それでいて、自発性という考えの適用可能性が損なわれることのないようにすることである。われわれは、心的営みと世界との究極的な接触にいたってもまだ正当化が可能な範囲にいられるように、自分たちに責任ある自由を帰することができるのを望んだのである。今回の講義での私の主眼は、この二つの要件が、すなわち世界からの合理的制約と遍く行きわたる自発性とが両立可能であるということを理解するのがいかに難しいかを明らかにすることにある。所与の神話は後者を放棄し、私が以下（第6節）で考察するデイヴィドソン流の応答は前者を放棄するのである。

（8）これはもちろん、世界を経験することに能動性が含まれるのを否定することではない。探索することは能動的な活動であり、したがって観察すること、注視することなどもそうである。（こういったことは、J・J・ギブソンのような、経験はそもそも受動的な受容とみなされるべきではないと考える人々が巧みに強調しているとおりである。たとえばJ. J. Gibson, *The Senses Considered as Perceptual Systems*（George Allen and Unwin, London, 1968）〔J・J・ギブソン『生態学的知覚システム――感性をとらえなおす』、佐々木正人・古山宣洋・三嶋博之訳、東京大学出版会、二〇一一年〕を参照せよ。）しかし、経験において生じることに対してひとがおこなえる制御には限界がある。どこに身を置くべきか、どの程度の強さに注意力を調整すべきか、といったことであれば決定できる。しかし、そういったことをすべておこなったうえで自分が何を経験することになるかはそのひとに決められることではない。この最低限の論点が私のこだわっているところである。

（9）ここでの論点は、よく知られた錯視によってうまく説明される。ミュラー＝リヤーの錯視においては、経験は二本の線の長さを等しくないものとして表象するが、錯視だと分かっているひとであれば、じっさいにその通りであると判断するのを差し控えるであろう。

（10）こうした論点を詳細に扱ったものとしては、Sellars, "Empiricism and the Philosophy of Mind", §§ 10–20〔邦訳一四七～一六六頁〕を参照

せよ。

(11) この段落の譬喩は、W・V・クワインの古典的論文 "Two Dogmas of Empiricism", in *From a Logical Point of View* (Harvard University Press, Cambridge, Mass., 1961; 1st ed. 1953), pp. 20-46〔『論理的観点から』三一〜七〇頁〕の有名な最終節を連想させるよう意図したものである。

(12) "A Coherence Theory of Truth and Knowledge", reprinted in Ernest LePore, ed., *Truth and Interpretation: Perspectives on the Philosophy of Donald Davidson* (Basil Blackwell, Oxford, 1986), pp. 307-19.〔ドナルド・デイヴィドソン「真理と知識と斉合説」『主観的、間主観的、客観的』、清塚邦彦・柏端達也・篠原成彦訳、春秋社、二〇〇七年、二一八〜二五一頁〕

(13) これはリチャード・ローティの証言に依拠している。Richard Rorty, "Pragmatism, Davidson, and Truth", in LePore, ed., *Truth and Interpretation*, pp. 333-55 の p. 340〔リチャード・ローティ「プラグマティズム・デイヴィドソン・真理」『連帯と自由の哲学』、冨田恭彦訳、岩波書店、一九九九年、二三三頁〕を参照せよ。

(14) この答えがなぜ不十分なのかを正確に述べるには注意が必要である。それは、自分の信念が何についてのものであるのかに関してわれわれはひどく間違っているかもしれないと告げられていることになるからではない。私の信念は電子インパルスやなにやらについてのものではなく、たとえば一冊の本についてのものだと私が抗議するとしたら、「たしかにあなたの信念は本についてのものである——あなたが使用している『一冊の本』という語句が、正しく解釈される方法が与えられるとするならば」という答えが返ってくる可能性がある。このような再解釈は、私が水槽のなかの脳であるという仮定に合うように言えば、私の第一レベルの信念が何についてのものであるのかに関する私の高次のレベルの信念に影響を及ぼすのと正確に連動して、私の第一レベルの信念にも影響を及ぼす。問題はこうである。すなわち、ローティがデイヴィドソンに帰している議論においては、信念主体がそのひとの世界とどのように接触しているかを解釈は把握できるとされているにもかかわらず、信念主体に物事がどう映るかは現実の環境（解釈者が見て解釈のうちに持ち込む環境）が変化しても変わることがない、ということなのである。そうだとすると、この議論で個別的なものとの接触という考えがその本当の意味において扱われていると主張することは不可能になると私には思われる。被解釈者の信念はこの対象についてのものだと解釈者がみなしたとしても、被解釈者にとってその対象はいわば不可知なもの（noumenal）でしかないことになる。

(15) たとえばB 67参照。

(16) たとえばA 22/B 37参照。ひとつの議論のなかでこの二つのフレーズがともに扱われている箇所としては、B xxxix–xliの脚注を参照せよ。

(17) このウィトゲンシュタイン読解については"One Strand in the Private Language Argument", *Grazer Philosophische Studien* 33/34 (1989), pp. 285–303でもう少し論じている。"Intentionality and Interiority in Wittgenstein", in Klaus Puhl, ed., *Meaning Scepticism* (De Gruyter, Berlin, 1991), pp. 148–69も参照せよ。

(18) *Philosophical Investigations*, trans. G. E. M. Anscombe (Basil Blackwell, Oxford, 1951), §273.〔『哲学探究』、藤本隆志訳、ウィトゲンシュタイン全集八巻、大修館書店（以下「全集」と省略）、一九七六年、一九〇頁〕

(19) P. F. Strawson, *The Bounds of Sense* (Methuen, London, 1966), pp. 100–1〔『意味の限界』一〇九〜一一二頁〕を参照せよ。

(20) これは、「内的経験」が気づきを媒介することはありえないということではない。たとえば、ある種の感覚は一定の身体的状況についての媒介された気づきを生み出すかもしれない。しかしこの場合、その媒介された気づきの対象はカント的な意味で「内的」であるのではない。以下の本文を参照せよ。

(21) たとえば、*The Blue Book* (in *The Blue and Brown Books* [Basil Blackwell, Oxford, 1958]), p. 68〔『青色本・茶色本』、大森荘蔵訳、全集六巻、一九七五年、一一三頁〕ではこう言われている。

「『私は痛い』という命題と『彼は痛い』という命題の違いは、『L・Wは痛い』と『スミスは痛い』との違いではない。むしろ、うめくことと誰かがうめいていると言うこととの違いに対応するものだ」。最初の文で言われていることに私は反論する気はない。しかし二番目のような文は、少なくとも何人かの注釈者にとっては、「告白(avowal)」をその他の様態の表出(expression)に同化させて主張から遠ざけるような理説を示唆することになったのである。だが、これは私には言い逃れであるように思われる。

第二講義

(1) *Philosophical Investigations*, §95.〔『哲学探究』九三頁〕

(2) §95は次のように続いている。「しかしこのパラドックス(それは自明の理というかたちをとる)はまた次のようにも表現できる。すなわち、思考は成り立っていないことについてのものでありうる、と」。

(3) *Philosophical Investigations*, §428〔邦訳二五四頁〕を参照せよ。「思考がまさに対象そのものを扱うのはいかにして可能であったのか。思考によって実在をわれわれの網に捕らえたかのように、われわれは感じてしまう」。

(4) *Tractatus Logico-Philosophicus*, trans. D. F. Pears and B. F. McGuinness (Routledge and Kegan Paul, London, 1961), §1.〔『論理哲学論考』、奥雅博訳、全集一巻、一九七五年、二七頁〕

(5)『論考』はしばしばこの方向で読まれる。最近のものとしては、David Pears, *The False Prison*, vol. 1 (Clarendon Press, Oxford, 1987) を参照せよ。ペアーズのしているような解釈に反対する者たちには、逆向きの先行性のテーゼを『論考』のうちに見いだす傾向や、あるいは少なくとも、その手のことから自分自身の解釈をきっぱりと分けないという傾向がときどき見られる。(これは、観念論だとの異議を受けるに値するかもしれない。) しかし私は、いずれの先行性も『論考』で主張されているとは思わない。

（6）第一講義第7節を参照せよ。

（7）赤いということの説明に、赤く見えるものであることをもってするのと、われわれのうちに「内的経験」を引き起こすものであることをもってするのとは、まったく別のことである。「赤く見える」における「赤」も「赤い」における「赤」におとらず「外的経験」に関連する概念を表しており、要するに両者はまさに同じ概念を表わしているということに注意せよ。（セラーズは「経験主義と心の哲学」でこの論点を強調している。）

（8）Sellars, "Empiricism and the Philosophy of Mind", §§ 18–20〔『経験論と心の哲学』一六一〜一六六頁〕を参照せよ。

（9）これは、ガレス・エヴァンズが "Things without the Mind — a Commentary upon Chapter Two of Strawson's *Individuals*", in Zak van Straaten, ed., *Philosophical Subjects: Essays Presented to P. F. Strawson* (Clarendon Press, Oxford, 1980), pp. 76–116で打ち出している論点を表現するひとつのやり方である。

（10）私が念頭に置いているのは、"Pragmatism, Davidson, and Truth" でローティがしたようなディヴィドソンの使い方である。

（11）これによって私は、Hans-Georg Gadamar, *Truth and Method* (Crossroad, New York, 1992; rev. trans. Joel Weinsheimer and Donald Marshall), pp. 306–7〔ハンス＝ゲオルグ・ガダマー『真理と方法Ⅱ』、轡田收・巻田悦郎訳、法政大学出版局、二〇〇八年、四七九頁〕で用いられている「地平の融合」の概念を思い起こしてもらうことを狙っている。

（12）この表現はA. J. Ayer, "The Concept of a Person", in *The Concept of a Person and Other Essays* (Macmillan, London, 1964), pp. 82–128のp. 101から借用したものである。エイヤーはその考えをC・K・オグデンとI・A・リチャーズに帰している。

（13）P. F. Strawson, *Individuals: An Essay in Descriptive Metaphysics* (Methuen, London, 1959) の第三章〔『個体と主語』一〇四〜一四一頁〕を見

よ。また、*The Varieties of Reference* (Clarendon Press, Oxford, 1982) の第七章でガレス・エヴァンズがストローソンの思想をどう利用しているかも参照せよ。

(14) この対比の後半にはいくぶん脆弱なところがある。「内的経験」の対象の感覚的特性も第二性質の場合と同じように、それを経験するとはいかなることかによってのみ理解されると言われるかもしれない。私が他人の痛みを思考のうちに捉えることができるのは、そのひとの経験が当人にとっていかなるものかを私が考えている場合だけである。誰かが痛みを感じているという状況はその状況についての当人の「内的経験」を通してでなくとも思考可能である、という私の主張に、その状況はそれについての当人の「内的経験」を度外視しても——たとえば行動主義的な観点から——思考可能である、という含みをもたせるつもりはない。ところが第二性質の場合には、一人称の観点と三人称の観点のあいだのこのような交錯に対応するものがまったくないのである。この注はダニエル・マクベス (Danielle MacBeth) からのコメントに答えたものである。

(15) この手の観念論批判としては、Thomas Nagel, *The View from Nowhere* (Oxford University Press, New York, 1986)〔トマス・ネーゲル『どこでもないところからの眺め』、中村昇・山田雅大・岡山敬二・齋藤宜之・新海太郎・鈴木保早訳、春秋社、二〇〇九年〕の第六章を参照せよ。

(16) この考えは、C・S・パースの次のよく知られた言明のうちに含意されている。「探求するひとすべてが最終的に一致する運命にある意見を、われわれは真理と呼ぶのであり、この意見において表現される対象が実在的なものである」。"How to Make Our Ideas Clear", in *Writings of Charles S. Peirce*, vol. 3 (Indiana University Press, Bloomington, 1986), pp. 257–76, at p. 273; originally in *Popular Science Monthly* 12 (January 1878), 286–302.〔パース「概念を明晰にする方法」『世界の名著59 パース・ジェイムズ・デューイ』、上山春平・山下正男訳、中央公論新社、一九八〇年、九九頁〕

(17) こうした方向での不満を鮮明に表現したものとしては、シンポジウム"The Disappearing 'We'"に対するバリー・ストラウド(Barry Stroud)の寄稿論文(ジョナサン・リアの論文へのコメント)[*Proceedings of the Aristotelian Society*, supp. vol. 58 (1984), 243-58]を参照せよ。

(18) Henry E. Allison, *Kant's Transcendental Idealism: An Interpretation and Defense* (Yale University Press, New Haven, 1983) と比較せよ。アリソンは、超越論的観念論が心理主義的現象主義に対する唯一の代案であるという理由から、超越論的観念論を擁護している。彼の基本思想は次の段落(p. 13)に要約されている。「じっさい、『純粋理性批判』によって提起された根本的な問いは、物自体の可能性の条件とは区別できるような(…)物についての知識の可能性の一連の条件をそれだけで取り出せるかどうかということである、と言うことができる。後者の条件は現れるかぎりでの物の条件に相当し、前者の条件はそれ自体としてあるかぎりでの物の条件に相当するであろうから、この問いに対して肯定的に答えるなら、「現れるかぎりでの物と、それ自体としてあるかぎりでの物のあいだの」超越論的区別を受け入れ、それとともに超越論的観念論を受け入れることになる。逆に、この問題に標準的描像の場合のように否定的に答えるなら、「主観的」とされる条件がどれも心理主義的な観点から解釈されることは避けられない。したがって、標準的描像の特徴である主観主義的・心理主義的・現象主義的カント解釈は、この問いに否定的に答えることから直接帰結するのである」。私は、カントのうちに心理主義的現象主義を見るべきではないという点には同意する。(しかしながら、カントのうちに心理主義的現象主義を見る「標準的描像」の代表としてアリソンが挙げているのはストローソンの『意味の限界』なのだが、ストローソンをそのように読むことは馬鹿げていると私には思われる。)私が同意できないのは、アリソンの問いに否定的に答えるなら心理主義を誘い込むのは避けられないという点である。それは、カントに対するフィヒテの、そしてとくにヘーゲルの反応をまったく無意味なものとしてしまうことになる。

（19）*Phenomenology of Spirit*『精神現象学』, trans. A. V. Miller (Oxford University Press, Oxford, 1977), §197 (p. 120). *Hegel's Idealism: The Satisfactions of Self-Consciousness* (Cambridge University Press, Cambridge, 1989）の p. 164でロバート・B・ピピン（Robert B. Pippin）は、「この言明はヘーゲルが向かっている立場をはっきり表してもいる」と述べているけれども、第一にはそれをストア主義の表現として読んでいる。私に必要なのは前者の主張だけであり、じっさいにはそれがこの言明についてまっさきに言うべきことであると私なら主張するだろう。『精神現象学』の各節の最初の数段落では、「ヘーゲルが向かっている立場」の輪郭が示されるのが典型である。そのあとになってはじめて不十分な点がじっさいに明るみに出るのである。この言明は「ストア主義」と題された節に登場するが、その節において弁証法の振り子を揺らし続けることになるものが現れる前の移行段階に属している。

第三講義

（1）このように反省に開かれていることが思考主体の側での自己意識を含意するということは、述べておくに値する。というのもそれは、ここで言う概念的なものという考えがどれほど多くのことを求めるかを明らかにするのに役立つからである。しかし、いまの段階で私がこの論点を注落ちにするのは、自己意識をめぐる諸問題は先（第五講義）にならないと前面には出てこないからである。

（2）*The Varieties of Reference*, p. 227（強調原文）。以下とくに断りのないかぎり、今回の講義でのエヴァンズからの引用はすべてこの著作からのものである。なによりもまず明確にしておきたいのは、ここで批判されることになるエヴァンズのテーゼを、私は彼のきわめて重要な著作の主要な主張にとって本質的なものとは考えていないということである。エヴァンズの主要な主張には第五講義（第6節）で立ち戻るつもりである。

（3）*The Varieties of Reference*, pp. 122–9を参照せ

よ。

(4) 厳密な意味での信念という観念については第6節で論じるつもりである。

(5) 状態だけでなく出来事も「経験」と呼べるという事実に合わせて、エヴァンズの説明を複雑にするのは難しいことではなかろう。

(6) 注意してほしいのは、根拠づけることはかならずしもある内容から別の内容へと推論を進めることに依存するわけではないということである。物事がしかじかであるという判断は、物事がしかじかであるという知覚的現われを根拠とすることができるのである。しかしだからといって、経験（とくに視覚経験）に特有の豊かさが抹消されてしまうことにはならない。典型的な経験判断は、それが基づく経験の内容のうちから選択をするのである。つまり、物事がしかじかであるという判断を根拠づける経験は、物事がしかじかであるという現われを提供することに尽きるわけではない。すでに概念的なものとして与えられている豊かな内容のうちから選択をすることとは、判断が生みだすとエヴァンズの考えているもの、すなわちある種類の内容から別の種類の内容への移行なのではない。

(7) 経験と判断とのあいだの関係は合理的なものでなければならず、それゆえ自発性の及ぶ範囲内にあるのでなければならないということを認めたからといって、経験それ自体に関して譲歩を余儀なくされるわけではない、とどうして言えないのか。この組み合わせがどうしたらうまく機能しうるのか理解するのは難しいと私は主張してきたが、しかし、エヴァンズの立場に問題がないように見えるのだとすると、それを理解するのはさほど難しくないと思われるかもしれない。この講義がおこなわれたときのかたちを根本的に作りかえるよりは、この問題に関する議論は「後記」にまわすことにする。

(8) *The Varieties of Reference*, p. 176 の次の箇所を参照せよ。「客観的な空間世界についてそもそも思考できるどのような主体も、自分の正常な経験を、世界のあり方ならびにそこでの自分の位置の移動の双方に同時に依存するものとして捉えなければならない。空間に位置を占め、空間を通る連続した道筋を辿るものとして自分自身を考える能力は、自分が出会う現象をその知覚から独立したものとして捉える——つまり、世界を自分が出会うものとして捉える——能力に必然的に含まれている」。また p. 222 の次の箇所も参照せよ。「客観的な空間世界という考え——知覚されうるが、その存在が知覚に依存しないような対象や現象からなる世界という考え——をもっているどのような思考者も、世界についての知覚を、世界における自分の位置ならびにその位置での世界の状況の双方に同時に依存するものとして考えることができなければならない。知覚可能な客観的空間世界という考え自体のうちに、世界における自分の位置の移動とそれなりに安定した世界のあり方とに依存する知覚を重ねながら世界の*なかに*存在する主体という考えが含まれているのである」。エヴァンズはこの思想を“Things without the Mind”で詳細に展開している。この思想はストローソンのカント読解の中核をなすものである。*The Bounds of Sense* の第二章、とりわけ p. 104〔『意味の限界』一一四〜一一五頁〕を参照せよ。

（9） “Things without the Mind”においてエヴァンズは、経験の対象という考えは「自立的なものではありえない、つまりその周りを固める理論なしには成立しえない」(p. 88) と論じている。ここで求められている理論とは、知覚可能なものがじっさいに知覚される条件についての理論である (pp. 88–9)。カント的な意味での自発性の観念を理解しようと思うなら、暗黙裡にでしかないにせよそうした理論をもっていると考えてもおかしくはない生き物と、そう考えるのは無理がある生き物は、自発性を所有しているかいなかで区別されるのだと考えなければならない、というのは疑いない。

（10） この湧出 (welling-up) という描像を明晰かつ興味深い仕方で詳細に示したものとしては、Daniel Dennett, “Toward a Cognitive Theory of Consciousness”, *Brainstorm: Philosophical Essays on Mind and Psychology* (Bradford Books, Montgomery, Vt., 1978), pp. 149–73を参照せよ。デネットによれば、パーソナルレベルでの内容の役割は、われわれの内部機構についてのサブパーソナルな説

明において言及される内容の一部に対するわれわれのアクセスという点から理解できる。私の考えでは、この描像に誤りがあることをデネット自身の議論が強く示唆している。それはまったく信じがたい主張へとデネットを導いている。すなわち、知覚的気づきは虫の知らせや予感と同じ部類に属するのであり、それがふつう虫の知らせや予感と呼ばれているものと違うのは、それには脈絡があるという点だけだという主張である（pp. 165–6を参照せよ）。これについて私は "The Content of Perceptual Experience", *Philosophical Quarterly* 44 (1994), 190–205で論じている。

(11) *The Varieties of Reference*, p. 229. 明らかにここで色は、経験のもつ多くの特徴を代表するものとしてとりあげられている。

(12) 最近の著作で、クリストファー・ピーコックはこうした見解をとっている。概要についてはChristopher Peacocke, *A Study of Concepts* (MIT Press, Cambridge, Mass., 1992) を参照せよ。

(13) *Philosophical Investigations*, §279.〔『哲学探究』一九二頁〕

(14) 正確な色合いについての記憶力には個人差があるのは明白である。しかし、食通やワイン通を目指す者が風味の記憶力を磨くように、色合いの記憶力を磨くことができるのは疑いない。

(15) ピーコックは例外である。*A Study of Concepts*, pp. 83–4を参照せよ。ただし、たとえそこでピーコックが、きめの細かさは経験内容が概念的だというテーゼの脅威とはならないことを実質的に認めているとしても、それ以前の文章で彼が臆面もなく次のように主張していることには注意しておくべきだろう。すなわち、「経験の客観的内容について論じる者たちは、経験主体の所有する概念では完全には表現できないほどきめの細かい内容を経験がもっていることがありうる、ということをしばしば指摘してきた」(p. 67) という事実が、経験内容は部分的には非概念的であるという彼の見解に有利な証拠になると主張していることである。この論者たちがしばしばおこなってきた当の主張が誤っているなら、それを取り入れることがどうしてピーコックの見解にとって有利になるというのであろうか。

(16) 別の意味では、この特定の色合いを心のうちに抱く能力は恒常的なものであり、この能力を所有するには、主体が色合いの概念を恒常的な識別能力とともに所有してさえいれば十分である。経験はこの恒常的な潜在能力をある程度まで顕在化させる。つまり、あの色合いをあの色合いとして心のうちに抱く能力は経験においては顕在的に働き、それ以降、その経験の想起に基づく思考においては潜在的に働くのである。

(17) この節の論旨は、私が（コリン・マッギン（Colin McGinn）と）一九八六年にオックスフォードでおこなったセミナーに由来する。しかしこの問題に関する私の考えは、その後、ソニア・セディヴィ（Sonia Sedivy）との議論によって深められた。彼女は、知覚経験の感覚的特性は概念と対置されるものとしての印象によって説明されるべきであるというセラーズの考えに応答することから、独自に類似の考えに到達した。一九九〇年にピッツバーグ大学に提出された彼女の学位論文 “The Determinate Character of Perceptual Experience” を参照せよ。

第四講義

(1) 第一講義第2節参照。むろん自然についての記述は、互いに正当化の関係で結ばれている。この対比が意味しているのは、記述される事態そのもののうちにはそうした結びつきはないということである。

(2) 近代自然科学によってわれわれが抱くようになった考え方に基づけば、ここでの決定的な対比は、理由の空間の内的構成と自然の内的構成のあいだにある。この対比は自由の領界と自然の領界のあいだのカント的対比と呼応している。それは、カント以降ほとんどの哲学に解決を迫る課題を与えており、セラーズの思考にとっても中心的なものである。

本文中で私は、セラーズの追随者の何人かが理由の空間とは対極に位置するものに対して与えた注解をあえて避けた。たとえばローティはセラーズを忖度して、理由の論理空間と「対象との因果関係」の論理空間との区別について述べている（*Philosophy and the Mirror of Nature* [Princeton University Press, Princeton, 1979〕, p. 157〔『哲学と自然の鏡』一六五頁〕)。これは、私の考えでは、近代自然科学がその主題を構成するもっとも基本的な仕方についての異論の余地のある描像を反映している。それは、ラッセルが彼の論文 "On the Notion of Cause" in Bertrand Russell, *Mysticism and Logic* (George Allen and Unwin, London, 1917), pp. 132–51 in the 1963 paperback edition で異議を唱えたものである〔バートランド・ラッセル「原因という概念について」、『神秘主義と論理』、江森巳之助訳、みすず書房、一九五九年、二〇七〜二四〇頁〕。ラッセルの指摘によれば、因果関係という考えは、自然科学の捉える世界の基本的構成原理の役割という点では、法則に基づく過程といった考えに取って代えられるべきである。それゆえ、理由の空間との正しい対比にあるのは原因の空間ではなく、本文にあるように法則の領界なのである。(私は所与の神話がなぜ神話であるのかをセラーズ流に説明するにあたって、単に因果的な関係は正当化の務めを果たしえないという事実を指摘したが〔第一講義第3節〕、以上のことはこの事実には抵触しない。)

問題の対比についてのローティのような読み方は科学に関して誤っているというだけではない。因果的連関という考えは理由の空間に組み込まれていない思考に限定されるという含意をもつ点でも、この読みには異論の余地がある。私の読みでは、その対比は、議論の領域が対象との因果関係の論理空間のうちに置かれるとしても、そのことで理由の論理空間のうちにないことが証明されたことにはならないという可能性を残している。ローティの対比の含意に反して、理由は原因であるかもしれない。

(3) Charles Taylor, *Hegel* (Cambridge University Press, Cambridge, 1975) の第一章を参照せよ。

(4) "Mental Events" in *Essays on Actions and Events* (Clarendon Press, Oxford, 1980), pp. 207–25. とくに pp. 221–3〔『行為と出来事』二八五〜二八八頁〕参照。

(5) 私の見るところ、デイヴィドソンの思想は、私がカントの用語で「悟性の自発性」と呼んできたものに関係している。このような解釈は、自分が関心をもっている概念装置に特有な点を説明するためにデイヴィドソンが「合理性の構成的理想」に訴えていることと、自発性というカントの考えを解釈するために私が利用した理由の空間というセラーズ的イメージとのあいだに、明白な合致があるという点に基づいている。

(6) それゆえ、理由は原因でもありうるが、理由が因果関係に立つのは、理由が合理的関係に立つことによってではない。

(7) 私が小文字から始まる「platonism」を使うのは、数学の哲学において言われるような意味でこの呼び名を使っていることを強調するためである。数学の文脈でこの語が使用される際に前提とされているのは、比喩的表現に含まれる一般的類似性なのだが、それを越えてプラトンとの結びつきを含意させるつもりはない。私は第六講義（第1節）で、この意味でのプラトニズムをプラトンと結びつけることへの反論を提示するつもりである。

(8) ここで、デイヴィドソン流の一元論は助けにならない。われわれが語る事象はすべて自然のうちにあると考えても、そのうちのいくつかの事象について超自然的に見える真理が成り立つことから目が離せないかぎり、慰めにはならないだろう。自然を法則の領界と考える自然主義の文脈において理由の空間と法則の領界の対比が提起するのは、存在論ではなく観念編成上の（ideological）問題なのである。

(9) 『ニコマコス倫理学』第六巻第一三章。

(10) これは、デヴィッド・ロス卿（Sir David Ross）の *The Nicomachean Ethics of Aristotle* (Oxford University Press, London, 1954) での訳語である。テレンス・アーウィン（Terence Irwin）の英訳 (Hackett, Indianapolis, 1985) では「intelligence」である。（アリストテレスの原語は「*phronēsis*」である。）

(11) この種の読み方については、Bernard Williams, *Ethics and the Limits of Philosophy* (Harvard University Press, Cambridge, Mass., 1985)〔バナード・ウィリアムズ『生き方について哲学は何が言えるか』、森際康友・下川潔訳、産業図書、一九九三年〕の第三章参照。これと同様の解釈は、Alas-

dair MacIntyre, *After Virtue* (Duckworth, London, 1981)〔アラスデア・マッキンタイア『美徳なき時代』、みすず書房、篠崎榮訳、一九九三年〕第九章にも見られる。

(12) われわれの知っているような認識論が抱える懸念、すなわち近代に特有のものと広く認められている例の懸念と比較してみよう。問題の根は同じである。セラーズは近代認識論の不安の源を、知識ということで考えられているのは、正当化のネットワークにおける位置のことであるという事実に求めた。彼が理由の空間に言及したのは、この文脈においてであった。理由の空間が自然から駆逐されるおそれを感じつつこの事実を受け入れようとするとき、知識をめぐる周知の近代的な不安が生じる。知識を理由の空間における位置として考えることが目新しかった――まるで、知識は規範的状態であるという近代認識論で重要な意味をもつようになった着想に、一七世紀頃になってようやく人々がたどり着いたかのように――ということではない。むしろ近代以前には、知識が規範的状態であるという考えは、たとえば、知識は自然的な力の行使の所産であるかもしれないといった考えと緊張を孕むとは感じられていなかったのである。この緊張に対処するために、まさにこの緊張をもたらしかねない仕方で自然を捉えたうえで、理由の空間を構成する規範的連関を自然のうちで最終的に根拠づけようとする自然主義は、アリストテレス流の自然主義とはまったく異なる。アリストテレス流の自然主義はこの緊張をけっして感じないし、根拠づけや基礎づけといった比喩をまったく必要としないのである。(これについては、ロザリンド・ハーストハウス(Rosalind Hursthouse)とガヴィン・ローレンス(Gavin Laurence)の編集によるフィリッパ・フット(Philippa Foot)への献呈論文集に所収予定の"Two Sorts of Naturalism"でさらに詳しく論じている。

(13) 彼はそうした疑いを考慮することにまったく興味を示していない。じっさい、彼は当の倫理的態度が養われている者に対してしか講義をおこなわないと明記している(『ニコマコス倫理学』第一巻第四章 1095b4–6)。

（14）「悪い先入見」とは重複表現ではない。先入見は悪いものであるということにはかならずしもならず、むしろ理解の条件であるという考えについては、Gadamar, *Truth and Method*, pp. 277–85〔『真理と方法II』四三五〜四四九頁〕参照。

（15）私が反対しているような解釈によれば、アリストテレスは、人間としての生を充全に実現するとはどういうことかをめぐる諸事実に、この基礎づけ的な役割を帰属させていることになる。しかし生の充全な実現という観念は、アリストテレスにおいては、徹頭徹尾すでに倫理的なものとして扱われている。生の実現に関係した動機づけが形成されるのは、すでに倫理的であるような関心によってのみである。（『ニコマコス倫理学』第一巻七章 1098a16–7 参照。）

これとは別に理由の要求を根拠づける候補となるのは、ほかならぬそうした要求が織りなしている文脈を前提しないで記述できるとされる社会的相互作用である。この社会的相互作用が、よりよい反省を経るならわれわれの思考において理由の要求に取って代わるはずだとされるわけである。この種の立場については、次の講義で論じるつもりである。

（16）『ニコマコス倫理学』第二巻参照。この点に関する優れた議論としては、M. F. Burnyeat, "Aristotle on Learning to Be Good", in Amélie Oksenberg Rorty, ed., *Essays on Aristotle's Ethics* (University of California Press, Berkeley, 1980), pp. 69–92〔M・F・バーニェト「アリストテレスと善き人への学び」、神崎繁訳、『ギリシア哲学の最前線II』（井上忠・山本巍編、東京大学出版会、一九八六年）八六〜一二四頁〕を参照。

（17）『哲学と自然の鏡』参照。

（18）*Philosophical Investigations*, ∫ 133.〔『哲学探究』一〇七頁〕

第五講義

（1）ここで考察しているような根拠に基づいてとられた立場に対して、「露骨な自然主義」という呼称は妥当ではないかもしれない。そうした方向で考える者は、理由の空間の構造は「それ独自」のものである、つまり法則の領界の構造と異質なものであるという考えの論拠に気づいているにせよ、哲学的な袋小路を恐れて、理由の空間が「それ独自」のものでありえないという判定を下すことになる。この場合の自然主義を動機づけているのは、不毛な哲学を反省のうえ避けることである。「露骨な自然主義」という私の呼称がよりふさわしいのは、原則に従って不毛な哲学を避けることをしない無反省的な科学主義であって、これは、何がそうした哲学へと追い込むおそれがあるのかをはっきり見定めようとしない考え方である。この考え方に従う人々はめでたくも不毛な哲学から免れているかもしれないが、それを知的達成と誤解すべきではない。

(2) この第二の選択肢は、心的なものの他の側面に関する哲学的反省においてそれに対応する選択肢とともに、デカルトの心の哲学、少なくともよく知られた読み方でのその哲学に当てはまる(この読み方はギルバート・ライル(Gilbert Ryle)の *The Concept of Mind* [Hutchinson, London, 1949]『心の概念』、坂本百大・井上治子・服部裕幸訳、みすず書房、一九八七年)によって広められたものである)。この読み方でのデカルト的な心の哲学は、のちになってようやく理由の空間のもつ「それ独自」の性格として焦点が合わされるものが漠然とではあれ気づかれていたことを反映している、と理解できる。理由の空間がそれとの対比で「それ独自」のものとされるような自然のうちに何かが位置づけられるという見方は、ひとたびそれが明確にされれば、理由の空間のうちで機能する概念の役割を排除するものとみなされる。しかし、この見方が形成される初期の段階において、こうした概念に特別なのは、それらを充足するものを自然——当の緊張の引き金となる見方そのものの萌芽形態に従って理解された自然——のなかの特別な領域に位置づけることだと想定したくなることも、理解できないことではない。

(3) 他の事物と同様、身体的過程もまた記述的特定に合致しうるが、それは意図の内容を与えるものであるかもしれない。しかしこの見方では、行為者の四肢の運動への意図の関わり方のほうが、たとえば、木が倒れることへの意図の関わり方に比べて緊密だとは言えなくなる。両方の場合に、行為者による記述的特定に合致し、その特定がなされた結果として生じる出来事がありうる。意図は当の出来事そのものとは外的な関係しかもたないことになるのである。

(4)「せいぜい」と言うのは、このような描像が不安定だからである。ここで意志として考えられているものは日常的な自然におけるいっさいの出来事から切り離されているが、これは結局のところ、意志するという考えそのものを台無しにする。

(5)行為者性に関してこうした指摘をおこなうのは、私が引き合いに出してきた哲学的不安が一般的なものである、すなわち経験への適用は単にその一例でしかない、ということを明らかにするためであるにすぎない。行為へのその適用については、ずっと多くのことが言えるだろう。とくに私が思うのは、ある種の身体的過程は単に自発性の結果ではなく行為におけるわれわれの自発性にほかならないというそのあり方が、自己を世界のなかの身体的存在として正しく理解することの核心をなすということである。これは本講義後半(第5節)の主題であるが、ここでは指摘のみにとどめておきたい。

(6)威丈高なプラトニズムがはっきりと働いているのは、「度はずれた事実」(*Philosophical Investigations*, §192〔『哲学探究』一五六頁〕)という考えにおいてである。ウィトゲンシュタインはこれを、「〔何かを〕意味することが移行を前もって決定できる仕方」(§190〔邦訳一五五頁〕)について考察を加える際に陥りがちな考えとして描いている。ウィトゲンシュタインがこの症状を再現してみせるとき、「度はずれた事実」と言われるものは、想像もできないほど堅い素材から作られている点以外は普通のメカニズムと変わらないスーパーメカニズムとして描かれることが少なくない。たとえば、§97〔邦訳九三〜九四頁〕を参照せよ。

(7)Saul A. Kripke, *Wittgenstein on Rules and Private Language* (Basil Blackwell, Oxford, 1982〔ソール・A・クリプキ『ウィトゲンシュタインのパラドックス——規則・言語・他人の心』、黒崎宏訳、産業図書、一九八三年〕)を参照せよ。ク

リスピン・ライトは、これとは独立にだが部分的に似た読み方をしている。ふたりとも、威丈高なプラトニズムの神話をウィトゲンシュタインが拒否していることから始めている。クリプキのウィトゲンシュタインは、意味が課す要求に対してわれわれが感応するということを成立させるようなものは何もないと結論する。むしろわれわれは、われわれの営みにおいてこの考えが果たす役割を、共同体への参入という観点から理解しなおさなければならないというのである。ライトの読解によると、『探求』の同じ箇所は、何が意味の把握を成立させるのかについての実質的な説明を示唆している。（それは示唆にすぎない。ウィトゲンシュタインが実質的な哲学的理論を「公式には」拒否しているせいで、つまり彼の「静寂主義」が足かせとなって、自分が構築的哲学に取り組んでいることを認められないでいるというわけである。）Crispin Wright, "Critical Notice of Colin McGinn, *Wittgenstein on Meaning*", *Mind* 98 (1989), 289–305 を参照せよ。

（8）Wright, *Wittgenstein on the Foundations of Mathematics* (Duckworth, London, 1980) の第一一章における「承認超越 (ratification-transcendence)」についての議論を参照せよ。

（9）ライトはこの点を自覚している。ウィトゲンシュタインが「静寂主義」を肯定しているのを嘆かわしく思うというのが、彼の反応である。

（10）*Philosophical Investigations*, §25.〔邦訳三四頁〕

（11）Cf. *Philosophical Investigations*, §127.〔邦訳一〇五頁〕

（12）*Ethics and the Limits of Philosophy* の第一〇章〔『生き方について哲学は何が言えるか』二八七～三二四頁〕を参照せよ。

（13）これは、ロバート・ブランダムとマイケル・ロックウッド (Michael Lockwood) によるコメントへの応答である。

（14）「超越論的演繹」のこうした読み方としては、Strawson, *The Bounds of Sense*, pp. 72–117〔『意味の限界』七五～一三〇頁〕を参照せよ。

（15）*Critique of Pure Reason*〔『純粋理性批判』,

B131.

(16)「異なる時間における私自身の意識の同一性は(…)私の諸思考とそれらの整合性の形式的条件にすぎず、私という主体の数的同一性をけっして証明しない」(A 363)。

(17) Quassim Cassam, "Kant and Reductionism", *Review of Metaphysics* 43 (1989), 72–106, とくに pp. 87–8を参照せよ。

(18) *An Essay concerning Human Understanding*〔『人間知性論』〕, ed. P. H. Nidditch (Clarendon Press, Oxford, 1975), 3. 27. 9.〔「2. 27. 9」の誤記と思われる。〕

(19) これはストローソンの「誤謬推理」解釈である。*The Bounds of Sense*, pp. 162–70.〔邦訳一八四〜一九五頁〕

(20) カントのうちにストローソンが見いだす論点をこうした方向で彫琢したものとしては、Evans, *The Varieties of Reference*, p. 237を参照せよ。エヴァンズ(あるいは、もっとありそうなことには彼の編者)は、「誤同定による誤りへの免疫」という考えを使ってこの論点を捉えることができると主張しているが、この考えが他の箇所(pp. 179–91)では知覚に基づく直示的思考の文脈で利用されている以上、それは不用意な主張だと思われる。「誤同定による誤りへの免疫」が見られるのは、述定が同一性判断を介したものではない場合である。しかし、エヴァンズがp. 236で指摘するように、この意味での「同定免除」は、対象の追跡に判断が依存していることと整合的であるのだが、ほかならぬこの依存関係を、エヴァンズは自己意識の場合には否定しているのである。知覚の対象についての継続的な直示的思考を支えるもののなかで、追跡はいわば「同定要素」の代わりとして役立っている。自己の場合に重要なのは、とくに強いタイプの「同定免除」が見られるということなのである。

(21) *The Varieties of Reference*, chap. 7. ここでのエヴァンズの考え方は、「誤謬推理」解釈のなかでストローソンがおこなった次の指摘を彫琢したものと見ることができる。「「私」が主体の同一性の規準なしにも使用することができ、それにもかかわらず主体を指示できるのは、そうした使用においても、こうした規準との連関がじっさいには断たれていないからである」（*The Bounds of Sense*, p. 165〔邦訳一八九頁〕）。

（22）ストローソンは少なくともその萌芽を「誤謬推理」のうちに見ている。

（23）*The Bounds of Sense*, pp. 103–4〔邦訳一一四頁〕でストローソンが抽象に訴えているのを見よ。

（24）たとえば『純粋理性批判』の次の箇所を参照せよ。「われわれは、われわれの知識に属しうるすべての表象に関して自己の完全な同一性を、あらゆる表象の可能性の必然的条件であるものとして、アプリオリに意識している」（A116）。

（25）感覚遮断の事例は、身体としての自分の存在がつねに自分に感じられている必要はないことを明らかにしている。"The First Person" in Samuel Guttenplan, ed., *Mind and Language* (Clarendon Press, Oxford, 1975), pp. 45–65において、G・E・M・アンスコム（Anscombe）はこの事実に依拠して、「主体としての『私』の使用」（*The Blue and Brown Books*, p. 66〔『青色本・茶色本』一二〇頁〕でウィトゲンシュタインが「対象としての使用」から区別したもの）は、世界のうちに身体として存在するという自己理解とは独立に機能すると論じている。アンスコムの結論は、「主体としての『私』の使用」が指示をすると考えるべきではなく、もしそう考えるなら、その指示対象をデカルト的に捉える羽目になるというものである。しかし、その議論には「誤謬推理」とまったく同種の欠陥がある。

（26）たとえば、A320/B377を参照せよ。

（27）この思想は、ストローソンの『第一批判』解釈において中心的役割を果たしている。*The Bounds of Sense*, pp. 20, 72〔邦訳八、七五頁〕を参照せよ。

（28）この動向を支持する初期の影響力ある文献としては、次が挙げられる。Saul Kripke, "Naming and Necessity", in Donald Davidson and Gilbert Harman, eds., *Semantics of Natural Language* (Reidel, Dordrecht, 1972), pp. 253–355, 763–9, reissued as a monograph by Basil Blackwell, Oxford, 1980〔ソール・A・クリプキ『名指しと必然

性――様相の形而上学と心身問題』、八木沢敬・野家啓一訳、産業図書、一九八五年〕, Keith S. Donnellan, “Proper Names and Identifying Descriptions”, ibid., pp. 356–79. また、この動向に先立つRuth Barcan Marcus, “Modalities and Intentional Languages”, *Synthese* 27 (1962), 303–22 も参照せよ。

(29) この手の立場の見事な解説としては、現代の動向の発端として通常引用される論稿よりもずっと前のものになるが、Geach, *Mental Acts*, §15 を参照せよ。知覚的な直示的思考の場合には思考と個別的事物との関係は概念外的であるという考えを表明しているより最近のものとしては、Tyler Burge, “Belief *De Re*”, *Journal of Philosophy* 74 (1977), 338–62 を参照せよ。

(30) John Searle, *Intentionality* (Cambridge University Press, Cambridge, 1983)〔ジョン・サール『志向性』坂本百大訳、誠信書房、一九九七年〕の第八章を参照せよ。“Intentionality *De Re*”, in Ernest LePore and Robert Van Gulick, eds., *John Searle and His Critics* (Basil Blackwell, Oxford, 1991), pp. 215–25 で私は単称思考についてのサールの見解を論じている。また、いま扱っている問題のより広範な考察としては、私の “Singular Thought, and the Extent of Inner Space”, in Philip Pettit and John McDowell, eds., *Subject, Thought, and Context* (Clarendon Press, Oxford, 1986), pp. 137–68 も参照されたい。

(31) それゆえ、一般化された記述理論への反発からフレーゲとラッセルをひとまとめにして攻撃することは、まったく間違っている。

(32) 私がこのことを強調するのは、*The Varieties of Reference* におけるエヴァンズの思考の本筋にとってストローソンのカントがどれほど重要であるかを明らかにしたいからである。ストローソンの影響はその表面に窺える以上に及んでいる。

第六講義

(1) 私が前回の講義でストローソンによるカント読解をどう利用したかを考えれば分かることだが、この所見には、ストローソンのカントはカントというよりもむしろヘーゲルであるということが含意されている。自分の哲学はカント的な企図の完遂であるというヘーゲル自身の考えを非常に真剣に受けとめながらヘーゲルを読んでいる例としては、Robert B. Pippin, *Hegel's Idealism* を参照せよ。

（2）じっさいにはそれすらもつことはできない。経験的内容が（単なる予感のもつそれですら）経験的内容として理解可能であるのは、世界そのものが合理的制約を心に直接加えるということがわれわれに理解できるような脈絡においてでしかないからである。

（3）私は「最大公約数的な捉え方」を、"Criteria, Defeasibility, and Knowledge", *Proceedings of the British Academy* 68 (1982), 455-79 ならびに "Singular Thought and the Extent of Inner Space" で論じている。

（4）*Truth and Method*, pp. 438-56, とりわけ pp. 443-5 を見よ。

（5）「せいぜい派生的」と私は言ったが、派生的連関ですらいつでも存在するものなのかどうかはっきりしない。このことは、遊びはたとえば生存のために通常要求される技術の鍛錬というような点から完全に説明されうるのか、といった問題にどう答えるかで変わってくる。

（6）私が依拠している一節でガダマーが話題としているのは、世界をわれわれに開示するにあたって言語が果たす役割である。彼が主張するところによれば、「自由で離れた態度」を可能にするのは言語である。言語と悟性の自発性との連関については、今回の講義の最後に素描的な所見を述べるまでは議論を先延ばしするが、当面は、私の目的に合うかたちでガダマーの見解を使うことにする。

（7）以後引用は *Karl Marx: Early Texts*, trans. David McLellan (Basil Blackwell, Oxford, 1972), pp. 133-45〔マルクス『経済学・哲学草稿』、城塚登・田中吉六訳、岩波文庫、一九六四年〕からのものである。

（8）この符合が偶然でないのは確かである。それはどちらのテクストにもヘーゲルが影響を及ぼしていることの反映なのである。

(9) 彼は、「自然自体は人間の身体ではない以上」と付け加えている。もちろん私の通常の(有機的)身体は自然の一部である。この思想が印象的なのは、自然の残りの部分もまた別の意味で私の身体であるという点である。

(10) Thomas Nagel, "What Is It Like to Be a Bat?", in *Mortal Questions* (Cambridge University Press, Cambridge, 1979), pp. 165–80.〔トマス・ネーゲル「コウモリであるとはどのようなことか」『コウモリであるとはどのようなことか』、永井均訳、勁草書房、一九八九年、二五八〜三〇五頁〕

(11) 本来の意味で主観性の領域と(私の見地からすれば)呼ばれるものから離れなくとも、ネーゲルは、彼の指摘したかった論点を述べることができたであろう。火星人も反響定位能力をもっているかもしれず、その能力は、われわれの感官がわれわれの世界像の合理的基盤において果たすのと同じ役割を、彼らの世界像の合理的基盤においても果たすかもしれない。われわれの感覚能力とはあまりに異質な感覚能力と結びついているがゆえにわれわれには理解不可能であるような概念が存在するかもしれない、ということを否定する必要はない。私が反対しているのは、コウモリの事例で、われわれが概念的形態へと転換できない非概念的内容というようなものにこの論点が適用される、そのやり方だけなのである。

(12) しかしながら、進化論の文脈で提起できるよい問いが、私の祓いたい哲学上の問いと紙一重のところにあるのは確かである。

(13) Michael Dummett, "Can Analytical Philosophy be Systematic, and Ought It to Be?" in *Truth and Other Enigmas* (Duckworth, London, 1978), pp. 437–58を参照。ダメットはp. 442でこう言っている。「フレーゲにとって、彼以降のすべての分析哲学者にとってと同様、言語哲学が他の一切の哲学の基礎であるのは、思考を分析できるのは言語分析を通してでしかないからである」。

(14) *Critique of Pure Reason*〔『純粋理性批判』〕, A51/B75.

(15) Dummett, "Language and Communication",

in Alexander George, ed., *Reflections on Chomsky* (Basil Blackwell, Oxford, 1989), pp. 192–212を参照。私がこの講義をおこなったとき、コミュニケーションの道具としての言語の機能が第一次的なものであるという見解を誤ってダメットのものであるとしてしまった。しかし、私の狙いは伝統の貯蔵庫としての言語の機能のほうへと導くことにだけあったので、ダメットの立場を歪めないでそうできるようためわらず修正を施した。私の誤りを正してくれたクリストファー・ピーコックに感謝したい。

(16) 伝統という概念は、理解に関するガダマーの思考においても中心的なものである。『真理と方法』参照。

後記第一部

(1) 構造上これに対応する考え、すなわち、「意味」要因がゼロであるような言明という考えが自滅的なのは明らかである。

(2) Quine, *Word and Object* (MIT Press, Cambridge, Mass., 1960), p. 5.〔W・V・O・クワイン『ことばと対象』、大出晁・宮館恵訳、勁草書房、一九八四年、七頁〕不確定性テーゼについては同書第二章を参照せよ。

(3) これはQuine, "Epistemology Naturalized", in *Ontological Relativity and Other Essays* (Columbia University Press, New York, 1969), p. 75〔W・V・O・クワイン「自然化された認識論」、伊藤春樹訳（『現代思想』、青土社、一九八八年七月号、四八〜六三頁）五二頁〕からの文言である。

(4) このことは、しつこく反対してくる経験という概念にも当てはまるのでなければならないが、この概念は「周縁に沿ってのみ経験と接する人工の構築物」(p. 42〔邦訳六三頁〕) というクワインの有名なイメージの中心をなすものである。それもあって、この考えをつい次のように説明したくなる。すなわち、ある経験がしつこく反対してくるものであるのは、自分がいま信じていることをすべて引き続き信じながらその経験を額面通りに受けとることが合理的ではありえない場合である、つまり、自身の世界観を改変する（そして、そうするための方法は複数存在するだろうというのが、クワインが出発点とするデュエム的論点である）か、その経験を無視するかのいずれかが、合理性という観点から自分に課せられている場合である、と。しかしクワインにとって、ある経験がしつこく反対してくるとは、その経験をした主体は十中八九自分の信念を変えるだろうということでしかありえないのである。

（5）無理からぬことだが、クワインの言葉遣いにはしばしばこの両者が混在している。典型的なのは次のような表現である。「感覚受容器における刺激が、世界の描像を獲得するさいに誰もが最終的に頼らざるをえない証拠のすべてである」（"Epistemology Naturalized", p. 75〔邦訳五二頁〕）。この文は、正当化の秩序外のものにしか適合しない表現から始まっているにもかかわらず、それに続けて、正当化の秩序内にあるものについてしか意味をなさないようなこと（「世界の描像を獲得するさいに（…）頼らざるをえない」）を述べている。自身の世界像に到達するにあたって頼るものとは、クワインが公式に考えているものとしての経験、つまり自分の感覚受容器の刺激などではなく、物事が自分にどう見えるかということであり、これはクワインのとはまったく違った経験の捉え方に分類されるものである。

（6）こうした方向でのクワインの思考をより詳細に論じたものとしては、Barry Stroud, *The Significance of Philosophical Scepticism* (Clarendon Press, Oxford, 1984)〔バリー・ストラウド『君はいま夢を見ていないとどうして言えるのか――哲学的懐疑論の意義』、永井均・岩沢宏和・壁谷彰慶・清水将吾・土屋陽介訳、春秋社、二〇〇六年〕の第六章を参照せよ。その議論から私は多くを教えられた。

（7）ローティはクワインをこのように読んでいる。*Philosophy and the Mirror of Nature* の第四章〔『哲学と自然の鏡』一八一～二三九頁〕を参照せよ。（問題ある考え方を無害なそれと対比するために、前者は〈与えられる〉と表記する。第一講義第4節を参照せよ。）

（8）"Empiricism and the Philosophy of Mind", p. 300.〔『経験論と心の哲学』二一一頁〕

（9）“On the Very Idea of a Conceptual Scheme”, p. 189.〔『真理と解釈』二〇〇頁〕続けてデイヴィドソンは、「これを放棄してもなお何かはっきりと経験主義と呼べるものが残るか明らかではないから、これは第三のドグマであるとともに、おそらくは最後のドグマでもある」〔邦訳二〇一頁〕と述べている。

（10）“On the Very Idea of a Conceptual Scheme”, p. 189.〔邦訳二〇〇頁〕

（11）そう私に説いたのはクリストファー・フックウェイ（Christopher Hookway）と、また違ったやり方ではあったが、アリエ・フランクファーター（Aryeh Frankfurter）であった。

（12）問題は、経験を感覚表面の刺激とみなすといったクワインの考え方の細部にあるわけではない。クワインほどに断固として反メンタリズム的な仕方でというわけではないが、より抽象的なレベルにおいて、経験を受容性の引き渡すものとみなすという点でクワインと合致するような仕方で、経験についで考えることも可能である。デイヴィドソンはこの一般的レベルで考えている。すなわち、もしも経験が、受容性がわれわれに提供するものとして理解されるならば、この理解の細部はどうあれ、もうそれだけですでに経験は、理由の空間には属さないものとして理解されていることになる、というのである。

（13）少なくとも“A Coherence Theory of Truth and Knowledge”においてデイヴィドソンは、もっぱら現われとは区別される感覚印象だけを指すものとして「経験」という語を用いているように見える。たとえばp. 313〔『主観的、間主観的、客観的』二三〇頁〕を見よ。そこで彼は、自分が反対する意見を次のように定式化している。「意味に関与する事柄はどれも、何らかのかたちで、経験なり、所与なり、感官の刺激過程のパターンなりといった、信念とそれが関わる日常的な対象とを仲介する何かに、由来していなければならない」。（ここで「信念」は、「概念空間内にあるもの」の符丁として働いている。本書の次段落を見よ。）だが、「経験」という語をどう使うべきかが目下の争点であるわけではない。

（14）“A Coherence Theory of Truth and Knowledge"の次の箇所を参照せよ。「われわれが直面している困難はこうである。すなわち、正当化は気づくことに依存すると思われるが、気づくこともやはり一種の信念なのである」(p. 311〔邦訳二二六頁〕)。

(15) 現に私は、デイヴィドソンの目から見ても無害なものを、デイヴィドソン的というよりはセラーズ的な用語で定式化してきた。

(16) 第四五節から始まる結論部の大半はこの擁護に充てられている。

(17) 「資格」がここでは重要である。ローティ(彼にはあとで軽く触れることになる)は、哲学の扱うべきそうした問題が存在すると前提した場合にわれわれが打てる手なるものの正体を暴くのに非常に長けている。そうした手が役に立たないということが——いわば外から——何を示しているかといえば、それはおそらく、哲学の責務をそのように解するのは間違いだということであろう。しかし、このように外から取り組むと、それらの哲学的問題がよい問題でなければならないかのように見えるのはあいかわらずだということになりがちだし、そうだとすれば、結果として哲学特有の居心地の悪さが残るのであって、哲学が祓われたのではないことになる。哲学を祓うためにはまた違う種類の手が必要なのであって、こちらについてはローティはずっと不得手なのである。

(18) 第六講義第3節を参照せよ。

(19) "Empiricism and the Philosophy of Mind", pp. 296–8〔邦訳二〇五〜二〇六頁〕でセラーズが観察の権威についておこなっている議論を参照せよ。この議論はセラーズが印象という観念の復権に着手する以前のところに位置するが、その段階では、何かが緑であるという観察判断の権威を支えるのは、自分の「これは緑である」という報告は、適切な条件下では、何かが緑であることと信頼できる相関関係にある、という主体の知識であるとされる。しかしひとたび緑の印象が考慮されるようになると、それは、セラーズの考えているような根拠づけにおいて報告が占めていたのに対応する位置を、類似の根拠づけにおいて占めることができる。

(20) ここでの論点は、私が第四講義第4節で示唆したことと一致する。

(21) "Afterthoughts, 1987" (in Alan Malachowski, ed., *Reading Rorty* [Blackwell, Oxford, 1990]) 〔「追記一九八七」『主観的、間主観的、客観的』二四四〜二四九頁、二四五頁〕でデイヴィドソンは、「私が本当は懐疑論者に退席を求めているところで彼に答えているかのようなふりをすべきではない」とローティが主張しているとし、「私はローティとほぼ同意見である」と述べている。

(22) 放棄された第三の見方とは、その前にローティが「言語ゲームの内側と外側に同時にいようとする、混乱した試み」として記述したものである (p. 342 〔『連帯と自由の哲学』二三九頁〕)。「外側の観点と内側の観点とを何らかの仕方でひとつにするような通観的な見方」を求めているとする、ヒラリー・パトナムへの批判 (p. 347 〔邦訳二五三頁〕) も参照せよ。

(23) "True to the Facts" (in *Inquiries into Truth and Interpretation*, pp. 37–54) の p. 51 〔邦訳五〇頁〕より。ローティは p. 343 〔邦訳二四一頁〕で引用している。

(24) この一般化に関しては、Quine, *Philosophy of Logic* (Prentice-Hall, Englewood Cliffs, N.J., 1970) の pp. 10–3 〔ウィラード・V・クワイン『論理学の哲学』、山下正男訳、培風館、一九七二年、一五〜一九頁〕を参照せよ。

(25) Hilary Putnam, "On Truth", in Leigh S. Cauman et al., eds. *How Many Questions?* (Hackett, Indianapolis, 1983), p. 44. ローティは p. 347 〔邦訳二五二頁〕で引用している。(挿入と強調はローティによる。)

(26) ローティが pp. 345–6 〔邦訳二四九頁〕で引用している、Putnam, *Realism and Reason* 〔ヒラリー・パトナム『実在論と理性』、飯田隆監訳、勁草書房、一九九二年〕からの文章を見よ。

(27) ここで私は、ローティの「失われてしかるべき世界」("The World Well Lost" in *Consequences of Pragmatism*, University of Minnesota Press, Minneapolis, 1982, pp. 3–18 〔リチャード・ローテ

ィ「失われてしまった世界」『哲学の脱構築――プラグマティズムの帰結』、室井尚・加藤哲弘・庁茂・吉岡洋・浜日出夫訳、御茶ノ水書房、一九九四年、七五～一〇二頁〕）という魅力的な題名を借用している。この論文とデイヴィドソンの「概念枠という考えそのものについて」との関係は、「プラグマティズム・デイヴィドソン・真理」と「真理と知識の斉合説」との関係とほぼ同じである。

（28）根元的解釈者の当初の姿勢が傍からのものであるという性格――このためにその解釈は根元的なのである――が根元的解釈の成果のなかにまで残存すると考えるのは、なにもローティひとりに限ったことではない。Charles Taylor, "Theories of Meaning", in his *Human Agency and Language: Philosophical Papers, 1* (Cambridge University Press, Cambridge, 1985), pp. 248-92 のとりわけ pp. 273-82を見よ。テイラーは、デイヴィドソンの思考がガダマーの地平の融合という考えを排除すると思い込んでいる。ローティと同様にテイラーも、解釈に対するデイヴィドソンの取り組みは外側の観点と解きがたく結びついていると考えている。また "What Nonsense Might Be" in *The Realistic Spirit: Wittgenstein, Philosophy and the Mind* (MIT Press, Cambridge, Mass., 1991), pp. 95-114 の pp. 112-3 において、コーラ・ダイアモンド（Cora Diamond）も同様のことを主張していると思われる。私が思うに、こうした読みはデイヴィドソンとクワインのあいだの距離を見逃している。（これは部分的にはデイヴィドソンにも責任があるのかもしれない。彼はその距離を意図的に控えめに述べているからである。これに関する私の見解としては、"In Defence of Modesty", in Barry Taylor, ed., *Michael Dummett: Contributions to Philosophy* [Martinus Nijhoff, Dordrecht, 1987], pp. 59-80を参照せよ。）

（29）私は、デイヴィドソンの斉合主義の動機づけにおいてこの二元論が果たしている役割を除去するのは簡単だ、と言いたいわけではない。その二元論は彼の思考の別のところでも働いているからである。顕著なのは、理由の空間の住人同士のあいだに因果関係が成り立ちうるのは、それらを法則の領界内の要素と同一視できるからこそである、というテーゼにおいてである。(ローティにおいてこのテーゼに相当するものと比べてみよ。それは、物事が理由の空間内に位置づけられるのは内側からの見方においてだけであり、この見方には因果関係はそもそも現れないというものである。)このデイヴィドソン的なテーゼは第四講義第4節で論じている。

(30) そうだとすると、こうした思想家たちに対するローティの態度にとまどいを覚えるひともいるかもしれない。伝統的哲学の言語を使っても、その諸問題の解決ではなくそれらに懸念を感じないでいられる権利の獲得を目指すことはできる。思うにローティにはこの可能性への敏感さが足りないのである。

(31) 意識の超越論的構成という考えを復権させるのはこれほど容易ではないように見えるが、しかしおそらくそれすらも不可能ではなかろう。前注を見よ。

(32) ここでローティがクワインという実例から自信を得ていることは疑いない。しかし、志向的なものに対するクワインの懐疑が単なる科学主義にとどまらない以上、その懐疑の基盤は第三のドグマの暴露によって根本から掘り崩されているのである。次の第9節を見よ。

(33) これに関しては、"Anti-Realism and the Epistemology of Understanding", in Herman Parret and Jacques Bouveresse, eds., *Meaning and Understanding* (De Gruyter, Berlin, 1981), pp. 225–48 の pp. 245–6 でさらに論じている。

(34) Jonathan Lear, "Leaving the World Alone", *Journal of Philosophy* 79 (1982), 382–403 を見よ。

(35) おそらくこれは、ウィトゲンシュタインが *On Certainty* (Basil Blackwell, Oxford, 1969)(『確実性の問題』、黒田亘訳、全集九巻、一九七五年、一～一七五頁)で特別な重要性を認めている「蝶番命題」の少なくともいくつかが収まるべきカテゴリーであろう。

(36) "Leaving the World Alone" ならびにシンポジウム "The Disappearing 'We'" へのリアの寄稿論文 (*Proceedings of the Aristotelian Society*, supp. Vol. 58 (1984), 219–42) を見よ。

(37) Bernard Williams, "Wittgenstein and Idealism", in *Moral Luck* (Cambridge University Press, Cambridge, 1982), pp. 144-63.

後記第二部

(1) たとえば七頁を参照せよ。「思考者は、対象がこのように現前しているという理由から (for the reason that) 信念を形成する傾向性をもたねばならない」。ここで、私の言う内外基準線上で信念よりも外側にあると言われているのは非概念的内容をもつものではない。しかし、非概念的内容が出てくる脈絡で「[特定の概念的] 内容を判断するもっともな理由を与える知覚経験」(p. 66) と言う際にピーコックが意味しているのは、七頁の定式化の場合と同じく、その判断がこうした理由からなされるということでなければならない。

(2) 七頁の「という理由から」についても同様である。私の言う内外基準線上で信念よりも外側に位置づけられるとそこで考えられているのは、非概念的内容ではない。ここでも同じようなやり方で「という理由から」のための弁護をしたいのであれば、主体が視覚野のある部分の感覚的属性の概念をもっていることが必要とされよう。ピーコックは、概念〈赤〉を所有するとはいかなることかを説明しようとしてその素描をしているわけだが、まさか彼は、その概念を所有している者がみな視覚野のある部分の感覚的属性の概念をもたなければならないと主張しようなどと思っているわけではないだろう。

(3) エヴァンズは、「情報システムが引き渡すもの」、すなわち非概念的内容をもつ事象「を表すわれわれのもっとも一般的な用語」として、「思われる (seem)」を使っている (*The Varieties of Reference*, p. 154. また p. 180 も参照せよ)。思われ (seeming) が判断したり信念を抱くわれわれの理由となりうるというのは、たしかにのみ込みやすい考えである。しかし私が思うにそれは、われわれが思われの内容を概念的なものとして理解しているからにほかならない。エヴァンズの使い方では「思われる」がそもそも理解不可能になってしまうのである。思われ (とくに、見え (looking)) の内容は概念的であるという論点については、セラーズの“Empiricism and the Philosophy of Mind”, pp. 267-77〔『経験論と心の哲学』一四七〜一六六頁〕を参照せよ。

（4）もちろん、ある観察概念が適用できるケースは、根拠となるタイプの経験を主体がもっている場合にかぎられるわけではない。（主体は、自分に赤く見えなくても物が赤い可能性があることを理解していなければならない。）この論点は、本文中の言葉遣いのうちに暗黙裏に取り入れられている。「赤い」による述定が保証されるのは、何かがわれわれに赤く見えることとして記述される経験と似た経験を自分がもっている場合だけであると思っているひとがいるとしよう。そのようなひとは、概念〈赤〉を所有しているとは言えないだろう。それでは、概念〈赤〉を使う判断や信念が経験を合理的根拠とするということにはならないからである。（そうしたひとには物が赤く見えることとさえありえないだろう。私が「……される経験と似た経験」のような回りくどい言い方をする必要があったのはそのためである。）

（5）七〜八頁でピーコックがおこなっている素描の第一条項と比較せよ。

（6）“In Defence of Modesty”で私が意図していたのは、いまと同じように、傍からの視角では概念を捉えることはできないということであった。三三〜三六頁でピーコックが再現している論争のなかには私の立場はどうしても見あたらない。私のものとされている論点にピーコックが与えている定式化にしたがえば、ある筋書きが傍からのものであるとしても、それが思考を主題とすると自認してさえいれば、私の論点はその筋書きによって満たすことができるということになる。私のじっさいの論点は、何が考えられているのかを外部から確定することはできない、つまり、……であるときにひとが考えているものとして同定するだけではそれを確定することはできないというものであった。したがって私は、「……であるという理由から」を加えることが役に立つとは思わない。（ダメットは私への返答のなかで、主題となるのは合理的連関であるという主張を尊重している。Dummett, “Reply to McDowell” (in Taylor, ed., *Michael Dummett: Contributions to Philosophy*, pp. 253–68) の pp. 260–2 を参照。)

(7) 私には、ピーコックが八三〜八四頁でソリテス・パラドクスの脅威を封じるべく導入している道具立てがどうして必要なのかが分からない。

(8)「私はそれを心の目で見ている」は、あるイメージを体現している。これに対する正しい態度は、「私が彼に話しかけていたとき、彼の頭のなかで何が起きていたのか知らなかった」といった言い方が体現しているイメージに対してウィトゲンシュタインが『哲学探究』第四二七節でとっている態度に近い。ウィトゲンシュタインはこう述べている。「そのイメージは真剣に受けとられるべきである。できればわれわれは彼の頭のなかをのぞき込みたいと本当に思っている。だがそれでわれわれが意味していることは、『できれば彼が何を考えているのか知りたい』と言うことによっても意味できるものにすぎない」。このイメージを文字通りに受けとること、それどころか、そうすることがどういうわけか知的義務として課されていると決め込むことが、嘆かわしいことに現代の心の哲学には蔓延している。

(9) *A Treatise of Human Nature*〔『人性論』〕, ed. L. A. Selby-Bigge and P. H. Nidditch (Clarendon Press, Oxford, 1978), I. I. 1.

(10) もしここに可能性があるとすれば、その眼目は、手持ちの色合い概念のあいだのギャップを想像力が埋めることができるということにある。しかし当の手持ちの諸概念は、第三講義で論じたような仕方で主として経験によって生み出されるのでなければならない。色合い概念の大半はその成り立ちに関してやはり直観に依存していなければならないのである。第三講義で論じたように、この依存関係こそが、色合い概念が概念として可能であることをエヴァンズが考慮すらしていないという事実の背景にある。

後記第三部

(1) *Philosophical Investigations*, §195〔『哲学探究』一五九頁〕を参照せよ。対話者の声はこう言う。「しかし私が言いたいのは、私がいま(意味を把握する際に）していることが、将来の使用を因果的かつ経験的に決定するということではなくて、ある奇妙な仕方で、この使用そのものが何らかの意味で現前しているということだ」。これに応じる声はこう言う。「もちろん『何らかの意味で』は、使用は現前しているさ！　君が言っていることで間違っているのは、実のところ『奇妙な仕方で』という表現だけなのだ。それ以外は正しい」。

（2）講義中では必要最小限の言及しかしなかったが、次ではもっと詳しくウィトゲンシュタインに言及しながらこの路線の解釈を彫琢している。“Meaning and Intentionality in Wittgenstein's Later Philosophy”, in Peter A. French, Theodore E. Uehling, Jr., and Howard K. Wettstein, eds., *Midwest Studies in Philosophy*, vol. 17: *The Wittgenstein Legacy* (University of Notre Dame Press, Notre Dame, 1992), pp. 42–52. 同様の考えとしては、Cora Diamond, *The Realistic Spirit* を参照せよ。p. 6 でダイアモンドは自らの標的のひとつを次のように描いている。「（…）神話や幻想に対するウィトゲンシュタインの批判――とくに、論理的必然性につきものの神話への彼の批判――は、まるで神話を物事のあり方についての誤った考えとして拒絶しているかのように読まれている」。

（3）この点を私に納得させてくれたのはジェイムズ・コナント（James Conant）とリサ・ヴァン・アルスタイン（Lisa Van Alstyne）である。

（4）*The Varieties of Reference*, pp. 217–20 でウィトゲンシュタインの文章についてエヴァンズがおこなっている議論を参照せよ。

（5）Evans, *The Varieties of Reference*, pp. 18–9 を参照せよ。

後記第四部

（1）この節は、M・F・バーニェトが提起した問いに対する答えである。

（2）成熟した人間の生がもつ、陶冶によって形成された側面ですら、それが単なる自然（第一の自然）から進化してきたことの痕跡を同化しきれずに残している。これはフロイトの中心思想を表現するひとつの方法である。

（3）有用な道具に払われるべき敬意は、「disinterested（公平無私な）」という語が「無関心な」という意味で誤用されたり「careen（傾く）」が「疾走する」という意味で誤用されたりするとひとが反発を覚えるのはなぜなのかを説明するのに十分であろうが、単にこうした敬意のことが言われているのではない。私の言っている敬意とは、われわれが現にかくあるのが何かのおかげであるときにその何かに払われるべき敬意のことである。（もちろん、われわれが言語を用いておこなうことによって言語は変化しうる。たとえば、かつては誤用であったものが誤用でなくなるということはありうる。しかしこれによって、言語がわれわれから独立していると私が言うときのその意味が損なわれるわけではない。）

（4）“A Nice Derangement of Epitaphs”, in LePore, ed., *Truth and Interpretation: Perspectives on the Philosophy of Donald Davidson*, pp. 433–46〔「墓碑銘のすてきな乱れ」『真理・言語・歴史』、柏端達也・立花幸司・荒磯敏文・尾形まり花・成瀬尚志訳、春秋社、二〇一〇年、一四二～一七四頁〕を参照せよ。この考えの萌芽は、“Radical Interpretation”（in *Inquiries into Truth and Interpretation*, pp. 125–39), p. 125〔「根元的解釈」『真理と解釈』一二三頁〕の「どんな場合であれ他人の話を理解することは根元的解釈を含む」というデイヴィドソンの主張にすでに現れている。

（5）“Meaning, Truth, and Evidence”, in Robert B. Barrett and Roger F. Gibson, eds., *Perspectives on Quine* (Basil Blackwell, Oxford, 1990), pp. 68–79〔「意味・真理・証拠」『真理・言語・歴史』、八三～一〇二頁〕を参照せよ。デイヴィドソンは「三角測量」のこうした使い方を次の論文の最後で素描していた。“Rational Animals”, in Ernest LePore and Brian McLaughlin, eds., *Actions and Events: Perspectives on the Philosophy of Donald Davidson* (Basil Blackwell, Oxford, 1985), pp. 473–80.〔「合理的動物」『主観的、間主観的、客観的』、一五六～一七四頁〕

訳注

第一講義

〔1〕本邦訳では原則として「rational」を「合理的」と訳しているが、ここでは、日本語としての分かりやすさを優先して「理由による」と訳した。第三講義以降に登場する「rational animal」は「理性的動物」と訳している。また、「reason」の単数形については、マクダウェルの意図を汲みつつ「理性」と「理由」という二つの訳語を使って訳し分ける方針を採用した。しかし、本書でマクダウェルはしばしば、「reason」の単数形が理由とそれに応じる能力である理性の両方を意味しうるという多義性に依拠した論述をしており（たとえば第四講義）、この方針を一貫して採用することは不可能であった。そうした箇所では、苦肉の策として「理由／理性」という表記を織り込むことで訳出を試みたが、成功しているかどうかは心もとない。いずれにせよ、読者には、「rational」の訳語の幅とともに「reason」の多義性を念頭に置いたうえで本邦訳を読み進めてもらいたい。

〔2〕原語は「conceptions」である。「概念 concept」と対で「conception」が用いられる理由は本書では述べられていないが、のちにマクダウェルは、この対の狙いが、概念についての理解の刷新とともに、理解されるべき概念そのものを変更するというより根本的な刷新のあり方を示唆することにあったとしている。色の場合を例として言えば、色概念の理解の刷新が、色が対象の属性として考えられるかぎりにおいてのものであるのに対して、色概念の変更とは、色が対象の属性ではなく、たとえば空間領域の特徴として考えられるようになることである。J. McDowell, "Response to Denis McManus", *Journal of the British Society for Phenomenology* 31

(2000), 332–4.

後記第一部

〔1〕原文では、クワインからのこの引用は“the tribunal of experience”となっているが、これは正確な引用ではない。正しくは“the tribunal of sense experience”である。クワイン自身の表現に忠実であるなら、「感覚経験の法廷に立つ」と訳すべきところだが、ここではマクダウェルの引用表記を尊重した訳出をおこなった。

〔2〕原文は「A vixen is a female fox」であるが、これをそのまま訳して「雌ギツネは雌のキツネである」としたのでは、「定義によって保証された自明の理」の例とみなすのが難しいため、訳文では、日本語で該当すると思われる例に変更した。

後記第二部

〔1〕ピーコックは、「the concept *square*」というように、イタリック表記によって概念もしくは概念的内容を表わしているが、本補遺ではマクダウェルもこの表記法に従っている。本邦訳では、〈 〉を用いることによりこれを反映させた。

解説——「概念的なもの（the conceptual）」の位置

神崎　繁

1　マクダウェル哲学の特異な性格

ここに一枚の写真がある。これから紹介しようとするマクダウェルの四八歳頃のポートレートである（写真左。右は近影）。この写真は、写真家スティーヴ・パイクが当時活躍中の西欧の著名な哲学者の肖像を集めた写真集に収められたものである。[1] 正面から間近に撮った哲学者像は、ものを考えることが人間に強いる労苦というものが、その身体とりわけ顔の表情にどのように表れるかをつぶさに示して、一度見たら忘れられない。なかには直接出会って話をしたことがある人もいるが、実物よりはるかに生々しい、というかむしろその多くはどこか精神を病んだ者のように見える。私自身は直接会ったことがないので判断できないが、この写真集で唯一普通の人に写っているのはソール・クリプキだけ——とは、彼をよく知る私の元同僚の弁で、それだけ普段の彼は普通じゃないということだろう。

London, 14 June 1990
Photo by Steve Pyke

近影
Photo by Robert B. Pippin

その点マクダウェルは、ルネ・マグリットのシュール・レアリスムの絵を思わせるポートレートの写りからすると、逆に普段は普通の人ということになるが、彼はその「普通のこと」を歪める哲学的病の治療に今まで営々と取り組んできた点において、まったく普通ではない。

それはわれわれをとりまく世界に対してわれわれが直面するその仕方に関して、「観念」や「感覚与件（センス・データ）」、「表象」、「概念枠」といったさまざまな夾雑物（これらは一括してセラーズの言う「所与の神話（the Myth of the Given）」に属すものである）を差し挟まずにはいなかった「不安」を一つ一つ取り除く作業であった――本書の「序論」ではこれを「哲学的不安（philosophical anxiety）」、さらに後の「世界を経験すること」[2]では「超越論的不安（transcendental anxiety）」と呼んで、近代哲学以来蔓延しているこの病に対するウィトゲンシュタイン的な治療を自らの哲学の任務に据えている。先のポートレートの見開きに付されたマクダウェル自身によると思われるキャプションは、このことを次のように簡潔に要約している。

哲学における私の主な関心は、思考の歴史におけるわれわれの占める位置にともなって、われわれが容易に陥るある形而上学的見地がもたらす弊害を見据えることです。この見地は自然主義とか科学主義とか呼ばれうるものです。この見地こそ、世界における心の位置についてのわれわれの思考を歪めるものだと私は思います。この弊害は、ただ形而上学においてだけでなく、(例を挙げれば)言語をめぐる考察や価値や行為の哲学においても露呈することになります。哲学の任務は、私の理解するところでは、そうした歪みを取り除くことなのです。

こうした問題を解明するなかで、彼が従来取り組んできた広い意味での分析哲学や言語哲学の分野の仕事の集大成を、本書『心と世界』に期待した人にとって――その元となった「ジョン・ロック講義」は由緒ある連続講義で、マクダウェルにとっては古巣オックスフォードでの凱旋講演でもあるだけに――その冒頭で、「内容なき思考は空虚であり、概念なき直観は盲目である」というカントの有名な言葉を引いて、「所与の神話」へのセラーズの批判から議論を始めているのは、あるいは意外なものだったかもしれない。

「分析哲学」と言っても、とりわけアメリカに亡命して以来のカルナップや『言語・真理・論理』(一九三六、吉田夏彦訳、岩波書店、一九五五)によって華々しくこれをイギリスに紹介したエイヤーなどに代表される「論理実証主義」と呼ばれる考え方は、一九五〇年代以降一つの転機を迎えていた。この転機に当たって重要な役割を果たしたのが、クワインの「経験主義のふたつのドグマ」(一九五

一、『論理的観点から』飯田隆訳、勁草書房、一九九二所収）、ウィトゲンシュタインの死後公刊された『哲学探究』（一九五四、『ウィトゲンシュタイン全集8』藤本隆志訳、大修館書店、一九七六）、そしてセラーズの『経験論と心の哲学』（一九五六、浜野研三訳、岩波書店、二〇〇六）である（これは、ローティによって「言語論的転回（Linguistic Turn）」と呼ばれる動きと連動している）。そしてこう並べてみると、ウィトゲンシュタインやクワインに比べてセラーズがその令名において劣るのは否めない。マクダウェルが学んだオックスフォードには、遅くとも一九五〇年頃にはギーチやアンスコムを介してウィトゲンシュタインの後期の哲学の影響が及んでいたし、クワインはオックスフォードにおける招待講義を通して直接その影響を与えることとなる。それに比べると、マクダウェルが受けることになるセラーズの影響について言えば、すでにローティの『哲学と自然の鏡』（一九七九、野家啓一監訳、産業図書、一九九三）に親しんでいたこともあるが、それが顕著になるのは一九八六年に彼がピッツバーグに転任し、そこで新たに同僚となったロバート・ブランダムによる刺激もあったものと思われる。

だがいずれにしてもそれ以降のセラーズに対するマクダウェルの関心は、高まりこそすれ衰えることなく続いており、「世界を視界にもつこと――セラーズ、カント、そして志向性」という連続講義においても、『心と世界』の一部修正を含むセラーズとの継続的な対話がその後も継続中であることが分かる。さらに驚くべきことには、こうしたセラーズとのやり取りのなかからマクダウェルのカント理解が進展しただけでなく、その延長線上で――第二講義の末尾でその名が挙げられても、オックスフォードの聴衆には冗談としか映らなかったようだが――ヘーゲルについても本格的な取り組みがなされることになるのである（これは新たな論文集HWVの副題にも反映されている）。

先に分析哲学に転機を与えたとして言及したなかで、ウィトゲンシュタインやクワインと内容的に比べてみて、セラーズの著しい特徴は、彼が哲学そのものへの理論的関心とともに、哲学史に対する広い視野をもち合わせている点であろう。工科大学出身で正規の哲学教育を大学でうけなかったウィトゲンシュタインはもとより、「彼にとって哲学史の講義は、本当にたまらなく苦痛であったらしい」（丹治信春『クワイン』講談社、一九九七）と評されるクワインも、哲学史そのものには主題的な関心を払わなかったのと好対照である。

公刊された最初の著作がプラトンの『テアイテトス』の翻訳注解だったマクダウェルが、哲学史に深い関心と充分な素養をもっていたことは言うまでもない。それまでにも言語哲学や心の哲学の分野の仕事と同時並行的になされていたアリストテレス倫理学の研究は、『心と世界』においては、その「実践的思慮（practical wisdom）」、つまりアリストテレスが理論的知である「ソフィア（*sophia*）」と区別して「フロネーシス（*phronesis*）」と呼んでいるものを、知覚経験におけるものの理解に適用するにあたって活かされている。これは、セラーズ的に言えば「理由の空間」における位置づけをめぐって問題となる特定の理解可能性を認知したり作り出したりする能力であり、そうした実践的知が――本来のアリストテレスにおけるのとは違って――知覚で働く概念的把握のモデルとされているのである（本書一三七頁参照）。

このことはまた、それまでの倫理的な価値をめぐる「認知主義」（これは「道徳的実在論」とも呼ばれる）をめぐる彼の主張とも密接な関連にあることを示唆するもので、『心と世界』における考察は、単に知覚経験だけでなく、行為や価値といった哲学全般に及ぶものであることが明らかとなった。それにともなって、先の「哲学的不安」の根もとにあってその原因を形づくっている「自然主義」へのマクダウェルの対処法が、講義後半の主題となる。それは「第二の自然」とそれをわれわれ人間の生において理性によって形成する「陶冶（Bildung）」という過程である。こうした環境世界内在的な理性の行使という文脈において、われわれがガダマーの名前と出会ったとしても、もはや驚く必要はない——それのみか、私のような学園闘争世代には懐かしい『経哲草稿』のマルクスの名まで出てくる（一九〇頁以下）。こうして、ガダマーおよび彼に導かれて登場したマルクスが、ウィトゲンシュタインの後期の哲学における「規範」と「自然」との架橋という課題を解決、というより解消するために動員されるという事態に逢着する。われわれはウィトゲンシュタインとマルクスを組み合わせる他の事例をすでに知っている。だが、マクダウェルの企ては、そうした「構築主義」的な試みのように、一方でのウィトゲンシュタインにおける言語の「共同体」的性格の強調に呼応して、これに何か社会的な意味を与えようとするものではない。あくまでも、ウィトゲンシュタイン的な「静寂主義（quietism）」にとどまりながら、本来の自然のもつ規範性を回復しようという企ての一環として、マルクスおよびガダマーを呼び出そうとするのである。

こうした企ては新アリストテレス主義とか、分析的新ヘーゲル主義と呼ばれたりもしている。また、最近のヒューバート・ドレイファスとの議論においては、ハイデガーやメルロ＝ポンティの考え方までもが引き合いに出される。さらに、マクダウェルの最新の著作は、小冊子ながらやはりセラーズの議論を機縁として彼がアメリカのカトリック系大学で「トマス・アクィナス講義」をおこなったその成果である（ＰＣＫ）。そこでは、本書の後半における動物の知覚経験と人間の知覚経験との違いを、神の知性認識とも対比しながら論じられている。つまり、動物と類的には同じ能力に根差しながら、世界における概念化された事象に応答するという点で、（仮に概念をもつにしても世界に内在しない神でも、非概念的な仕方で世界に内在している動物でもない）種的に独自の人間の理性的認知力が強調されている。

このマクダウェルの哲学史に関する――まさにガダマーの言う「地平の融合（Horizontverschmelzung）」を地で行くような――特異な作業は、細部を微調整しながら複雑な文様を螺鈿にはめ込む一種の職人芸さながらである。それはもちろん個々の分野の専門家から見れば、さまざまな異論もありえようが、少なくともその細部の一々――フレーゲの「意義（Sinn）」についての実在的解釈、ウィトゲンシュタインの「規則に従うこと」をめぐる議論、セラーズの「所与の神話」および「理由の空間」をめぐる議論、そしてアリストテレスの「フロネーシス」と「アクラシア」の解釈、等々――は、それぞれ然るべき解釈の裏づけをもつものであって、専門家のあいだでも係争点となっている問題ばかりである。こうしたマクダウェルの議論の特異な性格については、それがどのように形成されてきたのか辿らなくては、充分に明らかにすることはできないように思われる。以下の解説は、そのような観点からのものであることを予めお断りしておきたい。

2　オックスフォードの哲学

一九四二年に南アフリカのボクスブルグに生まれたマクダウェル（John Henry McDowell）は、一九六二年、当時のローデシア・ニヤサランド連邦のユニヴァーシティ・コレッジ（現在のジンバブエ大学）を卒業後、オックスフォード大学のニュー・コレッジで学んだ。その当時のオックスフォードは、後に「日常言語学派」と呼ばれる活動の中心にいたオースティンが亡くなったばかりで、同じ運動のもう一方の担い手であるライルは六〇歳とすでに最盛期を過ぎ、オックスフォードの哲学的活動の中心は四〇代のストローソンとグライス、そして当時まだ三〇代半ばのダメットなどに移りつつあった。そのような時期、オースティンが亡くなる数年前にオックスフォードにやってきたクワインの与えた二重の衝撃を、ダメットはインタヴューで語っている（『分析哲学の起源』野本和幸ほか訳、勁草書房、一九九八、二四五頁）。すなわち、日常語の分析によって哲学的問題を解消できるとする当時のオックスフォードの主流を占めていた安閑とした哲学的姿勢と、クワインの哲学的議論の質の高さと本格的な彼の哲学的姿勢との双方に対してである。そのなかでオースティンだけは一人危機感を募らせていたという。

最初に触れたように、従来のプラグマティズムや新しい論理実証主義から、より洗練された言語哲学へとアメリカの哲学を一新しつつあったそのクワインが、招待講演としておこなった「経験主義のふたつのドグマ」は、オックスフォードに大きな波紋を巻き起こした。ふたつのドグマのうち、一つは「分析的／綜合的」の区別であり、もう一つは有意味な言明はすべて、感覚与件のような直接経験を示す名辞に還元できるという「還元主義」であって、クワインはこうした「意味の検証理論」に代わって「意味の全体論」を構想していたのである。これに対するオックスフォード側の応答が、ストローソン・グライス共同による「ドグマの擁護」(一九五六)であり、これは主として前者の「分析的／綜合的」の区別の擁護に充てられた。

この同じクワインの論文に対しては、アメリカ側ではデイヴィドソンが「概念枠という考えそのものについて」(『真理と解釈』一九八四、野本和幸ほか訳、勁草書房、一九九一所収)で応じたが、これはそもそも一九七〇年にデイヴィドソンがオックスフォードにおいて講演したものを出発点としており、それは再びオックスフォードで改めて「経験主義の第三のドグマ」という題のもとで講演された。このデイヴィドソンの批判は、先のクワインの「全体論」の立場からの経験主義批判においても依然として残る「概念枠」と「経験内容」との乖離を「第三のドグマ」の名で批判したものだが、マクダウェルの『心と世界』はそうしたデイヴィドソンの批判が「所与の神話」を避けるために逆に陥った「斉合主義」の立場を批判することから議論をはじめている。つまり、マクダウェルによる経験主義の吟味と精錬は、オックスフォードとアメリカの双方における二世代にわたる哲学的交流の成果ということができよう。しかも、当のマクダウェル自身、オックスフォードからアメリカに渡り、セラーズという議論の飛躍台をえて、新たなステップを踏み出すことになるのである。

やや話の先を急ぎすぎたが、こうした五〇年代半ばから六〇年代にかけてのクワインによる刺激、そして七〇年代前後からのデイヴィドソンの影響は、オックスフォードの哲学を外から変える大きな要因となった。一方、こうした「自然主義」の動きに対して、これを内から変える要因としては、従来の日常言語重視の姿勢の延長に意志疎通や会話に重点をおいた談話の分析をめぐるストローソンやグライスらによる試みがあり、他方にエイヤーによる論理実証主義や当時ケンブリッジで独自の活動をおこなっていたウィトゲンシュタインの影響を受けながら、フレーゲを自らの哲学の基盤に置いて独自の言語哲学を構想しつつあったダメットの存在が大きい。ちなみにダメットはオースティンの哲学的態度、というよりむしろ非哲学的態度に厳しい評価を下しているが、彼がフレーゲに関心をもつ切っ掛けは、課題図書としてフレーゲの『算術の基礎』のオースティンによる独・英対訳版を読んだことだったと認めている。

3　ウィギンズ——デイヴィドソン的「真理条件的意味論」の導入

こうしたオックスフォード内外の変革の機運を時宜よく結びつけたのが、マクダウェルのチューター(論文の個人指導教員)となるデイヴィド・ウィギンズである。彼は卒業後、アメリカ留学などを経て、一九五九年に講師としてオックスフォードに復帰しニュー・コレッジの所属となった。その彼がチューターとして比較的初期に論文指導を受けもった学生の一人が、マクダウェルである。このとき以来、ウィギンズは後のマクダウェルの考え方を方向づける三つの要素——デイヴィドソンによる「真理条件的意味論」の採用、フレーゲの「意義(Sinn)」についての実在的解釈、そしてこれはオックスフォードの伝統であるプラトンやアリストテレスの基幹テクストへの理解——に関して、複合的な影響を与えたように思われる。
このうち最初のものについては、ウィギンズ自身の次のような証言がある。(3)

一九六四年と一九六五年の二度にわたって私がおこなったスタンフォード訪問で、ドナルド・デイヴィドソン——当時イギリスの哲学者のあいだでは少数の者にしか（主なところではオースティン、ダメット、ニュー・コレッジで私の同僚だったクィントン、そしてニュー・コレッジの私の前任者バーナード・ウィリアムズくらいだと思うが）知られていなかった一人の哲学者——が、「根元的解釈」（当時の呼び方では「根元的翻訳」）の問題に対してフレーゲ的な死角に置かれた私を目覚めさせたのである。……それまで、後悔すべき迂闊さだが、『論理的観点から』を書いて以降のクワインがおこなったあらゆることを多かれ少なかれ無視していたのである。だが、この二度のスタンフォード訪問で、私はデイヴィドソン流の意味論に対する自然主義的取り組みに回心したのである——この取り組みは私にとって第二の自然である意味論的プラトン主義を休止させるものだった。
そこで、私はオックスフォードに戻るや、若い哲学の指導教師ならしそうなように、〈フレーゲの議論と〉組み合わせたデイヴィドソンの教説を二、三のとりわけ見込みのある世代のニュー・コレッジの学生たちに強制したのである。このうちの一人がジョン・マクダウェルで、彼は後にデイヴィドソンの意味論的プログラムを明確化するのに大いに貢献することとなった。このことを私が自分の学生たちに強制したのは、J・L・オースティン流の哲学のやり方とクワインの『論理的観点から』での哲学のやり方とのあいだにあって、私が長らく望んできたもっとも適切な決着をつけるためであった。

少々長い引用になってしまったが、当時のオックスフォードの様子と、そして何よりそこでウィギンズおよびマクダウェルが果たした役割を考える上で、貴重な証言だと思う。ウィギンズは、オースティンに対してダメットほど厳しい評価をしていたわけではなく、「文意義、語意義、および語意義における相違――哲学的な辞書理論に向けて」(一九七一)という初期の論文の副題が示しているように、哲学の目的は最終的に日常語の辞書を作ることにあるというオースティンの目指したところに忠実であった。ちなみに、ウィギンズは同じ年、「文意味、否定、およびプラトンにおける非存在の問題」という姉妹論文を書いているが、これは後にマクダウェルが、「同一性をめぐる誤り――プラトンと論理的原子論者たち」(一九六九/七〇)とそれに密接に関連する「固有名の意義と指示について」(一九七七)という論文を書いていることを想起させる。

さて、デイヴィドソンの「真理条件的意味論」は、本来「形式言語」を念頭に置いて、しかも真理の説明のためにタルスキによって考案された真理の理論を逆転させて、真理概念を原初的なものとして前提したうえで、「日常言語」の意味の解明に適用するという着想に基づいている。だが、このプログラムを遂行するうえで、まず必要だったのは日常言語の「論理形式」を確定することである。これをめぐる諸問題に関しては、エヴァンズとマクダウェルとの共編による論文集『真理と意味』(一九七六)、さらにマクダウェルが一人で三篇もの論文を寄稿しているプラッツ編集の論文集『指示、真理、そして実在』(一九八〇)がこれを組織的・主題的に考察した成果である[4]。

ウィギンズは、「真理条件的意味論」の自然言語への適用について、こうした考えは決してデイヴィドソンによるタルスキの援用が初めてではなく、その基本的な洞察は、すでにフレーゲやウィトゲンシュタインにあると見ている。すなわち、フレーゲの「文の意義（Sinn）を与えるということは、その文がどのような条件のもとで真の真理値をもつかを特定することである」という『算術の基本法則』第一巻三二節（『フレーゲ著作集3』野本和幸編訳、勁草書房、二〇〇〇、一四一〜一四二頁）の指摘をはじめとして、ウィトゲンシュタインの『論理哲学論考』の四・〇二二「文（Satz）は、それが真ならば、事実がどのようにあるかを示す。そして、事実がそうあることを語る」、四・〇二四「文を理解するとは、それが真であるなら、事実がどうであるかを知ることである」、四・〇六二「……文が真であるのは、われわれがその文によってそれを語るとおりに事実が成り立っている限りにおいてである……」といった箇所にも、その先駆を見いだせるという。ここでウィギンズは、文と事態との写像関係しかないはずの『論考』にも、「話し手」が存在することに注目しているのである。しかもその点で、しばしば見逃されていることだが、これはオースティンの発話行為論とも親和性をもっていると、ウィギンズは考えている。

筆者が英国留学中の一九八八年、サセックス大学で開かれた国際学会のセッションの一つは、「真理条件的意味論への近年の諸批判（Recent Criticisms of Truth Conditional Theories of Meaning）」というテーマで、パネラーはデイヴィドソンとウィギンズ、司会はヒンティッカと豪華な顔ぶれだったが、そのとき石黒ひでさんがウィギンズに引き合わせてくださった(5)。その際の質問からえた印象では、少なくともウィギンズの理解においては、「真理条件的意味論」の日常言語への適用という企ては、オースティンの言語行為論とフレーゲの「意義（Sinn）の理論」を結びつけるとともに、クワインの自然主義とフレーゲ的な意味に関するプラトニズムを相互に緩和し合う余地を開くことになったということである。先ほどの回顧において、ウィギンズが「デイヴィドソン流の意味論に対する自然主義的取り組みに回心し……私にとって第二の自然である意味論的プラトン主義を休止させるものだった」と述べていたのは、そのことだったのかと後になって了解できた。

4　「意義（Sinn）」のネオ・フレーゲ的理解

さて、そうしたフレーゲの洞察のうえに立ってデイヴィドソンのプログラムを遂行するという点で、マクダウェルの「固有名の意義と指示について」（一九七七）〔MKR所収〕という論文は、ウィギンズが述べているように大きな役割を果たした。ここでもまた、別の機会にウィギンズがおこなっている哲学的回顧を是非とも引かなければならない(6)。

ここで記録しておかなければならないと思うことは、固有名における〔自然種名と〕幾分似た経緯に関することだが、一九六〇年よりかなり以前から（おそらくギーチとアンスコムとの影響で）マイケル・ダメットが非常に真剣に考え、また（このダメットの影響で）私自身が最大限に真剣に考えた（実際、そう確信して、一九五九年以降自分の学生を指導してきた）一つの重要な少数意見が存在したという事実である。それは固有名の意義（Sinn）は、実在を呼び出す、もしくは対象を巻き込んでいるというものである。言いかえれば、固有名によって、それが含まれた文の真理条件は左右されるという考えである。つまり、その名前が表している対象がどれであるか言うという以外の仕方で、固有名に意義を付与することはないということである。……〔それは〕その名を帯びたものが、それを充たすことによってその名をもつとされるような、何かある目安を予め立てることによってではない。このように主張することは、その当時も、それから時代を経た段階でも、自明なことではない。しかし、今私の述べた少数意見をもつ人々のあいだでは、このことは自明であるばかりでなく、フレーゲの意味論の内部にこのような考えを容れる余地を見いだすことによって何が引き起こされるかという問題もまた、知悉されていた（「対象の与えられ方（Art des Gegeben-seins）」という考えは、このような試みにとって好適と思われた。……）。

そして、ウィギンズはこうした少数意見の保持者として、アンスコム、ダメット、バーカン・マーカス、そしてウィギンズ自身の名を挙げている――少数かもしれないがいかにも精鋭である。[7] さらに、「実際、そう確信して、一九五九年以降自分の学生を指導してきた」と言っているように、ウィギンズがこうした少数意見に巻き込んだ「学生」のなかに、マクダウェルとエヴァンズが含まれることは間違いない。

だが、こうした解釈の違いが生ずるのは、そもそものフレーゲの「意義（Sinn）」に二つの衝突をきたしかねない性格づけがなされていたことに起因する。

（A）ある言語表現の「意義」は、話し手がそれを理解するときに理解している内容である。
（B）言語表現の「意義」が、その言語表現の指示対象を決定する。

この二つの「意義」の性格づけ相互の衝突は、そのもっとも分かりやすい例として、架空の対象の名前を考えれば、直ちに顕在化する。たとえば、「ペガサス」という名前は、「天馬」と訳されるように羽根の生えた馬のことだと思う。だが、このようにわれわれが理解する内容に合致した対象は存在しない。つまり、（A）は充たすが、（B）は充たさない。だが、逆に（B）の条件を充たすものにしか「意義」を認めないということになれば、「ペガサス」には「意義」はないということになる。では、これがわれわれの常識に反するという理由から、「指示対象」を欠いたものに「意義」を認めるなら、実は、先に見た文の「意義」をその「真理条件」とするフレーゲの洞察をまったく空虚なものにしてしまう。

言いかえれば、フレーゲの洞察をデイヴィドソンの「真理条件的意味論」によって展開する試みにとって、「意義（Sinn）は、実在を呼び出す、もしくは対象を巻き込んでいる」という考えは、その基盤となるものであり、その結果、架空の存在に「意義」を認めることはできないし、名前を付すための「目安」としての「確定記述」も、それ自体を「意義」とみなすことはできないということになる。そしてこれらは先にウィギンズが、「このような考えを容れる余地を見いだすことによって、何が引き起こされるかという問題」と呼んでいたものに含まれる。もちろん、こうした「問題」は、語や文といった言語表現一般に関して「意義（Sinn）」と「指示対象（Bedeutung）」というフレーゲの区別を保持し、しかも先の（A）（B）の条件を充たすことを前提とするかぎりにおいて生ずるものである。だが、ウィトゲンシュタインのように語には「指示対象」しか認めず、反対に文には「意義」しか認めないといった仕方や、クリプキやカプランのように、「意義」ぬきの「直接的指示」という考え方や、それと反対にエヴァンズのように固有名に何か特権的な「指示」を認めず、より多様な「指示」の在り方を提示する考え方においては、こうした困難は生じない。だが、マクダウェルは、ウィギンズとともに少数派にとどまって、あくまでも「意義」の実在的な捉え方を貫こうとしたのである。それは、先の条件（B）を充たすように、条件（A）をより厳格にすること、つまり、話し手の理解する「内容」は、対象にしっかりと届きそれを捉えたものとすることである。とりもなおさずそれは対象との概念的な結びつきをもったもの、つまり「概念的な内容」であることを意味する。

こうして「意義」がもつ「対象」との実在的な強固な結びつきにおいて、マクダウェルにおける「概念的なもの」は、対象の単なる因果的刺激によって形成されたり、そこからさらに推論によって拡張されたり、あるいはこちらから対象に投影したりするものではなく、対象から「取り込む（take in）」ものだという考えにつながってくる。さらに、名辞における架空なものだけでなく、知覚における錯覚や幻覚などに関しても、正常な知覚と錯覚や幻覚とに何らかの共通な見かけの「見え」や「聞こえ」をいったん帰したうえで、それを世界からの因果的な働きかけの有無によって、正常知覚と錯覚もしくは幻覚（幻視・幻聴）とを差別化しようとすることへの批判も、同じ考えに基づいている。(8)

5 プラトン・アリストテレスの基幹テクストの読解

マクダウェルの最初の著作がプラトンの『テアイテトス』の翻訳注解だということはすでに触れたが、それはこれまで述べてきた現代の言語哲学に関する仕事とは一見無縁に見えるかもしれない。だが、この『テアイテトス』の翻訳作業（本そのものは一九七三年に刊行）と同時並行で書かれた、彼の最初の論文「同一性をめぐる誤り――プラトンと論理的原子論者たち」（一九六九／七〇）〔MKR所収〕は、その副題から見ても、彼の言語哲学の仕事と密接に関連しており、このことは、論文集MKRに収められるのにあたって、先の「デイヴィドソン様式の新フレーゲ的意味論」に基づく彼の論文「固有名の意義と指示について」（一九七七）と、続きに並べられていることによっても分かる。

『テアイテトス』は「知識とは何か」という問題をめぐって、「感覚的知覚」、「判断」、「理由をともなった真なる判断」と、順次その候補が吟味検討され、結局はそのどれも完全な意味で知識とは呼べないというソクラテス的「無知」で終わる構成をとっている。このうち、第二部の「判断」をめぐる議論では、主に「偽なる判断」の可能性が問題とされている。マクダウェルがこの論文で取り扱っているのは、そのうちでも『テアイテトス』188a－cにおける同一性をめぐる偽なる判断の可能性で、たとえばその登場人物「テアイテトス」をもう一人の登場人物「テオドーロス」と取り違えて、「テアイテトスはテオドーロスである」と判断するようなことが果たしてありうるかという問題である。というのも、この場合、両者とも知っているか、両方のどちらかしか知らないか、両方とも知らないかのいずれかしかないが、そのどれをとっても、そうした取り違えは起こりそうもない以上、偽なる同一性判断はそもそも成立しないということになる。これは「偽なる判断」全般の不可能性を問題とする一環で、もちろんこれはそのすべてを尽すものではないが、その出発点となるものである。

論文集への収録の際、この論文は「フレーゲの意義という考え方の要点への盲目の先例を、意外なところに、つまりプラトンの考察した議論のうちに見いだすものである」〔MKR, p. viii〕と述べられているように、後に「固有名の意義と指示について」で展開される考えの萌芽がそこに見てとれる。というのは、対象の指示という観点から見るかぎり、このような偽なる同一性判断は、そもそも成立しようがない。それは「明けの明星は宵の明星〔と同じ〕である」という有名な事例が示すように、〔肯定であれ否定であれ、また真であれ偽であれ〕同じ「指示対象（Bedeutung）」に関する異なる「意義（Sinn）」というフレーゲの区別を導入しなければ解けない問題である。興味深いことに、ウィトゲンシュタイン『論考』の四・二四三に「二つの名前が同じものを指しているのか異なる二つのものを指しているのか知らずに、それらを理解できるだろうか？　同じものを指しているのか異なるものを指示するのか分からない二つの名前を含んだ命題を理解できるだろうか？」という一節があるのをマクダウェルは引いているが、フレーゲと違って名前には「指示対象」だけで、「意義」を認めないウィトゲンシュタインにとって、これはたしかに困難な問題である。

もちろん「指示対象」と「意義」の区別はプラトンにはない。だが、『テアイテトス』には、「知る」という動詞が直接目的語をとる「xはyを知っている」という表現と、間接文もしくは間接疑問文を従えて「xはyがFだと知っている」、あるいは「xはyが何であるか知っている」という表現のほかに、間接文もしくは間接疑問文の主語を目的語として前に出して、いわば両者の合成のような「xはyを、それがFだと知っている」、あるいは「xはyを、それが何であるか知っている」というギリシャ語に特有な第三の表現があることに、マクダウェルは注目する。[9]

つまり、先の「知る」の直接目的語表現と間接文表現とは、英語には明示的にこれを区別する動詞はないものの、フランス語にある connaître と savoir の区別のように、ラッセルの言う「見知りによる知（knowledge by acquaintance）」と「記述による知（knowledge by description）」に相当する区別がある（ただし、ラッセルがこの区別を導入したのは「論理的な固有名」に対してであって、日常的語に対してではないが）。そして先のギリシャ語に特有な表現は、間接文で記述される主語をあたかも直接目的語のように直接見知りの対象とする錯誤に陥りやすい素地となることを、マクダウェルは指摘する。つまり、先のプラトンの偽なる同一性判断において、「見知りによる知」の指示の透明性と「記述による知」の指示の不透明性とを使い分けることによって、（偽ではあるものの）同一性判断の一方の知り方と他方の知り方に違いが生ずることで、すくなくとも当面の有意味性が確保されるからである。

だが重要なのは、仮にこうした語法によって、偽なる同一性判断の有意味性がさしあたり確保されるとしても、同一とされる語の指示の透明性と不透明性がたやすく相互に変換されるという錯誤は、仮にフレーゲの「指示対象」と「意義」の区別を導入した場合、その「意義」の理解の障害となりかねないという懸念が、これに注目するマクダウェルの背景にあるということである。つまり、ここにマクダウェルは「確定記述」を「意義」と混同する素地が存在すると見ているのである。そしてそれは「意義」が「対象依存的」であることを見失わせて、結果的に「対象をもたない意義」というものを許容することにつながるのである。

以上の指摘は、あるいは後知恵によるアナクロ的解釈と思われるかもしれない。だが、少なくともプラトンにとって、中期の対話篇では「範型イデア」の定義的な知という枠組みにおいて、イデアの直知はそのまま記述的知でもありえた、つまり「美そのもの」を知ることと「美そのものは美しい」と知ることとは等価だったのに対して、後期の対話篇では、具体的な個体の知覚判断の場で、その対象の指示と記述との関係が問われる場が開かれ、その対象の同定がまず問われていたのである。しかも、「美そのものは美しい」という「自己述定」は、イデアをあたかも個体のように取り扱うことから、「第三人間論」という無限後退をイデア論に帰すこととなる。言いかえれば、「美しいものそのもの」というイデアの表現は、確定記述の固有名詞化と見ることもできる。その意味で、イデアと個体の区別に関係なく等しく当てはまる先の偽なる同一性判断は、プラトン哲学の新たな試練の序奏だったからである。そして、後にマクダウェルはこうした哲学史的な考察について、「われわれが過去の哲学者を自分たちとの対話に引き入れる際、彼らを自分たちの思い込みの光のもとで読むのは避けられない。もし、われわれの側での盲点を反映したような教説によって対話を構成することを許すなら、結果は歪曲となろう――ただし、その盲点がわれわれとわれわれの対話相手とに共有されたものなら、おそらくそうならないだろう」〔HWV, p. 254–255〕と述べているが、プラトンが『テアイテトス』で提起した問題は、まさに「フレーゲの意義という考え方の要点への盲目の先例」として、現代の哲学者に対しても依然としてその意味を失っていない――そうマクダウェルは考えていたように思われる。

6　価値と規則の「認知主義」――アリストテレスとウィトゲンシュタイン

このような古典的なテクストの特定の箇所の読解が、同時にまた現代の哲学的問題の考察の場でもありうるという見方は、オックスフォードの哲学教育の特徴という背景を抜きにして考えることはできない。まずオックスフォードには、哲学を専攻したいと思う学生は、学部段階では哲学だけでなく、法学や経済学、数学や物理学といった他の学課と抱き合わせで修得しないと卒業できないという独自の制度がある。そして、戦前はギリシャ・ラテンの古典学を哲学と一緒に学ぶのが一般的だった。オックスフォードの哲学者のうち、ライルやオースティン、グライス、ギーチ、アンスコム、後に小説家になったマードック、そしてバーナード・ウィリアムズといった世代がそうだし、マクダウェルのチューターのウィギンズももちろんそうしたうちの一人である。この点では、ストローソンやダメット、そしてマクダウェルの同輩ではエヴァンズなどは、むしろ少数派に属している。また逆に、古代哲学の専門家のなかに分析哲学・言語哲学の手法に通じた人が多いのもこうした環境と無縁ではない。これは「グレイツ（Greats）」と言って、プラトンやアリストテレス、デカルトやカントといった古典的なテクストをまさに現在の哲学的問題の対話相手として議論する、しかもそれを毎週の論文指導という一対一の個人教授（チュートリアル）でおこなう哲学教育のやり方がそれに拍車をかけた。

先のマクダウェルの『テアイテトス』の翻訳注解も、そうした教育の成果であり、それが収録されたオックスフォード大学出版局のプラトン翻訳・注釈シリーズは、それに先行するアリストテレス翻訳・注釈シリーズの姉妹編で、後者の企画は、もともとオースティンの立案であったものが、彼の早すぎる死によってアクリルに引き継がれたものである。オックスフォードは、それ以前からクック・ウィルソンやジョアキム、プリチャード、そして今日でも『形而上学』や『自然学』を読む際、必携の注釈書を残したロスなど、もともとアリストテレス研究が盛んだった。こうした伝統を背景に、アリストテレスが一般の通念やその裏づけとなる言語表現を哲学的考察の出発点に置いていたことは、オースティンの日常語重視の考えに直接つながっている。これをグライスは、その回顧において、ソクラテス・プラトンに始まりアリストテレスにおいてその頂点に達すると彼の考える「アテナイのディアレクティケー」になぞらえ、その共通の特徴を列記している。(10)

古代哲学の考えを現代哲学に活かす試みならば、他にもアンスコムの『インテンション』(一九五七、菅豊彦訳、産業図書、一九八四)や、デイヴィドソンの「意志の弱さはいかにして可能か」(一九七〇、『行為と出来事』服部裕幸・柴田正良訳、勁草書房、一九九〇所収)などがあり、これはアリストテレスの「行為」の分析がそれだけ時代を越えても通用する高みに早くから到達していたということであろう。だが、マクダウェルがおこなったことは、実践的推論といった具体的・個別的な事象における利用というよりは、先に述べてきた「デイヴィドソン様式の新フレーゲ的意味論」を土台に、真理条件的意味論の枠組みのなかにアリストテレスの「倫理的価値」についての認知主義を位置づけ、さらにこれをウィトゲンシュタインの「規則に従うこと」の反実在的解釈の批判と連動させるという、複雑でしかも大胆な試みである。しかも、通常は誰もその間につながりを見ない、アリストテレスとウィトゲンシュタインのうちに、そうした発想の同一性を見いだすのである。

マクダウェルにとって、アリストテレスの倫理学的考察とウィトゲンシュタインの言語の意味をめぐる規則の考察という、通常は結びつきそうもないこの二つの立場にはある共通なものがある。それは、規範を保持しつつそれを活動とは別個に確保できるとする――悪しき意味でのプラトニズム、本書で「威丈高なプラトニズム」と呼ばれる――考えへの拒絶である。ウィトゲンシュタインは、フレーゲにおける数学的なプラトニズムに直面していた。アリストテレスは、規範は感覚的な個別事例から独立な普遍的イデアによってのみ確保されるという師・プラトンの考えを批判していた。マクダウェルは一九七九年に書かれた「徳と理性」〔参考文献Ⅲ参照〕[11]のなかで、「合理性のある特定の見方に立って行為することは、定式化可能な普遍的原則によって導かれているという仕方で説明されうるものでなければならない」（第四節）と述べているが、これは、ウィトゲンシュタインが直面していたフレーゲとともに、アリストテレスが批判していたプラトンをも同時に標的とするものだった。

倫理的規範の「条文化不可能性（Uncodifiability）」という発想は、すでに『政治家』などの後期のプラトンに見いだせるものである。つまり、法は本来「不文」のもので、知識によってその場に適切な判断を下すことによって維持されるものだが、そうした知者が存在しなかったり、その場に不在の場合、次善の策として「書かれた法」が必要となったというのである。だがアリストテレスは、プラトンの言う本来法に必要な「知識」が個別の状況から独立のイデアを対象とするものである限り、「条文化」への圧力はなくならないと考えた。アリストテレスが（これももともとプラトンの使った言葉だが）「フロネーシス」をそうした個別の状況に働く知として、理論的知である「ソフィア」から区別したのはそのためである。

これに関してウィギンズは、「思案と実践的理性」(一九七五/六)という重要な論文で、アリストテレスにおけるフロネーシス、つまり実践的知は何か理論知の実践的応用なのではなく、個別の事態や状況の知覚(*aisthesis*, perception, situational appreciation)であり(『ニコマコス倫理学』1142a23–30)、またそれにともなって、通常この実践知は目的そのものではなく、そのための手段にかかわるとされてきたことに反対して、目的とそれへの明瞭な道筋を含むものと解している(同、1142b33)。というのも、従来「手段」と訳されてきた *ta pros to telos* は、正確には「目的へと至る事柄」という意味で、目的そのものをも視野に入れてその実現へと導くものの全体だからである。その意味で、実践推論において目的を表すとされる大前提だけでなく、その個別状況にかかわる小前提の重要性が強調される。そのうえで、ウィギンズは「われわれがそれを個別の事例に適用しうることで、行為者の関心とどのように物事が世界において客観的にあるかについての知覚との相互関係を分節化する概念的構成」の重要性を指摘する。(12)

ここでウィギンズがおこなっているのは、アリストテレス解釈にも浸透しているヒューム的理性観――すなわち、理性はそれ自体無力であり、行為を引き起こす情念の奴隷であるという考えを退けることである。そして、認知内容にそれ自体として動機づけの理由を帰す考え方を導入することである。

こうして「規則に従うこと」の核心は、後に懐疑論的パラドクスとの解釈を生む元となった『探究』第二〇一節、その当該箇所の後半で、「解釈でないような規則の把握が存在し、その把握の仕方は、それが適用される事例に応じて、われわれが何を〈規則に従う〉と呼び、何を〈規則に背く〉と呼ぶか、ということのうちにおのずと現われている」と言われていることに尽きると、マクダウェルは考えている。ここに示されたウィトゲンシュタインの「解釈でないような規則の把握」という考えは、マクダウェルにとっては、アリストテレスの「徳」およびそれと不可分な個別状況における実践知に見られる価値の認知主義と同一の構造をもつものであった。だが、ウィトゲンシュタインの場合、その批判はそれが向けられていたフレーゲに含まれる強い実在論的主張への「反動（recoil）」――ある誤りを避けようとして別の誤りに陥る契機として、マクダウェルはしばしばこの語を使う――であって、「規則に従うこと」という彼の議論を反実在論の表明と理解する（七〇年代後半からのクリプキとクリスピン・ライトの研究に代表される）解釈が有力になりつつあった。だが、アリストテレスがプラトンとは違った意味だが、やはり実在論的考えを保ったのと同様、ウィトゲンシュタインも前期の『論考』とはやはり違った意味だが、後期の『探究』において、こうした認知主義と親和的なある種の実在論的立場を保ったとマクダウェルは見ている。

7　ダメット――第一哲学の座をめぐる「言語の哲学」と「思想の哲学」の対立

マクダウェルが「非認知主義と〈規則に従うこと〉」〔MVR所収〕を発表した一九八一年は、ウィトゲンシュタインの『哲学探究』第一三八～二四二節における、いわゆる「規則に従うこと」をめぐる議論に対して、クリプキが『ウィトゲンシュタインのパラドックス』（一九八二、黒崎宏訳、産業図書、一九八三）の元となる論文を発表した年であり、マクダウェルはそこに提起された「懐疑論的問題への懐疑的解決」と呼ばれるものに対して、先の論文に続く「規則に従うこと――ウィトゲンシュタインの見解」（一九八四、参考文献Ⅲ参照）で立ち入った批判を加えている。先の「懐疑的解決」というのがヒュームに由来する言葉であるように、クリプキはウィトゲンシュタインのこの問題を「帰納の正当化」の問題として解釈する。それは、後期のウィトゲンシュタイン哲学を一種の検証主義的な枠組みにおいて、『探究』は意味の一般的説明方式とは真理条件を述べることであるという古典的な（実在論の）フレーゲ・『論考』の見解の拒絶を、暗に含んでいる」というダメットの解釈と符節を合わせるものである（「ヴィトゲンシュタインの数学の哲学」一九五九、『真理という謎』藤田晋吾訳、勁草書房、一九八六、一六二頁）。

マクダウェルは、現代の言語哲学分野における初めての論文「真理条件、二値性、および検証主義」（一九七六）において、すでに先のダメットの直観主義的な反実在論の立場への批判をおこなっていた。というのも直観主義は、あらゆる命題に関してその真理値は真か偽かのいずれかでその中間を認めないという排中律を否定し「二値原理（Principle of Bivalence）」を受け入れないからである。すでに見たように、「固有名の意義と指示について」（一九七七）でデイヴィドソンの真理条件的意味論とフレーゲの「意義」の対象依存的解釈とを結びつけたマクダウェルにとって、日常の言語の意味理解にとって真理条件は欠かせないものだった。それはもともと数学の証明問題に端を発する直観主義というダメットの反実在論的見解を正面から批判するものではないが、少なくとも言語の意味理解に関して、ダメットが一種の検証主義的立場に立つことが明らかである以上、その批判はマクダウェルにとって避けられないものだった。

だが、そもそもデイヴィドソンの真理条件的意味論は、もともとその発想はフレーゲに存在し、そのことを明確に指摘したのはダメットだったのである。考えれば皮肉なことだが、言語哲学の基礎を築いたフレーゲを高く評価し、その再構成について余人を寄せつけない仕事をしたダメットが、まさにフレーゲの「実在論」を正面から批判して、「反実在論」の旗幟を鮮明にしたのである。しかも、そのダメットに学んだ「意義」の実在的解釈とデイヴィドソンを介して導入した真理条件的意味論とを緊密に結びつけたマクダウェルが、いわば「反・反実在論」の立場からダメットを批判するようになったのは、二重の意味で皮肉である。ここに、学説継承のもう一つの形がある。

そこで概略的にデイヴィドソン流の真理条件的意味論に対するダメットの批判の要点をまとめて、それに対するマクダウェルの反論を理解するための準備をしておこう。それは、以下の三つの点にまとめられる。

（1）真理条件的意味論は、主張だけでなく、命令や疑問、願望といったさまざまな言語行為を解明する「力（force, Kraft）の理論」とは別に確定される、言明内容に関わる中核理論であって、それ自体としてあらゆる言語行為とその意味を覆うものではない。

（2）真理条件的意味論は、それが対象とする言語をそれ自身含んでいて、その意味を説明すべき文そのものを理論の定式化のうちに用いざるをえない。その点で、その意味をまったく解さない者にも有効な「徹底した（full-blooded）理論」ではなく、「慎ましい（modest）理論」にとどまる。

（3）真理条件的意味論は、その真偽を確定する手段がさしあたりない文にも適用される点で、実在論の立場に関与しているが、真偽未詳の事柄を含めて、「言明可能条件」に基づく反実在論的な意味の理論も可能であり、その方が適切である。

こうしたダメットの批判は、先に見たクワインおよびデイヴィドソンのオックスフォードの哲学に与えた衝撃の強さと関係している。従来の個別的・原子論的な検証と感覚与件などへの還元に基づく意味理論を批判して、全体論的な意味理論を提唱したクワインに対して、ダメットがそうした全体論的な意味理論では、言語の習得という段階的な過程を説明できないとして、原子論的でも全体論的でもない中間の「分子論的（molecular）」な言語論を提唱するのはこのためである。つまり、彼は言語使用者にとって理解内容の音声や行動のうえへの「表出（manifestation）」が必要であり、そしてそれを理解するためにも意味の理論は、「指示の理論」「意義の理論」「力の理論」が三つ揃った「徹底した理論」でなければならないとしたのである。ここで「徹底した」というのは、分かりやすく言えば、その言語を習得していない者にもそれによって先の表出を十全に理解できるような理論という意味である。

こうした主張が一種の行動主義的な主張を含むことは明らかだろう。しかも、そこで必要とされる表出は、さしあたりダメットにおいては「発話の内容」に限られ、それによって「主張」や「命令」、「懇願」といったさまざまな心理的要素を含む言語行為をおこなう「力」の要素は含まれない。しかも、やや意外なことに、そのうちでも「主張」を把握することがもっとも困難であり、「命令」や

「懇願」は「主張」が把握されればあとは比較的容易だと述べているように、ダメットは「発話の内容」を理解し把握する「指示の理論」と「意義の理論」を中核理論として、「力の理論」とは区別しているのである。これは、マクダウェルの目から見れば、はじめに表出から抜き去った「心理的要素」(通常「命題的態度」と呼ばれるもの)を、後からその外的振る舞いに付与するのが意味の理論の役割だということになる。だが、マクダウェルの口癖を使えば、それでは「遅すぎる(too late)」ということである。

ところで、飯田隆『言語哲学大全Ⅳ』(勁草書房、二〇〇二)では、当初の計画ではデイヴィドソンと対比してダメットの意味の理論も論じられるはずだったが、結局ダメットにまではたどりつかなかった。まさかそのために金子洋之『ダメットにたどりつくまで——反実在論とは何か』(勁草書房、二〇〇六)は、その題名をつけたわけではないだろうが、この本はダメットの考えを知るうえだけでなく、彼への批判を介してマクダウェルの考えを知るうえでも有益な論述を多く含んでいる。ただ、そこではマクダウェルはダメットのもっぱら批判者の役割で、他方デイヴィドソンはダメットの標的としてのみ登場するので、この三角関係(?)の残りの辺のデイヴィドソンとマクダウェルとの関係は前面には出てこない。その点では、戸田山和久「真理条件的意味論と検証条件的意味論」(野本和幸・山田友幸編『言語哲学を学ぶ人のために』世界思想社、二〇〇二所収)が、デイヴィドソンとダメットの両者に絞って、彼らの言語観の違いを浮き彫りにしていて、そこにはマクダウェルがまったく登場しないだけに、かえって彼の考えを両者のあいだでどう位置づけるかという関心から読むと、おもしろい発見がある。実際、デイヴィドソンに即して真理条件的意味論を推し進めてきたマクダウェルが、デイヴィドソンより彼を批判してきたダメットの方に――マクダウェルがダメットの批判者であり続けてきたにもかかわらず――意外にも近いという印象である。

それは端的にフレーゲの「意義」の理論を、言語の意味理解においてどう位置づけるかという問題をめぐる距離感を反映している。「ダメットにとって意味の理論の目標は、フレーゲの意義 Sinn に役割を認め、その意義からわれわれの言語行為へのつながりを説明することであるのに対し、デイヴィドソンは、言語理解やコミュニケーションの図式から意義やそれに類するものを消去することを目指している」（金子前掲書、一八四頁）と指摘されている両者の違いについて、もしここにマクダウェルを置くなら、断然ダメットの側である。また、「個々の言語使用に先立ち、話し手に分有されコミュニケーションを可能にする規則の体系としての言語……、「反実在論者」と呼ばれているダメットは、「言語」の存在性格に関しては、逆にデイヴィドソンよりはるかに実在論的なのである」（戸田山前掲論文、一二〇頁）と指摘されている対比においても、「規則の体系」云々を除けば、ここでのダメットはマクダウェルに近い（実際、『思想と実在』金子洋之訳、春秋社、二〇一〇で、ダメットは、従来の強い反実在論の主張から、実在論により近い立場へと意見を変えている）。

要するに「真理条件的意味論」も「ネオ・フレーゲ的な意義の理解」も、そもそもその解釈の可能性を指摘したのはダメットだった（それぞれ本解説の三七四頁と三六〇頁を参照）。しかし、そのダメットがそのいずれも自らの哲学に取り入れなかったのは、それが前提すると彼の見るフレーゲにおける強いプラトン主義的な実在論的傾向を危惧したからである。もう一つ、彼のカトリックの信仰も見逃してはならないであろう。人間の認識を越えた事柄の真偽を確定するのは人間自身ではなく神だけだという考えが、彼に強い実在論を取らせなかった要因であったろう（「直観主義論理よりも古典論理の方に賛成する多くの人々は、まるで自分たちが神であるかのように推論するという不敬の罪を犯しているのである」〔前掲『思想と実在』一八二頁〕）。だが、その動機はどうあれ、彼が最終的に「真理条件的意味論」を採用できないと考えた理由は、先の（1）に含まれている「反心理主義」の考えと、（2）にある「循環」の問題である。（3）はむしろこの二つから導き出される帰結、もしくはそれに基づく「マニフェスト」であって、実際にダメットの主張するような「反実在論」に基づいた意味の理論が提示されているわけではない。

これに対するマクダウェルの批判は、前者に対しては、言葉遊びをするつもりはないが、「反心理主義」というのは「反-心理主義」であって、「反心理-主義」であってはならないということである。つまり、言明内容としての意義を表象によって捉えられる記述的内容と見る心理主義に反対しているのであって、意義に付随する命題的態度を含む心理的内容までも排除するものではないということである。ダメットが言明内容の確定に関する意味の中核理論と力の理論とを区分したのは、まさにそのような心理主義を避けようとする「反動」で陥った、別の陥穽だということになる。

もう一方の真理条件的意味論に対する「循環」というダメットの嫌疑に対しては、この嫌疑の前提にある、意味の理論は「徹底した理論」でなければならないというダメットの考えのうちに、そもそも当該の言語をまったく習得しない者にその意味を理解させるような理論を想定しているのではないかという反論を、マクダウェルはおこなう。そうした理論はほとんど言語の外に出るという仮定を余儀なくされるような議論ではないかというのである（本書でよく用いられる「傍からの眺め（the view from sideways on)」という表現は、こうした場合に用いられる——いわば、話し手もしくは知覚者とその使用する言語もしくは概念の外に出て、当人の心と世界とを横から見比べうるかのような視点である)。そして、意味の理論はそうした法外な仮定に基づくものではなく、むしろ積極的に「慎ましい理論」でなければならないとマクダウェルは主張する(こうしたマクダウェルの批判に対するダメット側からの反論、もしくは誤解の指摘に関しては、金子前掲書、二〇九～二一九頁を参照)。

8 「概念論的転回(The Conceptual Turn)」——概念的内容と非概念的内容

「次第に、しかも見まがうことなく、一九七〇年代後半において、言語哲学は哲学的活動の優位な出発点としての位置づけを失った」(タイラー・バージ[13])と言われるように、一九八〇年前後を境に哲学者の関心は「心の哲学」へと移りつつあった。その意味では、従来の認識論に代わって言語哲学を第一哲学の位置に据えたフレーゲの考えに従って、言語への取り組みが「分析哲学」とそれ以外とを分けるとするダメットの見解からすると、分析哲学の変容は明らかであり、皮肉なことにオックスフォードでは、ダメットの影響を比較的強く受けたガレス・エヴァンズやクリストファー・ピーコック、そして心理学の実験などにも参加した経験をもつジョン・キャンベルなどが、こうした「心の哲学」への傾斜を強めていく。そして、まさにそのような転機とも言える一九八〇年、三四歳のまだ若きエヴァンズに肺癌による死という悲劇が訪れる。これは、単に彼個人の悲劇ではなく、ちょうど半世紀前の一九三〇年、二六歳の若さで亡くなったラムジーの死とともに、英国哲学にとって計り知れない喪失となった。

もし、エヴァンズが生きていたら……多くの人が今もそう思う機会が多いだろうが、少なくともマクダウェルとの関係で言えば、両者の軌跡はすでに大きく異なりつつあった。かつて「デイヴィドソン様式の新フレーゲ的意味論」のプログラムに沿って、日常言語の「論理形式」の確定にともに取り組んできた彼らは、実在を含み、その概念的内容をフレーゲの「意義」に重ね見る知覚の捉え方においても、共同の歩調をとっていた。だが、皮肉にも、エヴァンズの遺稿をマクダウェルが献身的な努力で編集した本――『指示の多様性』(G. Evans, *The Varieties of Reference*, Oxford: Clarendon Press, 1982) を見ると、知覚的経験よりも、話し手と聞き手のあいだに生ずる「情報 (information)」のやり取りを考察の中心に据えるという考察の枠組みからも、対象知覚を中心にその概念的内容を考察の基盤に据えるマクダウェルとは、かなり違った方向性が読み取れる。それは端的に、対象を欠いた語に「意義」を認めないという当初の考えを捨て、さらに「非概念的内容 (nonconceptual content)」を知覚の基底に認める考え方である。そうした方向性は、ピーコックやキャンベルにも同様に認められる。

だが、ここで「心の哲学」と言っても、大西洋を挟んでイギリスとアメリカとではその受け止め方に大きな違いのあることを理解しておく必要がある。たとえば、先に「言語哲学」から「心の哲学」への推移を語っていたタイラー・バージは、かつては真理条件的意味論の研究もおこなっていたが、エヴァンズやマクダウェルの仕事は、下部意識的な環境反応的感覚システムを無視してより高次の認知的・言語的機能を無条件に前提する点で、知覚心理学の成果から隔離され、それに「安楽椅子からの制約（armchair constraint）」を加えているにすぎないと批判している。[14] これはおそらく本書（一〇〇頁）で、マクダウェルが「認知心理学が知的尊敬に値する学科であることを哲学の安楽椅子から否定するのは危険である」と述べているのを念頭に置いたものであろうが、それに続けてマクダウェルは、認知科学がその領分を守っているかぎりにおいてだとつけ加えていたはずである。

つまり「心の哲学」と言っても、アメリカにおいては動物やコンピュータと同じ構造を人間の認知活動のうちに探ろうとする「認知科学」を意味し、イギリス、とりわけオックスフォードでは、フレーゲにおける文の「意義」としての「思想（Gedanke, thought）」を取り扱う「思想の哲学（philosophy of thought）」を意味しているのである。そして、後者から見れば認知科学は心理学における科学主義以外の何ものでもなく、逆に、前者においてはフレーゲ的「思想」の入り込む余地はなく、むしろ認知理論によって説明される現象にすぎない。そして、そうした観点から言えば、言語をもはや考察の基礎におかない点でダメットからは充分に分析哲学的でないと見なされるエヴァンズもピーコックもキャンベルも、ともに「思想の哲学」という点では同じ側にある。そして、「概念的内容」という点で、彼らと意見を異にするマクダウェルも、この点ではダメットと同じ側にいる。

ところで、「概念的内容」という場合の「概念」について若干の解説をつけ加える必要がある。というのも、「概念」というのはフレーゲの哲学の枠組みにおいては、「対象」と対になって「述語」の指示対象のことを本来指すもので、「aはFである」という文は、「対象aが述語Fの概念のもとに落ちる」という（フレーゲは「メタ言語」という考えをもたなかったが）メタ言語的表現に変換することができるからである。だが、「概念」にはそれ以外にカント以来の用法があってこちらの方が一般的であるが、これは強いて言えば、フレーゲの文の「意義」、つまり「思想」に相当する（フレーゲにおいては固有名や述語、文のそれぞれに「指示対象（Bedeutung）」と「意義（Sinn）」の両方がある）。そして、ストローソンの影響もあってエヴァンズやマクダウェルには、こうしたカント的な意味での「概念」の使用が見られる。カントにおいて、知覚的な経験を成り立たせているものを説明するにあたって、われわれを取り巻く客観的な空間世界の性格づけに含まれる概念に依拠しなければならない（『純粋理性批判』B一四一－二参照）。つまり、紛らわしいが、こうしたカント的な「概念」は、フレーゲ的な意味での「概念」ではなく、むしろ「意義」に対応するのである。これについて、マクダウェルが「残念ながら、「概念的」と「述語的」は同じことだという愚かな考えが依然として広まっている」（本書一七七頁）と注意を促しているのは、この混同に対するものである。[15]

こうした意味での「概念的なもの」は、したがって命題的な構造をもつことになる。言いかえれば、われわれを取り巻く世界はその経験においてすべて命題的な分節化をもつものである。そして、「ひとが意味しうる種類のこと、あるいは一般的に言えば、ひとが考えうる種類のことと、成り立ちうることとのあいだにはいかなる存在論的ギャップもない……。ひとの思考が真である（one thinks truly）とき、そのひとが考えていることは成り立っていることと同一である。それゆえ、……世界は成り立っていることのすべてであるので、思考そのものと世界とのあいだにはいかなるギャップもない。もちろん思考は偽であることによって世界から離れうるが、思考という観念そのものには世界からの距離という含意はまったくないのである」（本書六一頁）と、マクダウェルは——ウィトゲンシュタインの『論考』の冒頭を念頭に置きながら、その本来の趣旨に反してこれを知覚経験に転用し——

「真なる思想」が「事実」であり、世界はこうした概念的内容としての事実の総体だと主張するのである。

こうした考えに対しては、おそらく次のような疑問が直ちに起こってくるだろう。たとえば、色などに関してすべてに色名があるわけではなく、独特の色調は、その意味で「非概念的な内容」をもつのではないか、そして、一般に動物（および概念的な能力のまだ発達していない子供）の認知はすべてこうした「非概念的内容」をもつのであって、人間も動物である限り、「概念的な内容」とともに「非概念的な内容」をもつと考えなければならないかという疑問である。

これに対するマクダウェルの反論は、世界の命題的な構造は、それが現にすべて一挙に実現状態となっているのではなく、「思考可能なもの（thinkable）」として存在し、われわれの経験によってそれが現実化するというものである。しかも、「概念的な内容」はその適用において規範的な性格を帯び、「非概念的内容」から区別されるが、こうした規範的な区別は、単なる錯覚や幻覚と違った知覚的な信念をもつとき、知覚的経験はその理由となっているという点に求められる。そうした知覚内容は「合理的（rational）」なものであると呼ばれるが、それは「概念的な内容」ということである。たとえば、「赤いもの」という概念的な内容を把握できるということは、個別的な経験において「この消火器は赤い」と認知できることであり、それは同時にまた、「あのポストも赤い」とか「このバケツは赤くない」と認知できることである。こうした概念の使用は、もともとはギーチが『心的活動』において概念形成に関する従来の経験主義的な「抽象主義（abstractionism）」への批判の一環として提示したもので、エヴァンズはこれを「一般性制約（Generality Constraint）」と名づけ、自らの概念能力の特徴づけに導入したものである。[16] マクダウェルは本書で、これをさらにセラーズが「経験論と心の哲学」において「理由の論理空間」と呼んだものに結びつけている。[17] つまり、「概念的なもの」は、すでに見たようにフレーゲの「意義」に対応するものであったが、単独で対象と結ばれているだけではなく、一つの論理的布置のなかで個々の経験内容を位置づけるものなのである。

このように、マクダウェルの考える知覚経験における概念的なものの位置（これをαとする）をまとめてみると、それがアリストテレスの考える――とマクダウェルの解する――倫理的な行為における幸福の位置（同じくβ）とのあいだに、著しい同形性が認められるように思われる。

（α）（i）経験はそれ自体すでに概念的なものであり、それに基づいて判断がなされる際、何か新たな種類の内容がつけ加わったり導入されたりするのではなく、（ii）成熟した正常な知覚判断者にとって、その判断の元となる経験がすでにもっている概念的内容が「理由の空間」において位置づけられ・承認されるにすぎず、（iii）そうした概念的なものはその内部でさまざまな修正や改訂がおこなわれるにしても、その外部は存在しない。

（β）（i'）倫理的な行為はそれ自体「事実（*hoti*）」を前提し、その状況的認知が動機となって行為がなされる際、何か新たな種類の内容がつけ加わったり導入されたりするのではなく、（ii'）有徳者にとって、その認知が行為を引き起こした「事実」が当の行為の「理由（*dioti*）」として「よき生き方（＝幸福）」のうちに位置づけられ・承認されるにすぎず、（iii'）そうした倫理的なものはその内部でさまざまな修正や改訂がおこなわれるにしても、その外部は存在しない。

マクダウェルは、後者の説明に際して、しばしば「テセウスの神話」の比喩を用いた。つまり、いったん港を出た航海中の船は、その修理にあたって、外部から何かをもちこむことができない以上、その内部において、まかなう必要がある。つまり、倫理的行為はその規範を外から付与するのではなく、そのうちからくみ取らねばならない。同様に、われわれの知覚経験も、その概念的内容をその経験そのものからくみ取らねばならない。本書後半で、マクダウェルが実践知としての「フロネーシス」を知覚経験のモデルとする、一見離れ業的な考察をおこなうのは、こうした洞察に基づいている。

9　行為論の展望と直観内容の再検討――『心と世界』以後

『心と世界』刊行後、マクダウェルはこの本に対するさまざまな反応、とりわけ「真なる思考＝事実」という考えを「観念論」とする批判に対して応接する一方、その議論の出発点ともなったセラーズの「理由の空間」という考え方をめぐる異なる解釈とも向き合わなくてはならなかった。というのも、たとえば新カント派からカルナップなどの論理実証主義への影響の再検討をおこなっているマイケル・フリードマンなどからは、ラッセル以前のブラッドレイやロイスなどの新ヘーゲル主義的な観念論への後退との批判を受け、他方、アメリカのヘーゲル研究者ピピンからは、「第二の自然」という形ではあれ、依然として自然にとらわれている点で、逆にまだ充分に「観念論」ではないとの批判を受けているからである。マクダウェルは、「理由の空間」による心と世界との緊密な結びつきは、しかし心に世界が依存することを意味するものではない以上、「観念論」との批判は当たらないと主張する。[18]

こうした『心と世界』の基本的立場に対する疑義は、その出発点となったセラーズの「理由の空間」という考えそのものに対するマクダウェルの理解への疑問と連動している。実際、ピッツバーグにおけるマクダウェルの同僚のロバート・ブランダムは、ローティなどと同じく、知覚的な信念の保証を知覚そのものに求めるのではなく、斉合的な枠組みに求めるという全体論的な解釈をおこなっているからである。これに対して、マクダウェルはあくまでも知覚は命題的な内容をもち、個々の知覚体験はその都度その理由を「理由の空間」における位置によってえられるものと考える。

さらに、ブランダムの斉合主義的なセラーズ理解は、セラーズ自身がヘーゲルを援用していることから、ヘーゲル理解をめぐるブランダム（およびピピン）とマクダウェルとの見解の相違としても議論が展開されることとなった。それは『心と世界』においてその議論の出発点となった、経験内容の受容における理性の自発性という問題を中心とするものである。この心の自発的な活動は、『心と世界』で何度も強調されていたように、決して真空で働くものではなく、あくまでも知覚対象からその内容を受容する際に働くものであった。そして、これは『信仰と知』において、「ここ〔カントの超越論的演繹〕では、統覚の本来の綜合的統一はまた、図式における綜合の原理、つまりは直観の形式の原理として認められる――すなわち、空間と時間はそれ自体綜合的な統一として把握され、産出的想像力としての絶対的な綜合的活動である自発性は、それ以前は単に受容性としてのみ特徴づけられたまさにその感性の原理として把握される」[19]〔上妻精訳、岩波書店、一九九三、二四－五頁に対応〕という、カントに対する親炙を示す若き日のヘーゲルの言葉にも、そのまま保持されている。

だが、一般にヘーゲルの役割は、そうした受容性に働く自発性というカントの消極的な理性の行使を批判して、より大きな自由を理性および精神に与えるものとされている（ちなみに、本書の独訳は、*Geist und Welt*, Suhrkamp 2001 で、少なくとも書名からもヘーゲルへの橋渡しは比較的容易である）。実際、セラーズが、『経験論と心の哲学』第二〇節における原子論的な感覚与件論者との架空の対話で、「……時間と空間のうちに存在する物理的対象からなる論理空間よりも根本的な空間が存在する、という考えをあなたが論破するまで、あるいは物理的対象の論理空間もまた整合性をもっているということをあなたが示すまで、あなたの始まったばかりのヘーゲル的省察……は早まったものである」（浜野前掲訳書）と述べていることからすると、感覚与件にせよ、物理主義にせよ、「所与の神話」を避けるにあたって、ヘーゲルに期待されているのは全体論的な「斉合主義」の役割であることが分かる。セラーズは、「所与の神話」を「象を甲羅のうえに乗せた亀」に、全体論的「斉合主義」を「自分の尻尾を咥えたウーロボス」に、それぞれなぞらえている。つまり、前者には「その亀は何が支えるのか」、そして後者には「どこに始めがあるのか」が問われるというのである。

だが、マクダウェルのヘーゲルへの取り組みは、こうした全体論的な斉合主義的理解を退けて、あくまでも個別的経験における概念の行使を求める点において、少なくとも若きヘーゲルのうちにカント的な思考の徹底という側面を見ようとするものである。その際、彼が注目するのは、知覚だけでなく行為という場面である。『心と世界』においても、すでに行為に対する注目はなされていた。第五講義では、「目に見える活動なき意図は無為であり、概念なき四肢の運動は単なる出来事であって行為者性の表現ではない」（一五三頁）と言われているように、知覚における「内容なき思考は空虚であり、概念なき直観は盲目である」という知覚経験をめぐるカントの言葉が、そのまま行為に転用されている。こうした行為をめぐる問題を、マクダウェルはヘーゲルの『精神現象学』のうちに見いだしている（マクダウェルが『精神現象学』までの若きヘーゲルの著作を考察の対象にし、ブランダムが『大論理学』など晩年のヘーゲルの著作を対象としているのは、ヘーゲルを全体論的に見るか否かという問題と無関係ではないだろう）。その際の彼の論敵は、ピピンが「規範に関する根源的な反実在論もしくは構築主義」と自ら呼ぶヘーゲル解釈で、「〈規範に数え入れられる〉のは、ある社会において規範として効果的に通用しているということで、規範とみなされる以外ではない[20]」というものである。われわれはすでにウィトゲンシュタインの「規則に従うこと」という問題に関して、同様の共同体的解釈を見てきた。これに対するマクダウェルの答えは、この場合も変わらない。「ヘーゲルの狙いは、われわれ――すなわち、彼の作品によって教育され十全な自己意識へと成長した意識の持ち主――に、それがまさに物事がわれわれにとってあるさまだということに気づく見開いた目を、与えることである」〈同、p. 184〉――言いかえれば、しばしば強調される『精神現象学』における意識の発展や展開に、ピピンがそうであるように構成主義という反実在論を和らげる効果を期待してはならない――「遅すぎる」――ということである。こうしたヘーゲル解釈が、また先のセラーズ解釈が、さまざまな異論を招くことは、想像するまでもないことである。

ところで、二〇〇五年一一月にマクダウェルが来日した際の連続講義のテーマは、「行為における意図（Intention in Action）」であった。これは今紹介したヘーゲルの行為論とも密接に関連するもので、まことにマクダウェルらしく、サールの『志向性』（一九八三、坂本百大監訳、誠信書房、一九九七）における行為分析とそれを批判したオショーネシーの論文[21]とを突き合わせて、その両者の往復的な批判から自らの見解を紡ぎだしていくという——当日、'quite McDowellian' という私の呟きに、当人を含めて笑いが起こった——『心と世界』でもお馴染みの論法である。詳細は、彼の行為論が刊行されてから論評すべきだが、少なくとも今のヘーゲルの行為論との関係で若干触れるなら、行為における「事前の意図（prior intention）」と「行為の最中の意図（intention in action）」とを分断し、行為の実行によって前者は後者と入れ替わるとするサールと、それを批判して行為を通じて一貫して変わらない「先まで届く意図（overreaching intention）」を提案するオショーネシーの双方とも、意図と行為が充分結びついていないとマクダウェルは批判する。それに対する彼の対案は、実際の行動にともなって次第に「変貌（metamorphose）する意図」というものである。これには、あるいは蝶や蟬の羽化といった生物的な比喩にすぎないと一掃する反応もあるかもしれない。だが、重要なのは何も新しい要素が外からつけ加えられていないという点にある。知覚経験ももちろん時間のうちになされるが、行為はとりわけ時間の推移のうちに遂行される。そのとき、一つの行為が生み出されるという過程を通じて、その意図は刻々行為そのものへと変貌しているという考えである。

さて、もう一つ『心と世界』以後の仕事において、やはり注目すべきマクダウェルの——彼にしては珍しい——見解の変更について触れておきたい。それは、やはりセラーズに関係することだが、「所与の神話を避けること」（二〇〇八）〔HWV所収〕という論文で、「私は、経験を概念能力の現実化と考えるために、われわれは経験に命題的内容、つまり判断がもつような種類の内容を付与する必要があると以前から考えてきた。そして、その経験内容には、経験がその主体に非推論的に知ることを可能にするすべてのことが含まれると想定してきた。だが、この両方の想定は今では私には誤りだと思える」〔HWV, p. 258〕と、『心と世界』における自らの見解の変更を明らかにしていることである。これは、真なる命題を事実と同一視し、そうした事実からなる世界とわれわれが思考可能なものの領域が重なると主張してきた先の立場からすると、重要な変更である。

問題は、「概念なき直観は盲目である」と言われた「直観」の位置づけが、「概念」に比べて必ずしも明確ではなかったことによる。それはセラーズが、「直観」の概念的内容として「このしかじかのもの（this-such）」という直示句表現を用いることを発端としている[22]。たとえば、「この赤いもの」という表現によって、直観の対象を表現する場合、それは端的に「この赤いもの」が「視野に入る（having ... in view）」という事態を指している（これが論集HWV全体の題名にも表明されている）。これは命題を構成する概念的断片であって、そこから概念を「彫り出す（carve out）」元となる「原概念（proto-concept）」ではないかとの疑いが生ずる。もしそうなら、また再び「所与の神話」に戻る恐れがある。言いかえれば、「視野に入る」ということそれ自体は「意図しない（involuntary）」ものであるが、しかしそれは（セラーズが誤ってそう考えたような）「純然たる受容性（sheer receptivity）」ではなく、それを契機に概念の行使が発動するものである。マクダウェルは、セラーズのこの直示句表現が、むしろ直観の「非分別的（non-discursive）」な——つまり古代的に言えばロゴス的分節を伴わない——性格に注目する。『心と世界』の注意深い読者なら、他の理論家からは「非概念的内容」と見なされるような微妙な色合いも、なるほど「赤」や「バーント・シェンナ」などの色名をもたなくとも、色見本を指して「その色合い」と呼ぶことで、実質的に概念的な内容として通用させうると言われていたはずである（一〇二頁）。

興味深いのは、先の this-such という表現が、アリストテレスの個体表現である *tode ti* に由来することである（セラーズがそのことに自覚的である以上、マクダウェルがそれに気づいていないはずはないが、明示的な言及はない）[23]。この場合、*tode* は直示指定を、そして *ti* は分類語（sortal）の代入表現で、文字通り「このしかじかのもの」を意味する（これには、*tode* が「分類語の代入表現」で、*ti* が「任意の個体」を表示するという別見解もあるが、この場合「直示性」は失われる）。いずれにしても、アリストテレスにおける *tode ti* に関してはさらに、いわゆる「個体形相」を認めるか否かが重大な論争点となっている実体的な個体についてだけでなく、性質的な個体（先ほどの微妙な「色合い」の指定）を認めるかどうかも、解釈上の争点となっている（これを認める少数意見はG・E・R・オーウェンとマイケル・フレーデによって提起されている）。

さて、問題はそうした非分節的直観の概念的内容を、どのように位置づけるかということである。命題的な内容と異なり、この概念的内容の切片は、悟性の行使の自由のもとにはなく、たまたま「それを視野に入れる」ことで直示的に指定できるにすぎない。逆に言えば、「視野の外」にあるものは、単なる可能的状態として待機していると考えるしかない。それは、大文字の「所与の神話」ではないかもしれないが、少なくとも小文字の「所与」と言わざるをえないこととなろう。

ここには、おそらく「知性（intellectus, *nous*）」をめぐる哲学史的な捩じれが関係していよう。というのも、本来 intellectus の下位に置かれていた ratio（理性）を、その上位に逆転させたのはカントであった。それは前者の訳語が「知性」から「悟性（Verstand, understanding）」へと格下げになったことに表れている。しかも、カント以降、「理性」には大いなる自由が与えられることとなる。カントにおいて、それを辛うじて押しとどめていたのは、「知性的なもの（noumena）」と「現象的なもの（phenomena）」の境界であった。だが、ヘーゲルにおける理性は、精神へと昇りゆく過程で、この境界を突破しなければならない。そのとき、他ならぬ「直観」は、知性と感性との「ヤヌス的性格」の露呈を余儀なくされる。今、マクダウェルが、カントのラディカルな徹底という角度からヘーゲルと直面しているのは、まさにこの点においてである。つまり、先の「全体論的ヘーゲル」への道を避けるとすれば、ここでマクダウェルは踏みとどまらねばならない。つまり、「直観」は、少なくともアリストテレスにおいては――もとより、能動知性と受動知性の亀裂を潜ませてはいるものの――同じ *nous* が、カントにおける「理性」優位のもとで、知性の非分節的な概念的内容と悟性の分節的な概念的内容とに引き裂かれざるをえない運命に置かれた。先の可能状態のまま現実化することのない概念的内容の切片は、そのような引き裂かれた知性の欠片にほかならない（その点で、マクダウェルにこの「直観」の位置づけの再検討を促したのが、チャールズ・トラヴィスであったのは、以下の事柄との関連で興味深い）。

10　マクダウェルの現代哲学史上の位置づけ

先の「行為における意図」についての駒場の教養学科での三回の講義の合間を縫って、マクダウェルの来日を実現するにあたって中心的な役割を果たされた門脇俊介君——大学院以来の誼でそう呼ばせていただくが、本当に残念で悔しいことに、二〇一〇年二月に亡くなった——のご配慮で、『心と世界』についての訳者たちによる質問の場を設けていただいた。その際、さまざまな翻訳上の疑義のほかに、私が質問したのは二つの年来の疑問であった。一つは、すでに触れたオックスフォードの伝統のうち、特にクック・ウィルソンに関するものだった。もう一つは、ガダマーの影響は明示されているが、その背後に当然予想されるハイデガーの影響、とりわけ Weltoffenheit という一九二九/三〇年ころの講義における哲学的人間学をめぐる問題は、用語上もマクダウェルの「世界への開け(openness to the world)」という考えに関わりがあるのではないかというものだった。どちらについても、彼らしい慎重なものだったが、結論的には、影響があるとしても自覚的なものではなく、間接的なものであるというものだった。前者については、近年先に触れたティモシー・ウィリアムソンやチャールズ・トラヴィス、またクック・ウィルソンの『言明と推論』の新版の序文を書いたマシュー・マリオンによって影響関係の研究の端緒がつけられ[24]、また後者に関してはマクダウェル自身とドレイファスとの論争によって、ハイデガーの潜在的な影響関係の全貌が次第に明らかになることと思う[25]。いずれにしても、ガダマーの背後には必ずハイデガーがいるという、おそらく日本における常識は彼には自明ではないらしく、ハイデガー自身に関しても『カント・ブーフ』ならよく読んだという程度の答えしかなかった。最近、私と同じくトラヴィスが、マクダウェルのうちにクック・ウィルソン(およびオースティン)の影響を見ているのを知ったが、その彼が「私の見るところ、マクダウェルは長く持続的なオックスフォードの伝統の末端にあるが、しかし彼はそのように自分自身を見ていないように思われる。この論考はその彼を説得する試みである[26]」という言葉は、この解説を書いている私の姿勢に近い。あるいは、一人の哲学者の思索をあまりにもその出自に帰しすぎているという誹りは免れないかもしれない。さらに、断るまでもなく「オックスフォードの哲学」と言っても一枚岩ではない。けれども、ある紹介で彼の名に 'a permanent Oxford exile'[27] という称号（?）を与えているのを見ると、アメリカにいても、彼にはやはり何がしかオックスフォードの影を見てしまうのは事実である。

ところで、ここで是非とも触れなければならない一つの本がある。その書名は『心と世界の秩序（*Mind and the World Order*）』（一九二九）、著者はアメリカの哲学者で様相論理の創始者の一人、プラグマティズムの立場からカントのアプリオリな概念を取り扱い、自らの立場を「概念論的プラグマティズム（conceptualisitic pragmatism）」と名づけたC・I・ルイス（一八八三〜一九六四）である。その書名から、われわれとしてはおのずと『心と世界』を連想せずにはいられない。それだけではない。この本で展開されている考えによれば、経験的知識は感覚的な「所与（given）」とそれを解釈する心の構築的な活動、そして行為者がそのために持ち込むアプリオリな概念からなり、したがってここで言う「アプリオリな概念」も絶対的な意味においてではなく、行為者の根ざす社会的伝承や関心に相対的な「プラグマティカルな意味でアプリオリ」なものだというのである。興味深いことに、オースティンが珍しく古典以外の同時代のテクストを取り上げたのがこのルイスの著作で、このバーリンとのジョイントゼミに、驚くなかれローズ交換留学生として当時オックスフォードに滞在していたセラーズが参加していたというのである。それは一九三六年のことで、「この年のハイライトは、ジョン・オースティンとアイザイア・バーリンとによるC・I・ルイス『心と世界の秩序』のセミナーだった」と、セラーズは回顧している[28]。セラーズの「所与の神話」批判は、ほかならぬこのルイスの著作における「所与」を直接意識しておこなわれたのだが、このときのオースティンと、まだ政治思想史家になる前の論理実証主義時代のバーリンとのやり取りが、おそらく役立ったことだろう。セラーズは、翌年ハーバードに帰って、ルイスの「知識論」の講義に出ている。彼は、オースティンとルイスの議論の媒介者でありうる位置にいたのである。

その他、われわれの関心からどうしても引いておきたいセラーズの証言が二つある。一つは、「私は〔オックスフォード到着後〕直ちにH・A・プリチャードと、彼を通してクック・ウィルソンの影響下に入った」、もう一つは、「私はチューターだったH・H・プライスと『純粋理性批判』を読んで、やがて『科学と形而上学』の中核となる解釈の萌芽を育んだ」という箇所である。ちなみに、この『科学と形而上学』（一九六七）は、一九六五／六六年におこなわれた「ジョン・ロック講義」に基づくものである。つまり、セラーズの影響は、マクダウェルがピッツバーグに転身して始まったものではなく、その長い前史の伏線が存在したのである。

われわれはここに、ようやくこの影響の円環を閉じることができる。マクダウェルの影響関係には、オックスフォードの直接の師たちを通したさまざまな影響――すなわちウィギンズ（フレーゲ、デイヴィドソンおよびアリストテレス）、ストローソン（カント）、ダメット（フレーゲ、ヴィトゲンシュタイン）――のさらにその外側に、一世代以前からのオックスフォードの影響関係が取り巻くという二層になっているように思われる。その外側の影響関係を図示しておこう。

〔オックスフォード〕クック・ウィルソン → プリチャード → オースティン*

　　　　　　　　　　　　　　　　　　　　　↓　　　　　　　　↓

　　　　　　　　　　　　　　　　　　　プライス　　　　ウィギンズ

　　　　　　　　　　　　　　　　　　　　　↓　　　　　　　　↓

〔アメリカ〕　　　　　　　　C・I・ルイス* ⇔ セラーズ　　→ マクダウェル

〔*書物による影響関係〕

現在オックスフォードの哲学を代表するティモシー・ウィリアムソンは、おそらくマクダウェルよりも一世代若いということもあって、一種隔世遺伝的に(ウィカム教授職の前任者はウィギンズである)、しかも自覚的な仕方でこの関係を継承しているように思われる。彼は『哲学の哲学』という一見奇妙な書名の本で、「この本は、クック・ウィルソンからプリチャードその他の者を経て、次にJ・L・オースティン、そして後にジョン・マクダウェルへとつながる一つの伝統に属している」[29]と、自著を位置づけているからである。ウィリアムソンは、これに「もちろんこれらの哲学者たちのあいだに非常に顕著な相違があることは言うまでもない」とつけ加えるのを忘れない。だがそれは、この解説を書くにあたって私の描いたクック・ウィルソン↓オースティン↓ウィギンズ↓マクダウェルという流れとほぼ重なる。ただし、この点はおそらくネオ・フレーゲ的意義を認めない――もう一つ、これは意外に決定的な違いかもしれないが、彼はこの伝統のなかでは例外的にアリストテレスなどの古代哲学を専門のうちに含まない――ウィリアムソンとは見解を異にするかもしれない。というのも、この継承関係は従来の直接実在論(ウィルソン、オースティン)を背景に、ネオ・フレーゲ的意義の理解にもとづく真理条件的意味論の適用によってこれを再構成したもの(ウィギンズ、マクダウェル)であるという受け止め方をしているからである。

この解説では古代哲学史を学ぶ者として、ディオゲネス・ラエルティオス流に「学説誌（doxographia）」「伝記（biographia）」「書誌（bibliographia）」の三つの部立てを意識したが、比較的地味な彼の人生について語れるものは多くないため、その分、「学説継承（diadoche）」の側面にあるいは重点が掛かりすぎたかもしれない。「影響関係」は所詮「影響関係」である。だが、「人の思考が世界を受け入れるとはどういうことか、そこで働く能動性とは何か」という問いを導きの糸として、哲学史を見通そうとしている者の目からマクダウェルの哲学を見るとき、彼の学説継承の背景にある西洋哲学史全体の大きな流れを思わずにはいられない。(30) 今回の解説はいわばその出口の試掘も兼ねている。はたして、この通史のトンネルは貫通するのか、それとも途中で出会いそこなうのか、いずれにしても人間の思考が世界に対してもつ「能動性」と「受容性」との対立交差という観点から見たとき、マクダウェルがきわめて興味深い位置を占めることは間違いない。従来あまり指摘されてこなかった点を含めて、マクダウェルの哲学の背景に思わず紙数を費やしたが、この解説が本書を紐解く読者の妨げとならないことをただ願うのみである。

この翻訳は、もともと慶應義塾大学における石黒ひでさんのゼミのテクストだったのを機縁として、河田、荒畑、村井の三名が、読書会でマクダウェルの『心と世界』を読んでいたのを、折角だからと訳文を作るうち、同じく当時慶應におられた飯田隆さんが勁草書房にご紹介くださったのが発端である。その相談役に私（神崎）が駆り出されたのは、それ以前の一九九六年度、当時勤めていた東京都立大学（現・首都大学東京）の同僚・丹治信春氏とのジョイント・ゼミナールのテクストに、本書を取り上げたことも関係していよう。丹治さんにはそこで批判されているクワインの考えの解説だけでなく、マクダウェルの厄介な英語表現の読解にもずいぶんと助けをいただいた。また、この翻訳の進捗について、現在の同僚である大庭健さんからもご心配をいただいた。

翻訳作業は、二〇〇一年の八月の夏休みに合宿して集中して訳文の検討を始めて以来、断続的におこなわれていたが、二〇〇三年ころより都立大学の改組にともない、私はその折衝の役目が回ってきたりして、作業は停滞を余儀なくされた。さらにその後、私は専修大学に転任し、また荒畑もドイツ留学を挟んで成城大学に職をえ、次第に従来通りの共同作業が難しくなった。その間も、河田と村井は作業を続行し、昨年末以来の最終段階でもこの二人が主としてその任にあたった。しかしながら、訳文は共同作業によるものであり、その責めもわれわれ全員のものである。解説は共訳者たちのチェックを受けながら、私が作成した。長きにわたる遅延により、当初ご担当くださった勁草書房の富岡勝さんはすでに定年を迎えられ、後任の土井美智子さんにも、翻訳の進行についてずいぶんとご心労をおかけした。原著者はもちろんのこと、これらの方々に心よりお詫びと感謝を申し上げたい。

先にも記したようにマクダウェル教授来日の折、門脇俊介君には、この訳業を知って特別の配慮をいただいた。思えばもう三五年も前、ともに参加した山本信先生の発表中心の大学院ゼミで、「神崎さんの話は、いつも出だしは面白そうなんだけどなー」と、人懐っこい顔で辛辣な感想を語ったのが門脇君だった。はたしてこの解説にどんな評をくれただろう。「いろいろ調べたね、でもちょっと時間かかりすぎだね」とでも言ったかもしれない。この拙い解説を、今は亡き門脇俊介の記憶に捧げる。

注

（1）Steve Pyke, *Philosophers*, Zelda Cheatle Press 1993.

（2）EI所収。以下、略号および邦訳については、解説末尾の参考文献参照。

（3）D. Wiggins, 'Replies', in *Essays for David Wiggins*, S. Lovibond and S. G. Williams, eds., Blackwell 1996, p. 229.

（4）Gareth Evans and John McDowell eds., *Truth and Meaning – Essays in Semantics*, Oxford, Clarendon Press, 1976; Mark Platts ed., *Reference, Truth, and Reality – Essays on the Philosophy of Language*, London, Routledge & Kegan Paul, 1980.

（5）このときのウィギンズの発表は、D. Wiggins, 'Meaning and truth conditions – from Frege's grand design to Davidson's', in *A Companion to the Philosophy of Language*, B. Hale and C. Wright, eds., Blackwell 1997 として後に発表された。

（6）D. Wiggins, 'Putnam's Doctrine of Natural Kind Words and Frege's Doctrine of Sense, Reference, and Extension – Can they Cohere?', in A. W. Moore, ed., *Meaning and Reference*, Oxford University Press 1993, pp. 193f.

（7）E. Anscombe, *Introduction to Wittgenstein's Tractatus*, 1959, pp. 40–44; M. Dummett, 'Truth', in *Proceedings of Aristotelian Society*, vol. 59, 1958/9, p. 153; Ruth Barcan Marcus, 'Modal Logics I', *Synthese* 27, 1962, pp. 303–22; D. Wiggins, 'Identity-Statements', in R. J. Butler ed., *Analytical Philosophy* 2nd Ser., 1965, pp. 43–6.

（8）これは「選言主義（disjunctivism）」と言われる問題で、知覚だけでなく、知識や行為に関しても問題とされ、いわゆる「錯覚論法（argument from illusion）」や「ふりをすることからの論議（argument from pretence）」といった懐疑論的議論への対症療法として、用いられる。これに関しては、Adrian Haddock and Fiona Macpherson eds., *Disjunctivism – Perception, Action, Knowledge*, Oxford University Press 2008 がある。

（9）こうしたギリシャ語の「知る」もしくは「言う」という動詞に特有な統語論的変形については、John Lyons, *Structural Semantics – An Analysis of Part of the Vocabulary of Plato*, Basil Blackwell 1963, §6.4を参照。また、ここから「見知りの知」その他の知の区別を引き出すことへの批判は、Myles F. Burnyeat, 'Episteme', in *Episteme, etc. – Essays in Honour of Jonathan Barnes*, Benjamin Morison and Katerina Ierodiakonou, eds., Oxford University Press 2011, p. 7 n. 13. にある。

（10）Paul Grice, 'Retrospective Epilogue（1987）', in his *Studies in the Way of Words*, Harvard University Press 1989. これに関しては、以前に「方法と態度」（『創文』第三九二号、一九九七・一〇月号）で紹介したことがある。

（11）この論文は、その二年後に書かれた「非認知主義と〈規則に従うこと〉」（内容はその題名にもかかわらず、認知主義の立場からの非認知主義の批判である）という論文と、中間部分を共有する姉妹論文で、同じMVRに収録された「価値と第二次性質」とともに、価値の「認知主義（cognitivism）」、もしくは、「感受性理論（sensitivity theory）」、さらには「道徳的実在論（moral realism）」とも呼ばれる立場を表明するものである。価値を色のような、それを感知する者と相関的であると同時に、対象の客観的性質でもあるという、いわゆる「第二次性質」と位置づけるこの見方は、そうした色との類比の妥当性を含めて、さまざまな議論がある。

（12）David Wiggins, 'Deliberation and Practical Reason', in his *Needs, Values, Truth*, Oxford: Clarendon Press 1998^{3}, p. 237.

(13) Tyler Burge, 'Philosophy of Language and Mind – 1950–1990', in *Philosophical Review* 100(1), p. 27, 1992.

(14) Tyler Burge, *Origins of Objectivity*, Oxford: Clarendon Press 2010, p. 189, n. 93.

(15) Cf. Peter Strawson, *The Bounds of Sense – An Essay on Kant's Critique of Pure Reason*, Methuen 1966, p. 99, および Bill Brewer, *Perception and Reason*, Oxford: Clarendon Press 1999, p. 12. この点におけるストローソンのエヴァンズ（そしてマクダウェル自身）への影響については、本書の第五講義の原注32（三三〇頁）を参照。

(16) Peter Geach, *Mental Acts*, Routledge & Kegan Paul, 1957, esp. chs. 5, 14; cf. Evans, *The Varieties of Reference*, op. cit., esp. pp. 100–5.

(17) Wilfrid Sellars, *Empiricism and Philosophy of Mind*, 1956^{1}, Harvard University Press 1997^{2}, § 36.

(18) この二つの応酬は、*Reading McDowell – On Mind and World*, 2002〔参考文献Ⅱ参照〕に収められている。

(19) この箇所をめぐるマクダウェルの議論は HWV p. 149–50 を参照。

(20) Robert B. Pippin, "What is the Question for which Hegel's Theory of Recognition is the Answer?", in *European Journal of Philosophy* 8, 2000; cf. HWV, p. 171.

(21) B. O'Shaughnessy, "Searle's Theory of Action", in E. Lepore and R. Gulick, eds., *John Searl and His Critics*, Blackwell 1991.

(22) Wilfrid Sellars, *Science and Metaphysics – Variations on Kantian Themes*, Routledge 1967, p. 3. この 'this such' という言い方は、ウィギンズも「概念的直接実在論」の特徴づけにおいて、「経験における対

象の選り出しは、それを〈このしかじかのもの〉として選り出せるかという可能性に掛かっている」と述べている箇所ですでに用いられている（D. Wiggins, 'On Singling out a Object Determinately', in Philip Pettit and John McDowell, eds., *Subject, Thought, and Context*, Oxford: Clarendon Press 1986, p. 170）。

（23）Jonathan Barnes, *The Cambridge Companion to Aristotle*, Cambridge University Press 1995, pp. 171–2, cf. p. 90–3.

（24）Mathieu Marion, 'Introduction', in J. Cook Wilson, *Statement and Inference*, Bristole: Thoemmes Press 2002, pp. v–xxvii.

（25）この論争は、Joseph K. Schear, ed., *Mind, Reason and Being-in-the-World – The McDowell-Dreyfus Debate*, Routledge として出版が予告されている。

（26）Charles Travis, *Occasion-Sensitivity*, Oxford University Press 2008, p. 14.

（27）Kevin Knight, *Aristotelian Philosophy – Ethics and Politics from Aristotle to MacIntyre*, Polity Press 2007, p. 22.

（28）セラーズの証言は、Wilfrid Sellars, 'Autobiographical Reflections', in *Action, Knowledge, and Reality – Critical Studies in Honor of Wilfrid Sellars*, ed. Hector-Neri Castaneda, Indianapolis: The Bobbs-Merrill 1975, バーリンの証言は、*Essays on J. L. Austin*, Oxford Clarendon Press 1973, p. 7–14 にそれぞれある。

（29）Timothy Williamson, *The Philosophy of Philosophy*, Blackwell Publishing 2007, p. 270n.

（30）これについては、私の「〈哲学史〉の作り方」（『西洋哲学史Ⅰ』神崎繁・熊野純彦・鈴木泉編、講談社選書メチエ、二〇一一所収）を参照。

参考文献

I．マクダウェルの著作としては以下のものがある（〔　〕内はその略号）。

Plato's Theaetetus, Translation with Notes, Clarendon Plato Series, Oxford Clarendon Press, 1973.

Mind and World, Harvard University Press, 1994[1], 1996[2].〔本書〕

Meaning, Knowledge, and Reality, Harvard University Press, 1998.〔MKR〕

Mind, Value, and Reality, Harvard University Press, 1998.〔MVR〕

Having the World in View – Essays on Kant, Hegel, and Sellars, Harvard University Press, 2009.〔HWV〕

The Engaged Intellect – Philosophical Essays, Harvard University Press, 2009.〔EI〕

Perception as a Capacity for Knowledge, The Aquinas Lecture 2011, Marquette University Press, 2011.〔PCK〕

II．マクダウェルを主題とする著作、論集としては次のものがある。

Marcus Willaschek, ed., *John McDowell – Reason and Nature, Lecture and Colloquium in Münster 1999*, Transaction Publishers 2000.

Nicholas H. Smith, ed., *Reading McDowell – On Mind and World*, Routledge 2002.

Tim Thornton, *John McDowell*, Acumen 2004.

Maximilian de Gaynesford, *John McDowell*, Polity Press 2004.

Sandra M. Dingli, *On Thinking and the World – John McDowell's Mind and World*, Ashgate Publishing 2005.

Cynthia Macdonald and Graham Macdonald, eds., *McDowell and His Critics*, Blackwell Publishing 2006.

Richard Gaskin, *Experience and the World's Own Language – A Critique of John McDowell's Empiricism*, Oxford, Clarendon Press, 2006.

Jakob Lindgaard, ed., *John McDowell – Experience, Norm, and Nature* (European Journal of Philosophy Books), Wiley-Blackwell 2008.

III．マクダウェルの仕事の邦訳としては、以下のものがある。

「規則に従うこと――ウィトゲンシュタインの見解（Wittgenstein on Following a Rule）」〔MVR所収〕永井均訳、『現代思想』Vol. 13–14、「総特集・ウィトゲンシュタイン」、青土社、一九八五．

「徳と理性（Virtue and Reason）」〔MVR所収〕荻原理訳、『思想』No. 1011・特集「ジョン・マクダウェル――徳倫理学再考」岩波書店、二〇〇八．

「何の神話が問題なのか？（What Myth ?）」〔EI所収〕荻原理訳、『思想』同上．

「世界を経験する（Experiencing the World）」〔EI所収〕荒畑靖宏訳、『現代思想』Vol. 32–8、「特集・分析哲学」青土社、二〇〇四．

「スタンリー・カベルの「伴侶的思考」についての論評（Comment on Stanley Cavell's "Compationable Thinking"）」〔*Philosophy and Animal Life*, Columbia University Press 2008 所収〕中川雄一訳、『〈動物のいのち〉と哲学』春秋社、二〇一〇．

原著者略歴

ジョン・マクダウェル（John McDowell）

1942年生まれ。ピッツバーグ大学教授。オックスフォード大学講師を経て、1986年より現職。研究分野は多岐にわたり、ギリシア哲学、倫理学、言語哲学、認識論、心の哲学、ウィトゲンシュタイン研究において、影響力ある論考を発表している。近年はカント、ヘーゲル研究でも知られる。著書は本書のほか、*Mind, Value, and Reality*（Harvard University Press, 1998）〔抄訳『徳と理性』（勁草書房、2016年）〕, *Meaning, Knowledge, and Reality*（Harvard University Press, 1998）, *The Engaged Intellect*（Harvard University Press, 2009）, *Having the World in View*（Harvard University Press, 2009）など。

訳者略歴

神崎　繁（かんざき　しげる）

1952年生まれ。1981年、東京大学大学院人文科学研究科博士課程単位取得満期退学。東京都立大学教授、専修大学教授などを歴任。2016年没。主著に『プラトンと反遠近法』（新書館、1999年）、『魂〈アニマ〉への態度』（岩波書店、2008年）、『内乱の政治哲学』（講談社、2017年）ほか。

河田健太郎（かわだ　けんたろう）

1971年生まれ。2005年、東京都立大学人文科学研究科博士課程単位取得退学。英訳書にフット『人間にとって善とは何か』（筑摩書房、2014年）ほか。

荒畑靖宏（あらはた　やすひろ）

1971年生まれ。2006年、フライブルク大学哲学部博士課程修了（Dr. Phi.)。慶應義塾大学文学部教授。主著に『世界内存在の解釈学』（春風社、2009年）、『世界を満たす論理』（勁草書房、2019年）ほか。

村井忠康（むらい　ただやす）

1973年生まれ。2005年、慶應義塾大学文学研究科博士課程単位取得満期退学。沖縄国際大学法学部准教授。主論文に「超越論的演繹を投げ捨てることの難しさ」（『日本カント研究』第14号、2013年）、「生と論理」（『現代思想』2017年12月臨時増刊号）ほか。

人名索引

ダメット　Dummett, Michael　206–8, 298, 332, 333, 341–2
タルスキ　Tarski, Alfred　241
デイヴィドソン　Davidson, Donald　ii–iii, 9, 11–7, 19, 25–7, 40–7, 56, 57, 71, 73, 111, 114, 119–22, 125, 128, 130–3, 134, 211, 224–38, 239–41, 246–54, 267, 298–301, 305, 306, 309, 310, 313, 321, 322, 335, 336, 337, 338, 339, 344
テイラー　Taylor, Charles　321, 338
デネット　Dennett, Daniel　318–9
デュエム　Duhem, Pierre　260–1, 334
ドネラン　Donnellan, Keith S.　330

ナ　行

ネーゲル　Nagel, Thomas　201–2, 314, 332

ハ　行

バージ　Burge, Tyler　330
パース　Peirce, C. S.　314
バーニェト　Burnyeat, M. F.　324, 343
パトナム　Putnam, Hilary　241–4, 251, 337
ピーコック　Peacocke, Christopher　263–75, 319, 340, 341, 342
ピピン　Pippin, Robert B.　316, 331
ヒューム　Hume, David　163, 280–1
フィヒテ　Fichte, J. G.　315
フックウェイ　Hookway, Cristopher　335
プラトン　Plato　182, 268, 322
フランクファーター　Frankfurter, Aryeh　335
ブランダム　Brandom, Robert　iv–v, 305, 308, 327
フレーゲ　Frege, Gottlob　176–7, 289–92, 330, 332
フロイト　Freud, Sigmund　343
ペアーズ　Pears, David　312
ヘーゲル　Hegel, G. W. F.　iv, 85–6, 143, 185, 301, 315, 316, 331
ホーグランド　Haugeland, John　v

マ　行

マーカス　Marcus, Ruth Barcan　330
マクベス　Macbeth, Danielle　v, 314
マッギン　McGinn, Colin　320
マッキンタイア　MacIntyre, Alasdair　323
マルクス　Marx, Karl　194–7, 331

ラ　行

ライト　Wright, Crispin　283–6, 326, 327
ライル　Ryle, Gilbert　325
ラッセル　Russell, Bertrand　174–8, 289–92, 321, 330
リア　Lear, Jonathan　256–9, 315, 339
リチャーズ　Richards, I. A.　313
ローティ　Rorty, Richard　v, 147, 161, 238–53, 272, 287, 305, 310, 313, 320–1, 334, 336, 337, 338, 339
ロス　Ross, David　322
ロック　Locke, John　168
ロックウッド　Lockwood, Michael　327

事項索引

ア　行

現われ　appearings　12, 227–37
意義　sense　→指示，フレーゲ
色　colours　38, 64–9, 101–6, 275–80
因果　causation　41–7, 120, 131–2, 320–1
印象　impressions　8, 11, 12–3, 16–7, 33–5, 71, 227–38　→経験，受容性，直観

カ　行

懐疑論　scepticism　42, 186–8, 233, 238
解釈　interpretation　45–6, 72–3, 247–9, 299–300
概念的主権　conceptual sovereignty　216–23, 224, 231–2, 253–5
概念と概念的なもの　concepts and the conceptual　27–9, 31–40, 88–9, 101–6, 174–7　→観察概念
感覚性　sentience　124, 191, 197
環境（世界との対比での）　environment（vs. world）　190–7
観察概念　observational concepts　30–1, 270–4
感性　sensibility　→受容性
観念論　idealism　59–60, 78–80, 81–6
　絶対的――　absolute　85–6
　超越論的――　transcendental　81–5, 161–6, 257–9
記述理論　the Theory of Descriptions　174–7, 290–2
経験　experience　3–4, 8–9, 21, 28, 33–40, 58, 67–70, 95–100, 107–12, 117–22, 164–6, 185–8, 196–7, 226–38, 263–9　→印象，直観
経験的有意味性　empirical significance　212–9, 254–5, 259–60
言語　language　206–8, 298–301, 331
行為者性　agency　153–5
構築的哲学　constructive philosophy　21–2, 147, 160–1
合理性　rationality　146–7, 155, 265, 291
　――の構成的理想　the constitutive ideal of　13, 16, 130, 136, 300
合理的関係　rational relations　28, 31–40, 41–46, 83–4, 96–7, 138–9, 237–8, 264–9　→理由の空間
心のあり方　mindedness　18–9, 256
悟性　understanding　→自発性
根拠づけ　grounding　→合理的関係

サ　行

最小限の経験主義　minimal empiricism　2–4, 9, 10
最大公約数的な捉え方　the highest common factor conception　331
自己意識　self-consciousness　167–74, 289, 316
思考　thought　62–3, 206, 208, 290–2
　――可能なもの　thinkables　62–3,

234, 290–1
——作用　thinking　62–3, 234
指示　reference　1, 74–8, 289–92
自然　nature　7–9, 13–4, 16, 21, 115, 125–48, 150, 163–4, 179–82, 293–5
第二の——　second nature　16, 146–8, 155–6, 160–1, 287–8　→「陶冶」
自然主義　naturalism
第二の自然の——　of second nature　16, 147–8, 155–6, 159–61, 182, 287–8
露骨な——　bald　13–4, 17–21, 119, 128–9, 133–4, 151–2, 180
実践的思慮　practical wisdom　137–8, 144
私的言語論　Private Language Argument　47–53
自発性　spontaneity　27–8, 31–40, 63–70, 84, 88–9, 94–101, 107–12, 126–48, 164–5
主観性　subjectivity　167–74, 189–203
原——　proto-subjectivity　193–4, 195–203
受容性　receptivity　27–8, 33–40, 62–3, 63–70, 94–101, 230, 232　→印象，経験，所与，直観，二元論（枠組と内容の）
情報システム　informational system　→エヴァンズ，内容（非概念的）
所与　the Given　6–7, 11–2, 27, 29–33, 41–54, 78–9, 94–101, 221–3, 300–1　→二元論（枠組と内容の）
身体　bodies　154–5, 171–4
——運動　bodily movement　→行為者性
信念　belief　90, 107–8, 228–9
真理　truth　240–9
生　life　137, 161, 172–4, 191–2
斉合主義　coherentism　40–6, 120–1, 224–38, 239–53
静寂主義　quietism　158, 283–5, 288
正当化　justification　→合理的関係
ソリテス・パラドクス　sorites paradox　276, 342

タ　行

第二性質　secondary qualities　37–8, 64–9, 77
知識　knowledge　5, 6–7, 29–30, 42–6, 239, 323　→合理的関係
地平の融合　fusion of horizons　299, 313, 338
抽象説　abstractionism　30–1, 49, 50
蝶番命題　hinge propositions　339
直観　intuitions　26–7, 33–4, 105–6　→印象，受容性，所与，二元論（枠組と内容の）
デカルト的な心の哲学　Cartesian philosophy of mind　168–74, 189–90, 193, 289, 325
伝統　tradition　166, 208, 298–303
動物　animals　92–3, 112–5, 123–5, 189–203, 295–8
「陶冶」　*Bildung*　145, 150–1, 160, 204–5, 207, 297　→自然

ナ　行

内感とその対象　inner sense and its objects　47–53, 65, 69, 74–7, 92–3, 197–203
内容　content　2, 25–7, 62–3
経験的——　empirical　12–3, 17–8, 29–30, 41–6, 83–4, 212–3
原命題的——　proto-propositional　267
シナリオ——　scenario　267

非概念的―― non-conceptual 89–115, 200–3, 263–75
二元論 dualism
理由／理性（あるいは規範）と自然の―― of reason（or norm）and nature 146–7, 158–60, 179–85, 249–51 →自然，自然主義
枠組と内容の―― of scheme and content 9, 11, 25–31, 224–7, 253–61
認知科学 cognitive science 100–1, 200–1

ハ 行
傍からの眺め sideways-on views 71–4, 82–3, 142–3, 248–9, 272–3
祓うこと exorcize 17–21, 22, 173, 225, 239, 250, 285, 297
反省 reflection 38–9, 79–80, 89, 140–2, 208
判断 judgement 16, 37, 64–70, 88–9, 107–12
プラグマティズム pragmatism 211, 250–2
社会―― social 157
プラトニズム platonism 143–5, 150–1, 155–61, 182, 204–5, 286, 287–8
威丈高な―― rampant 135–6
分析的と綜合的の区別 analytic-synthetic distinction 212–23, 255–61
保証 warrant →合理的関係
翻訳の不確定性 indeterminacy of translation 216, 219–20, 253–5, 260–1

マ 行
ミュラー＝リヤーの錯視 the Müller-Lyer illusion 309

ラ 行
理解可能性 intelligibility 15, 125–7, 181
理由の空間 the space of reasons 6–9, 13–4, 15–6, 20, 28–40, 125–48, 291–2

ワ 行
われわれのやり方 how we go 258–9 →ウィリアムズ，リア

参考文献

Allison, Henry E., *Kant's Transcendental Idealism: An Interpretation and Defense* (Yale University Press, New Heaven, 1983).

Anscombe, G. E. M., "The First Person", in Samuel Guttenplan, ed., *Mind and Language* (Clarendon Press, Oxford, 1975).

Aristotle, *Nicomachean Ethics*. 〔アリストテレス『ニコマコス倫理学』(新版アリストテレス全集 15)、神崎繁訳、岩波書店、二〇一四年〕

——, *The Nicomachean Ethics of Aristotle*, trans. Sir David Ross (Oxford University Press, London, 1954).

——, *Nicomachean Ethics of Aristotle*, trans. Terence Irwin (Hackett Indianapolis, 1985).

Ayer, A. J., "The Concept of a Person", in Ayer, *The Concept of a Person and Other Essays* (Macmillan, London, 1964).

Brandom, Robert, "Freedom and Constraint by Norms", *American Philosophical Quarterly* 16 (1979).

——, *Making It Explicit: Reasoning, Representing, and Discursive Commitment* (Harvard University Press, Cambridge, Mass., 1994).

Burge, Tyler, "Belief *De Re*", *Journal of Philosophy* 74 (1977).

Burnyeat, M. F., "Aristotle on Learning to Be Good", in A. O. Rorty ed., *Essays on Aristotle's Ethics* (University of California Press, Berkeley, 1980). 〔M. F. バーニェト「アリストテレスと善き人への学び」、神崎繁訳、『ギリシア哲学の最前線 II』井上忠・山本巍編、東京大学出版会、一九八六年〕

Cassam, Quassim, "Kant and Reductionism", *Review of Metaphysics* 43 (1989).

Davidson, Donald, "Mental Events", in Davidson, *Essays on Actions*

and Events (Oxford, Clarendon Press, 1980).〔ドナルド・デイヴィドソン「心的出来事」『行為と出来事』、服部裕幸・柴田正良訳、勁草書房、一九九〇年〕

——, "On Saying That", in Davidson, *Inquiries into Truth and Interpretation* (Clarendon Press, Oxford, 1984).〔ドナルド・デイヴィドソン「そう言うことについて」『真理と解釈』、野本和幸・植木哲也・金子洋之・高橋要訳、勁草書房、一九九一年〕

——, "On the Very Idea of a Conceptual Scheme" in Davidson, *Inquiries into Truth and Interpretation* (Clarendon Press, Oxford, 1984).〔「概念枠という考えそのものについて」『真理と解釈』〕

——, "Radical Interpretation", in Davidson, *Inquiries into Truth and Interpretation* (Clarendon Press, Oxford, 1984).〔「根元的解釈」『真理と解釈』〕

——, "True to the Facts", in Davidson, *Inquiries into Truth and Interpretation* (Clarendon Press, Oxford, 1984).〔「事実との一致」『真理と解釈』〕

——, "Truth and Meaning", in Davidson, *Inquiries into Truth and Interpretation* (Clarendon Press, Oxford, 1984).〔「真理と意味」『真理と解釈』〕

——, "Rational Animals", in Ernest LePore and Brian McLaughlin, eds., *Actions and Events: Perspectives on the Philosophy of Donald Davidson* (Basil Blackwell, Oxford, 1985); reprinted in Davidson, *Subjective, Intersubjective, Objective* (Oxford University Press, Oxford, 2001).〔ドナルド・デイヴィドソン「合理的動物」『主観的、間主観的、客観的』、清塚邦彦・柏端達也・篠原成彦訳、春秋社、二〇〇七年〕

——, "A Coherence Theory of Truth and Knowledge" in Earnest LePore, ed., *Truth and Interpretation: Perspectives on the Philosophy of Donald Davidson* (Basil Blackwell, Oxford, 1986); reprinted in Davidson, *Subjective, Intersubjective, Objective* (Oxford University Press, Oxford, 2001).〔「真理と知識と斉合説」『主観的、間主観的、客観的』〕

——, "A Nice Derangement of Epitaphs" in Earnest LePore ed., *Truth and Interpretation: Perspectives on the Philosophy of Donald Da-*

vidson (Basil Blackwell, Oxford, 1986); reprinted in Davidson, *Truth, Language, and History* (Oxford University Press, Oxford, 2005).〔ドナルド・デイヴィドソン「墓碑銘のすてきな乱れ」『真理・言語・歴史』、柏端達也・立花幸司・荒磯敏文・尾形まり花・成瀬尚志訳、春秋社、二〇一〇年〕

——, "Afterthoughts, 1987" in Alan Malachowski ed., *Reading Rorty* (Blackwell, Oxford, 1990); reprinted in *Subjective, Intersubjective, Objective* (Oxford University Press, Oxford, 2001).〔「追記 1987」『主観的、間主観的、客観的』〕

——, "Meaning, Truth, and Evidence" in Robert B. Barrett and Roger F. Gibson, eds., *Perspectives on Quine* (Basil Blackwell, Oxford, 1990); reprinted in *Truth, Language, and History* (Oxford University Press, Oxford, 2005).〔「意味・真理・証拠」『真理・言語・歴史』〕

Dennett, Daniel, "Toward a Cognitive Theory of Consciousness", in Dennett, *Brainstorm: Philosophical Essays on Mind and Psychology* (Bradford Books, Montgomery, Vt., 1978).

Diamond, Cora, "What Nonsense Might Be" in Diamond, *Realistic Spirit: Wittgenstein, Philosophy, and the Mind* (MIT Press, Cambridge, Mass., 1991).

Donnellan, Keith S., "Proper Names and Identifying Descriptions", in Donald Davidson and Gilbert Harman, eds., *Semantics of Natural Language* (Reidel, Dordrecht, 1972).

Dummett, Michael, "Can Analytical Philosophy be Systematic, and Ought It to Be?", in Dummett, *Truth and Other Enigmas* (Duckworth, London, 1978).

——, "Reply to McDowell", in Barry Taylor ed., *Michael Dummett: Contributions to Philosophy* (Martinus Nijhoff, Dordrecht, 1987).

——, "Language and Communication", in Alexander George, ed., *Reflections on Chomsky* (Basil Blackwell, Oxford, 1989).

Evans, Gareth, "Things without the Mind — a Commentary upon Chapter Two of Strawson's *Indivisuals*", in Zak van Straaten, ed., *Philosophical Subjects: Essays Presented to P. F. Strawson* (Clarendon Press, Oxford, 1980).

——, *The Varieties of Reference*, ed. John McDowell (Clarendon Press, Oxford, 1982).

Gadamar, Hans-Georg, *Truth and Method,* rev. trans. Joel Weinsheimer and Donald Marshall (Crossroad, New York, 1992).〔ハンス＝ゲオルグ・ガダマー『真理と方法Ⅰ』、轡田收・麻生健・三島健一・北川東子・我田広之・大石紀一郎訳、法政大学出版局、一九八六年、『真理と方法Ⅱ』、轡田收・巻田悦郎訳、法政大学出版局、二〇〇八年、第三巻続刊予定（全三巻）〕

Geach, P. T., *Mental Acts*, (Routledge and Kegan Paul, London, 1957).

Gibson, J. J., *The Senses Considered as Perceptual Systems* (George Allen and Unwin, London,1968).〔J. J. ギブソン『生態学的知覚システム——感性をとらえなおす』、佐々木正人・古山宣洋・三嶋博之訳、東京大学出版会、二〇一一年〕

Hegel, G., *Phenomenology of Spirit*, trans. A. V. Miller (Oxford University Press, Oxford, 1977).〔G. W. F. ヘーゲル『精神現象学』全二巻、樫山欽四郎訳、平凡社ライブラリー、一九九七年〕

Hume, D., *A Treatise of Human Nature,* ed. L. A. Selby-Bigge and P. H. Nidditch (Clarendon Press, Oxford, 1978).〔デイヴィド・ヒューム『人性論』全四巻、大槻春彦訳、岩波文庫、一九四八〜一九五二年〕

Kant, I., *Critique of Pure Reason*, trans. Norman Kemp Smith (Macmillan, London, 1929).〔イマヌエル・カント『純粋理性批判』全三巻、原佑訳、平凡社ライブラリー、二〇〇五年〕

Kripke, Saul A., *Wittgenstein on Rules and Private Language* (Basil Blackwell, Oxford, 1982).〔ソール A. クリプキ『ウィトゲンシュタインのパラドックス——規則・言語・他人の心』、黒崎宏訳、産業図書、一九八三年〕

——, "Naming and Necessity", in Donald Davidson and Gilbert Harman, eds., *Semantics of Natural Language* (Reidel, Dordrecht, 1972); reissued as a monograph by Basil Blackwell, Oxford, 1980.〔ソール A. クリプキ『名指しと必然性——様相の形而上学と心身問題』、八木沢敬、野家啓一訳、産業図書、一九八五年〕

Lear, Jonathan, "Leaving the World Alone", *Journal of Philosophy* 79

(1982).

——. and B. Stroud, "The Disappearing 'We'", *Proceedings of the Aristotelian Society, supp,* 58 (1984).

Locke, John, *An Essay concerning Human Understanding*, ed. P. H. Nidditch (Claredon Press, Oxford, 1975). 〔ジョン・ロック『人間知性論』全四巻、大槻春彦訳、岩波文庫、一九七二〜一九七七年〕

MacIntyre, Alasdair, *After Virtue* (Duckworth, London, 1981). 〔アラスデア・マッキンタイア『美徳なき時代』、篠崎榮訳、みすず書房、一九九三年〕

Marcus, Ruth Barcan, "Modalities and Intentional Languages", *Synthese* 27 (1962).

Marx, Karl, *Karl Marx: Early Texts*, trans. David McLellan (Basil Blackwell, Oxford, 1972). 〔マルクス『経済学・哲学草稿』、城塚登・田中吉六訳、岩波文庫、一九六四年〕

McDowell, John, "Anti-Realism and the Epistemology of Understanding", in Herman Parret and Jacques Bouveresse, eds., *Meaning and Understanding* (De Gruyter, Berlin, 1981); reprinted in McDowell, *Meaning, Knowledge, and Reality* (Harvard University Press, Cambridge, Mass., 1998).

——, "Criteria, Defeasibility, and Knowledge", *Proceedings of the British Academy* 68 (1982); reprinted in McDowell, *Meaning, Knowledge, and Reality* (Harvard University Press, Cambridge, Mass., 1998).

——, "Singular Thought, and the Extent of Inner Space", in Philip Pettit and John McDowell, eds., *Subject, Thought, and Context* (Claredon Press, Oxford, 1986); reprinted in McDowell, *Meaning, Knowledge, and Reality* (Harvard University Press, Cambridge, Mass., 1998).

——, "In Defence of Modesty", in Barry Taylor, ed., *Michael Dummett: Contributions to Philosophy* (Martinus Nijhoff, Dordrecht, 1987); reprinted in McDowell, *Meaning, Knowledge, and Reality* (Harvard University Press, Cambridge, Mass., 1998).

——, "One Strand in the Private Language Argument", *Grazer Philosophische Studien* 33/34 (1989); reprinted in McDowell, *Mind,*

Value, and Reality (Harvard University Press, Cambridge, Mass., 1998).

——, "Intentionality and Interiority in Wittgenstein", in Klaus Puhl, ed., *Meaning Scepticism* (De Gruyter, Berlin, 1991); reprinted in McDowell, *Mind, Value, and Reality* (Harvard University Press, Cambridge, Mass., 1998).

——, "Intentionality *De Re*", in Ernest LePore and Robert Van Gulick, eds., *John Searle and His Critics* (Basil Blackwell, Oxford, 1991); reprinted in McDowell, *Meaning, Knowledge, and Reality* (Harvard University Press, Cambridge, Mass., 1998).

——, "Meaning and Intentionality in Wittgenstein's Later Philosophy", in Peter A. French, Theodore E. Uehling, Jr., and Howard K. Wettstein, eds., *Midwest Studies in Philosophy*, vol. 17: *The Wittgenstein Legacy* (University of Notre Dame Press, Notre Dame, 1992); reprinted in McDowell, *Mind, Value, and Reality* (Harvard University Press, Cambridge, Mass., 1998).

——, "The Content of Perceptual Experience", *Philosophical Quarterly* 44 (1994); reprinted in McDowell, *Mind, Value, and Reality* (Harvard University Press, Cambridge, Mass., 1998).

——, "Two Sorts of Naturalism", in Rosalind Hursthouse, Gavin Lawrence, and Warren Quinn, eds., *Virtues and Reasons: Philippa Foot and Moral Theory* (Clarendon Press, Oxford, 1996); reprinted in McDowell, *Mind, Value, and Reality* (Harvard University Press, Cambridge, Mass., 1998).

Nagel, Thomas, "What Is It Like to Be a Bat?", in Nagel, *Mortal Questions* (Cambridge University Press, Cambridge, 1979).〔トマス・ネーゲル「コウモリであるとはどのようなことか」『コウモリであるとはどのようなことか』、永井均訳、勁草書房、一九八九年〕

——, *The View from Nowhere* (Oxford University Press, New York, 1986).〔トマス・ネーゲル『どこでもないところからの眺め』、中村昇・山田雅大・岡山敬二・齋藤宜之・新海太郎・鈴木保早訳、春秋社、二〇〇九年〕

Peacocke, Christopher, *A Study of Concepts* (MIT Press, Cambridge, Mass., 1992).

Pears, David, *The False Prison*, vol. 1 (Clarendon Press, Oxford, 1987).

Peirce, C. S., "How to Make Our Ideas Clear", in *Writings of Charles S. Peirce*, vol. 3 (Indiana University Press, Bloomington, 1986), originally in *Popular Science Monthly* 12 (January 1878).〔パース「概念を明晰にする方法」『世界の名著 59 パース・ジェイムズ・デューイ』、上山春平・山下正男訳、中央公論新社、一九八〇年〕

Pippin Robert B., *Hegel's Idealism: The Satisfactions of Self-Consciousness* (Cambridge University Press, Cambridge, 1989).

Putnam, Hilary, "On Truth", in Leigh S. Cauman et al., eds. *How Many Questions?* (Hackett, Indianapolis, 1983).

——, *Realism and Reason: Philosophical Papers*, vol. 3 (Cambridge University Press, Cambridge, 1983).〔ヒラリー・パトナム『実在論と理性』、飯田隆監訳、勁草書房、一九九二年〕

Quine, W. O., "Two Dogmas of Empiricism", in W.V. Quine, *From a Logical Point of View* (Harvard University Press, Cambridge, Mass., 1961; 1st ed. 1953).〔W・V・O・クワイン「経験主義のふたつのドグマ」『論理的観点から——論理と哲学をめぐる九章』、飯田隆訳、勁草書房、一九九二年〕

——, *Word and Object* (MIT Press, Cambridge, Mass., 1960).〔W・V・O・クワイン『ことばと対象』、大出晁・宮館恵訳、勁草書房、一九八四年〕

——, "Epistemology Naturalized", in *Ontological Relativity and Other Essays* (Columbia University Press, New York, 1969).〔W・V・O・クワイン「自然化された認識論」、伊藤春樹訳、『現代思想』、青土社、一九八八年七月号〕

——, *Philosophy of Logic* (Prentice-Hall, Englewood Cliffs, N.J., 1970).〔ウィラード・V・クワイン『論理学の哲学』、山下正男訳、培風館、一九七二年〕

Rorty, Richard, *Philosophy and the Mirror of Nature* (Princeton University Press, Princeton, 1971).〔リチャード・ローティ『哲学と自然の鏡』、野家啓一監訳、産業図書、一九九三年〕

——, "The World Well Lost", in Rorty, *Consequences of Pragmatism*, (University of Minnesota Press, Minneapolis, 1982).〔リチャー

ド・ローティ「失われてしまった世界」『哲学の脱構築――プラグマティズムの帰結』、室井尚・加藤哲弘・庁茂・吉岡洋・浜日出夫訳、御茶ノ水書房、一九九四年〕

――, "Pragmatism, Davidson, and Truth", in Ernest LePore, ed., *Truth and Interpretation: Perspectives on the Philosophy of Donald Davidson* (Basil Blackwell, Oxford, 1986).〔リチャード・ローティ「プラグマティズム・デイヴィドソン・真理」『連帯と自由の哲学』、冨田恭彦訳、岩波書店、一九九九年〕

Bertrand Russell, "On the Notion of Cause", in Russell, *Mysticism and Logic* (George Allen and Unwin, London, 1917) in the 1963 paperback edition.〔バートランド・ラッセル「原因という概念について」『神秘主義と論理』、江森己之助訳、みすず書房、一九五九年〕

Ryle, Gilbert, *The Concept of Mind* (Hutchinson, London, 1949).〔『心の概念』、坂本百大・井上治子・服部裕幸訳、みすず書房、一九八七年〕

Searle, John, *Intentionality* (Cambridge University Press, Cambridge, 1983).〔ジョン・サール『志向性』、坂本百代訳、誠信書房、一九九七年〕

Sellars, Wilfid, "Empiricism and the Philosophy of Mind", in Herbert Feigl and Michael Scriven, eds., *Minnesota Studies in the Philosophy of Science*, vol.1 (University of Minnesota Press, 1956).〔W. S. セラーズ『経験論と心の哲学』、神野慧一郎・土屋純一・中才敏郎訳、勁草書房、二〇〇六年、またはウィルフリド・セラーズ『経験論と心の哲学』、浜野研三訳、岩波書店、二〇〇六年〕

Stroud, Barry, *The Significance of Philosophical Scepticism* (Clarendon Press, Oxford, 1984).〔バリー・ストラウド『君はいま夢を見ていないとどうして言えるのか――哲学的懐疑論の意義』、永井均・岩沢宏和・壁谷彰慶・清水将吾・土屋陽介訳、春秋社、二〇〇六年〕

Strawson, P. F., *Individuals: An Essay in Descriptive Metaphysics* (Methuen, London, 1959).〔P. F. ストローソン『個体と主語』、中村秀吉訳、みすず書房、一九七八年〕

――, *The Bounds of Sense* (Methuen, London, 1966).〔P. F. ストローソン『意味の限界』、熊谷直男・鈴木恒夫・横田栄一訳、勁草書房、一九八七年〕

Taylor, Charles, *Hegel* (Cambridge University Press, Cambridge, 1975).

——, "Theories of Meaning", in Taylor, *Human Agency and Language: Philosophical Papers, 1* (Cambridge University Press, Cambridge, 1985).

Williams, Bernard, "Wittgenstein and Idealism", in *Moral Luck* (Cambridge University Press, Cambridge, 1982).

——, *Ethics and the Limits of Philosophy* (Harvard University Press, Cambridge, Mass., 1985).〔バナード・ウィリアムズ『生き方について哲学は何が言えるか』、森際康友・下川潔訳、産業図書、一九九三年〕

Wittgenstein, Ludwig, *Philosophical Investigations*, trans. G. E. M. Anscombe (Basil Blackwell, Oxford, 1951).〔『哲学探究』、藤本隆志訳、ウィトゲンシュタイン全集八巻、大修館書店（以下「全集」と省略)、一九七六年〕

——, *The Blue and Brown Books* (Basil Blackwell, Oxford, 1958).〔『青色本・茶色本』、大森荘蔵訳、全集六巻、一九七五年〕

——, *Tractatus Logico-Philosophicus*, trans. D. F. Pears and B. F. McGuinness (Routledge and Kegan Paul, London, 1961).〔『論理哲学論考』、奥雅博訳、全集一巻、一九七五年〕

——, *On Certainty* (Basil Blackwell, Oxford, 1969).〔『確実性の問題』、黒田亘訳、全集九巻、一九七五年〕

Wright, Crispin, "Critical Notice of Colin McGinn, *Wittgenstein on Meaning*", *Mind* 98 (1989).

——, *Wittgenstein on the Foundations of Mathematics* (Duckworth, London, 1980).

心と世界

2012 年 3 月 25 日　第 1 版第 1 刷発行
2023 年 5 月 20 日　第 1 版第 2 刷発行

著　者　ジョン・マクダウェル

訳　者　神崎繁・河田健太郎
　　　　荒畑靖宏・村井忠康

発行者　井　村　寿　人

発行所　株式会社　勁《けい》　草《そう》　書　房

112-0005　東京都文京区水道 2-1-1　振替　00150-2-175253
（編集）電話　03-3815-5277／FAX　03-3814-6968
（営業）電話　03-3814-6861／FAX　03-3814-6854
理想社・松岳社

ISBN978-4-326-15421-0　Printed in Japan

＊落丁本・乱丁本はお取替いたします。
ご感想・お問い合わせは小社ホームページから
お願いいたします。

https://www.keisoshobo.co.jp

J・マクダウェル　徳と理性　マクダウエェル倫理学論文集　大庭健編・監訳　三六三〇円

荻原理　マクダウェルの倫理学　『徳と理性』を読む　四六判　二七五〇円

W・S・セラーズ　経験論と心の哲学　神野・土屋・中才訳　三三〇〇円

D・デイヴィドソン　行為と出来事　服部裕幸・柴田正良訳　六〇五〇円

D・デイヴィドソン　真理と解釈　野本・植木ほか訳　五五〇〇円

H・パトナム　実在論と理性　飯田・金田ほか訳　四八四〇円

W・V・O・クワイン　論理的観点から　論理と哲学をめぐる九章　飯田隆訳　三八五〇円

W・V・O・クワイン　ことばと対象　大出晁・宮館恵訳　五一七〇円

Th・ネーゲル　コウモリであるとはどのようなことか　永井均訳　三三〇〇円

＊表示価格は二〇二三年五月現在。消費税10％が含まれております。